HEBRÄISCHES UND ARAMÄISCHES LEXIKON ZUM ALTEN TESTAMENT

HEBRÄISCHES UND ARAMÄISCHES LEXIKON ZUM ALTEN TESTAMENT

VON

LUDWIG KOEHLER UND WALTER BAUMGARTNER

DRITTE AUFLAGE

NEU BEARBEITET VON

WALTER BAUMGARTNER, JOHANN JAKOB STAMM
UND BENEDIKT HARTMANN

UNTER MITARBEIT VON

ZE'EV BEN-ḤAYYIM,
EDUARD YECHEZKEL KUTSCHER
UND PHILIPPE REYMOND

SUPPLEMENTBAND

E.J. BRILL
LEIDEN · NEW YORK · KÖLN
1996

Publikation unterstützt durch den Schweizerischen Nationalfonds
für wissenschaftliche Forschung.

The paper in this book meets the guidelines for permanence and durability of the Committee on Production Guidelines for Book Longevity of the Council on Library Resources.

ISBN 90 04 10714 2

PRINTED IN THE NETHERLANDS

INHALT

VORWORT

Menschen machen Wörterbücher und prägen sie durch ihre Persönlich keit. So ist es auch mit Ludwig Koehlers und Walter Baumgartners "Lexicon in Veteris Testamenti Libros" (KBL) bestellt und nicht anders mit dessen Neubearbeitung durch Walter Baumgartner und Johann Jakob Stamm "Hebräisches und Aramäisches Lexikon zum Alten Testament" (KBL^3 od. HAL).

*

Die Freiheit der Bearbeiter wird allerdings durch den Arbeitsplan – man nennt ihn neuerdings Profil – eingeschränkt. Für HAL (z.T. schon für KBL) sind vier Punkte zu nennen, die bei jeder Vokabel berücksichtigt werden müssen.

1. Etymologie, d.h. die Angaben aus den verwandten Sprachen. Bei HAL haben wir allerdings mit wesentlich besseren Hilfsmitteln anfangen können als es im allgemeinen für KBL der Fall war, oder wir haben im Laufe der Arbeit solche dazubekommen. Ich möchte einige Wörterbücher vor allem zur Altsemitistik nennen: etwa DISO, die beiden neuen Wörterbücher zum Akkadischen, nämlich AHw. und CAD und zum Mandäischen MdD.

2. Formen: Bei jeder Vokabel werden alle vorkommenden Formen aus dem Alten Testament notiert.

3. Bedeutung der Vokabeln: Die differenzierten Bedeutungen werden zusammen mit den einschlägigen Bibelstellen vorgelegt.

4. Literatur: Für die drei erwähnten Punkte wird zu Einzelheiten reichlich Gebrauch gemacht, wissenschaftliche Literatur zu zitieren, die unsere Interpretation stützt, aber auch den Benutzer weiterführt.

Manches ist aber vor Beginn der Arbeit nicht geregelt worden oder man konnte das nicht. In diesen Fällen wurde zu seiner Zeit nach dem Motto *dies diem docet* ein Problem seiner Lösung zugeführt.

*

Am Anfang der Wörterbucharbeit von **Ludwig Koehler** (1880 – 1956) spielen die Realia des hebräischen Wortschatzes eine grosse Rolle. Sie faszinierten Koehler, den Einfallsreichen, den ehemaligen Gemeindepfarrer und Seelsorger und den am öffentlichen Leben im weitesten Sinn aktiv

Teilnehmenden. Er setzte all sein vielseitiges Wissen und Interesse, sowie seine Phantasie und seinen Mut ein, um diesen konkreten Wörtern auf den Leib zu rücken.

Er dachte noch gar nicht an ein neues hebräisches Wörterbuch. Fachgenossen ermunterten ihn nach seinen ersten Publikationen, eine Neubearbeitung des "Hebräischen und aramäischen Handwörterbuches über das Alte Testament" von Wilhelm Gesenius und Frants Buhl (GB) an die Hand zu nehmen, das seit 1908/15 bis vor kurzem nicht mehr neubearbeitet worden ist. Koehler hat diesem Aufruf Folge geleistet, allerdings mit einer einschneidenden Veränderung. Er hat nämlich bald gesehen, dass sein Werk in sovielen Punkten vom alten GB abwich, dass er beschlossen hat, sein Lexicon nicht als Neubearbeitung von GB anzubieten, eine Entscheidung, die wohl für den eigenwilligen "einjährig Freiwilligen" nicht so erstaunlich ist. Er hat sein Wörterbuch deutlich als **seines** und von ihm geprägtes gesehen. Als ich ihn einmal darauf aufmerksam machte, dass er bei einem bestimmten Wort das arabische Aequivalent nicht notiert habe, in anderen Fällen aber doch, hat er mir geantwortet: "In diesem Fall schien es mir nicht relevant, in anderen Fällen aber doch. Ob ich etwas aufnehme oder nicht, entscheide ich allein. Es ist ja **mein** Wörterbuch." Die Persönlichkeit Koehlers hat den hebräischen Teil des KBL eindeutig geprägt.

*

Den aramäischen Teil des KBL hat Koehlers Freund **Walter Baumgartner** (1887–1970) ebenfalls im Alleingang selbständig bearbeitet. Er, der eminent Gelehrte als Alttestamentler und Orientalist, ist eine stille Gelehrtennatur gewesen und hat zurückgezogen in seiner Studierstube in unablässiger Arbeit sein Werk getan. Er ist aber auch ein Systematiker gewesen und hätte sich nie beirren lassen, bei jeder Vokabel alles, was sich aus der allgemeinen Semitistik und wissenschaftlichen Forschung angeboten hat, getreulich seinem Manuskript zuzufügen. Wir suchen darum im aramäischen Teil vergeblich nach zu seiner Zeit zugängigem etymologischem Material, das er etwa unter den Tisch hätte fallen lassen.

Als dann nach Koehlers Tod eine Neubearbeitung des KBL ins Auge gefasst worden ist, lag es auf der Hand diese Arbeit Baumgartner anzuvertrauen. Es ist vielleicht von Nutzen zu wissen, dass sich Baumgartner bevor er seine Neubearbeitung begonnen hat, zunächst ein Jahr reservierte mit der Vorbereitung zu dieser Arbeit. Er hat das Alte Testament nochmals systematisch und kritisch durchgelesen und übersetzt. Dann erst hat er die eigentliche Wörterbucharbeit angefangen. Als Methode wohl sehr erwägenswert! Akribie, Systematik und ein eminentes Wissen auf alttestamentlichem Gebiet und in der Orientalistik zeichnen ihn aus. Er hat sich zwar weniger für Realien interessiert, dafür aber für historische und religionsgeschichtliche Fragen. Die Neubearbeitung hat aber auch eine Eigenart Baumgartners geprägt. Er war zeitlebens ein grosser Anhänger der Kurzschrift, der Stenographie. Er verwendete sie täglich und nicht nur für kurze Notizen sondern auch für Manuskripte von Vorlesungen und Vorträgen. Das Kürzen waren dann auch sein Anliegen bei der Redaktion der einzelnen Wörterbuchartikel, und zwar nicht nur die Abkürzung der Eigennamen der anderen Gelehrten, sonder auch die Gestaltung (!) der Abkürzungsliste. Er hat mit nicht zu überbietender Kürze die Meinung anderer Fachleute wiedergegeben, andere Auffassungen mit vier Punkten :: abgegrenzt. Wenn er etwas hinter dem Vorschlag gesehen hat, hat er mit Doppelpunkt abgegrenzt, in ein zwei Worten mitgeteilt, was der Kern der Botschaft war, aber bei weniger plausiblen Vorschlägen sich auf das Bibliographische beschränkt. Immer wieder hat er doch noch Dinge weggelassen, die er nicht für wichtig genug erachtete. Platzsparen war seine Devise.

*

Nach dem Tode Baumgartners konnten wir den bekannten Berner Alttestamentler und Orientalisten **Johann Jakob Stamm** (*1910) für die Wörterbucharbeit gewinnen. Er ist hilfreich in die Bresche gesprungen und widmet sich mit seiner ganzen Persönlichkeit, seinem immensen Wissen in der alttestamentlichen Forschung und den semitischen Sprachen der Lexikonarbeit. Neben vielem anderen lässt er auch seine einmaligen Kenntnisse der semitischen Eigennamen dem Wörterbuch zugute kommen. Er arbeitet mit viel Akribie und kritischem Sinn systematisch an den anfallenden Lemmata. Sowohl im etymologischen Teil wie in der Behandlung der Vokabeln im eigentlich alttestamentlichen Teil ist er darauf aus, aus der Fülle des Materials das Wichtigste auszuwählen. Und doch besteht zu Baumgartner ein markanter Unterschied, der nichts mit Semitisch oder Alttestamentlich zu tun hat. Wenn, wie wir gesehen haben, Baumgartner ein Meister der Kürze war, so ist Stamm der der Ausführlichkeit. Seine Artikel sind lang. Er beschränkt sich nicht nur auf die bibliographischen Angaben. Er legt dar, was der einzelne Forscher sagt, und wägt die Meinungen gegeneinander ab. Der geborene Dozent erklärt ausführlich, warum er der einen Meinung gegenüber der anderen den Vorzug gibt. Er gibt auch zu, dass es manchmal nicht möglich ist, das Sichere anzuweisen, ein *non liquet*. Er enthüllt so auch, vielleicht für viele erschreckend, wie oft der

Sinn einer Vokabel nicht so sicher ist, wie KBL es vermuten lässt. Stamm legt aber auch auf den Gebrauch der Wörter grossen Wert, auf die Verbindung von Nomina und Verben. Ja, der Strom fliesst breit bei Stamm; aber der Benutzer des Wörterbuches spart viel Zeit. Das ganze Problem eines Wortes wird ihm ja detailliert vorgelegt. Er muss die zitierten Artikel nicht unbedingt nachschlagen. Er kann der Diskussion bis in Kleinigkeiten folgen nur mit HAL in der Hand. Dies ist einer der Vorteile von Stamms Redaktion und wohl nicht der geringste.

*

Nun zu unseren beiden israelischen Mitarbeitern. Baumgartner hat auf einer Reise nach Jerusalem **Eduard Yechezkel Kutscher** (1909 – 1971) als Mitarbeiter für Mittelhebräisch und Aramäisch gewinnen können. Er war Professor für Hebräisch und Aramäisch an der Hebräischen Universität zu Jerusalem. Der bekannte Gelehrte aus Jerusalem hat sein umfangreiches Wissen auf dem Gebiet der beiden erwähnten Sprachen eingebracht. Er machte einen Unterschied zwischen mhe^1 (Mischna, Tosefta und halachische Midrasche) und mhe^2 (die beiden Talmude und haggadische Midrasche). Beim Aramäischen unterscheidet er drei lokal getrennte Kategorien.

Nach seinem Tod konnten wir als Nachfolger **Ze'ev Ben-Ḥayyim** (*1907), ebenfalls Professor an der Hebräischen Universität Jerusalem und Mitglied der Akademie für die hebräische Sprache, gewinnen. Eines seiner Spezialgebiete ist das Samaritanische und zwar das des samaritanischen Pentateuchs wie das des samaritanischen Dialektes. Ben-Ḥayyim hat diese Sparte der semitischen Sprachen im Lexikon besonders befruchtet.

*

Dieser Werdegang des Lexikons und seine Mitarbeiter erklären uns die Unterschiede innerhalb des Werkes. Jeder der Redaktoren hat seiner Arbeit seinen Stempel aufgedrückt und das durch seine Persönlichkeit, seinen Charakter, seine Arbeitsmethode und seine Liebhaberei. Wir könnten uns fragen: *quid est bonum*?. Auch hier müssten wir bescheiden mit einem *non liquet* antworten. Jeder der Gelehrten hat seine Arbeit wieder anders gemacht als sein Kollege. Anders hat aber nichts mit gut und schlecht zu tun. Es ist kein Werturteil. Man kann es in guter Treu und wissenschaftlich verantwortet so oder so machen. Seien wir dankbar, dass das Lexikon auch hier der Verschiedenheit Raum gegeben hat.

*

In zwei weiteren, aber technischen Punkten sind KBL und HAL der alten, vergehenden Arbeitsweise und der neuen Welt verpflichtet.

Koehler hat das Manuskript für den Drucker in seinem ganzen Umfang selbst und allein noch einmal handschriftlich kopiert. Er hat dafür blaue Schulhefte verwendet, die, wie ich mich erinnere, fein säuberlich geordnet im Zwischenraum von zwei aufeinander gestellten Büchergestellen hinter seinem Schreibtischstuhl gelegen haben. Baumgartner hat auf dieselbe Art sein Manuskript hergestellt. Das Verlagsexemplar der ersten beiden Lieferungen vom HAL (bis S. 624) sind noch von Baumgartner und mir handschriftlich hergestellt worden. Nachher (von S. 625 an) hat sich der Verlag nicht mehr mit einem handschriftlichen Text zufrieden gegeben. **Philippe Reymond** (*1918), den wir nach dem Tod Baumgartners für die Redaktion gewinnen konnten, hat sich neben seinem wertvollen wissenschaftlichen Beitrag zu HAL in verdienstlicher Weise bereit erklärt, in die Bresche zu springen. Er hat die ermüdende und nicht sehr spannende Arbeit übernommen, von der dritten Lieferung an das Typoskript herzustellen.

Im Laufe der Drucklegung von HAL ist Brill vom alten Setzen mit Bleisatz von der 4. Lieferung an (ab S. 1081) übergegangen zum zeitgenössischen Druckverfahren mit Hilfe des Computers. Frau Inge Angevaare hat sich als Schreiberin des Computertextes als ausgezeichnete Fachfrau – übrigens auch als erste Frau, die am Lexikon tätig gewesen ist – erwiesen. Ihr kommt unser bester Dank zu.

*

Zum Schluss möchte ich es nicht verpassen einige Namen zu erwähnen, die zum guten Gelingen unseres Werkes einen besonderen Beitrag geleistet haben.

In den ersten zwei Lieferungen (bis S. 624) sind wir Dr. A. van den Born, der die Korrekturen mit viel Akribie und einem bemerkenswerten Wahrnehmungsvermögen für Ungenauigkeiten und Fehler mitgelesen hat, zu Dank verpflichtet.

Den Direktoren F.C. Wieder, W. Backhuys und F.H. Pruyt vom Verlag E.J. Brill danken wir für ihr Verständnis für unser Werk und die Bereitwilligkeit, dieses in das Verlagsprogram aufzunehmen.

Zu besonderem Dank sind wir dem "Schweizerischen Nationalfonds für wissenschaftliche Forschung" verpflichtet. Seine grosszügige Unterstützung über viele Jahre hinweg hat in finanzieller Hinsicht die Realisierung des Lexikons möglich gemacht.

Zürich, Bern, den 18. April 1991 BENEDIKT HARTMANN

VORWORT ZUM SUPPLEMENT

Der Kern des Supplements ist die Deutsch-Hebräische und Aramäische Wortliste, die der Verleger auf vielseitigen Wunsch an die Hand genommen hat. Herr Dr. Joost Holleman hat die Arbeit zügig und überlegt ausgeführt. Ihm sind wir zu Dank verpflichtet.

Zürich, im September 1996 — Benedikt Hartmann

ABKÜRZUNGEN UND ZEICHEN

A. DIE BÜCHER DER BIBEL

Gn Ex Lv Nu Dt   Jos Ri 1S 2S IK 2K   Js Jr Ez Hos Jl Am Ob Jon Mi Nah Hab Zef Hg Zch Mal   Ps Hi Pr   Rt HL Koh Kl Est   Da Esr Neh 1C 2C.

Bar 1–4 Mak Sap Sir Jud Tob.

Mt Mk Lk Joh Act Rö 1Kor 2Kor Gal Eph Phil Kol 1Thess 2Thess 1Tim 2Tim Tit Philm Heb Jak 1Pe 2Pe 1Joh 2Joh 3Joh Jud Apk.

B. ZEICHEN

ғ siehe
* nur erschlossene Form
† alle Stellen sind angegeben
‹ die Tonsilbe (meist nur auf der Paenultima angegeben)
> geworden zu; fehlt in
< entstanden aus
√ Wurzel
= gleich
:: anders, im Unterschied zu
‖ parallel
/ bei Parallelstellen (2S 22/Ps 18)
× mal (10 × = zehnmal)
! (zu beachten!)

[.....] ergänzt
(....) deutsch zugefügt

′ Abkürzung des Stichwortes (׳אֶ, ׳א = אֶרֶץ, ׳הָאָ od. ׳הָא = הָאָרֶץ)
׳אֱל = אֱלֹהִים
׳י = יְהוָֹה Jahwe, J.
׳יְרוּשׁ Jerus(alem)
׳יִשְׂר Isr(ael)
׳פְּ = פְּלֹנִי (ein Gewisser)

A Aquila
Θ Theodotion
Σ Symmachus
(A, Θ, Σ:) ғ Würthwein

C. LITERARISCHE ABKÜRZUNGEN

A	Aquila, ғ Würthwein.
a.	aus
aam	altaramäisch, ғ KBL XIX
AANL	Atti della Academia Nazionale dei Lincei
AASOR	Annual of the American Schools of Oriental Research. New Haven
aAss. (aass).	altassyrisch, ғ akkadisch, ғ AHw; CAD; v. Soden GAG S.3
abab	altbabylonisch; ғ v. Soden GAG S.2
Abb.	Abbild(ung)
Abel	FMAbel: Géographie de la Palestine, 1–2. Paris 1933/38
abk.	abkürzend

ABP	Hholma: Die assyrisch-babylonischen Personennamen der Form quttulu. Helsinki 1914
abs.	absolut; (status) absolutus
abstr.	abstrakt
acc.	Akkusativ
ActOr.	Acta Orientalia. Lund-Copenhagen
Act. Th. Dan.	Acta Theologica Danica
AD	GRDriver: Aramaic Documents of the Fifth Century B.C. Oxford 1954, ^{2}1957
adj.	Adjektiv
adv.	Adverb, adverbial
advers.	adversativ
äg.	ägyptisch, ↗ EG
äga.	ägyptisch-aramäisch; ↗ Leander, AD, AP, APE, APO, BMAP, DAE
ägar.	ägyptisch-arabisch
Aeg. Hdwb.	Aegyptisches Handwörterbuch (Hrsg. AErman-HGrapow). Berlin 1921 (Hildesheim 1961)
ÄgZ	Ägyptische Zeitschrift
ähnl.	ähnlich
äth.	äthiopisch (umfassend Geez, amh., har., tigr., tigrin.); ↗ Dillm.; Leslau.; Littm.; Ulldff.
äth^{G}	Gees; ↗ GBergsträsser: Einführung in die semitischen Sprachen, München 1928 (Darmstadt 1963) 96 ff.; CBrockelmann: VG 1, 30
af.	af^{c}el
aff.	Afformativ
affirm.	affirmativ, beteuernd
AfO	Archiv für Orientforschung. Berlin
afrik.	afrikanisch
AH	An Aramaic Handbook, ed. FRosenthal. Wiesbaden 1967
Aharoni	YAharoni: Animals mentioned in the Bible. Osiris 5 (1938) 461–478
Aharoni Arad	Y Aharoni: Arad Inscriptions (Hebr.). Jerusalem 1975
Aḥqr	Achiqar; ↗ AP 212 ff.; AOT 454 ff.; ANET 427 ff.; DAE 427 ff.; Meissner AO XVI 2, 1917
Aḥrm	Achiram; ↗ KAI Nr. 1
AHw.	WvSoden: Akkadisches Handwörterbuch. Wiesbaden 1965–81.
Aimé-G. (Ai.-Gi.)	MNAimé-Giron: Textes araméens de l'Egypte. Le Caire 1931
Aistl.	JAistleitner: Wörterbuch der ugaritischen Sprache. Berlin 1963, ^{3}1967
AIT	JAMontgomery: Aramaic Incantation Texts from Nippur. Philadelphia 1913

AJA	American Journal of Archaeology
AJS(L)	American Journal of Semitic Languages and Literatures
ak(k.)	akkadisch. ↗ AHw. und CAD
al.	alii (andere)
Albertz Frömmigkeit	RAlbertz: Persönliche Frömmigkeit und Offizielle Religion. Stuttgart 1978
ALBiOr	Acta Lovaniensia Biblica et Orientalia. Löwen
Albr.	WFAlbright. AmmH = Notes on Ammonite History. In: Miscellanea Biblica (BUbach ed. Montserrat 1954) 131–6; PrSinI = Proto-Sinaitic Inscriptions. Cambridge 1966; RI = Die Religion Israels im Lichte der archäologischen Ausgrabungen. München/Basel 1956; VdStZ (VSzC) = Von der Steinzeit zum Christentum. Bern 1949, [2]1957; Voc. = Vocalization of the Egyptian Syllabic Orthography. New Haven 1934; YGC = Yahweh and the Gods of Canaan. London 1968
Albrecht	KAlbrecht: Neuhebräische Grammatik auf Grund der Mischna. München 1913
Alp.	Aleppo-Kodex. ↗ Würthwein 31, [4]39; Textus 1, 1 ff. 17 ff. 59 f.
Alt	AAlt. KlSchr. = Kleine Schriften 1–3. München 1953–59
Alt.	Altertum
altbab.	altbabylonisch
Alth.-(St.)	FAltheim (und RStiehl); A(m)Spr. = Die aramäische Sprache unter den Achaimeniden. Frankfurt am Main 1959; Ar (AW) = Die Araber in der alten Welt; 1–4. Berlin 1964 ff; AuR = Asien und Rom, 1952; Hunn = Das erste Auftreten der Hunnen ... 1953; PhS = Philologia Sacra. Tübingen 1958; SuAm = Supplementum Aramaicum. Baden-Baden 1957
altind.	altindisch; ↗ MMWilliams: Sanskrit-English Dictionary. Oxford [2]1970
altsin.	altsinaitisch (Albright, BASOR 110, 6ff)
ALUOS	Annual of Leeds University Oriental Society. Leeds
aLw (aLW)	aramäisches Lehnwort. Mit Zahl, ↗ MWagner: Die lexikalischen und grammatikalischen Aramaismen im alttestamentlichen Hebräisch. Berlin 1966 (BZAW 96)
Amenp.	Die Sprüche des Amenemope (HOLange, Copenhagen 1925; AOT[2] 38 ff.; ANET[3] 421 ff.)
amh(ar).	amharisch. ↗ EUllendorff: An Amharic Chrestomathy. Oxford 1956
ammon.	ammonitisch
amor.	"amoritisch", oder "ostkananäisch". ↗ Noth WdAT 213 f.; Huffmon 1 ff.; Bauer OK
AnBibl	(auch An(al)Bi(bl)). Analecta Biblica, Roma
ANEP	JBPritchard: The Ancient Near East in Pictures ... Princeton 1954, [2]1969

ANET	JBPritchard: Ancient Near Eastern Texts ... Princeton 1950, ²1955, ³1969
Anm.	Anmerkung
Ann.	Annalen
AnOr.	Analecta Orientalia. Roma
Ant.	Flavii Josephi: Antiquitatum Judaicarum libri XX, Hrsg. B. Niese
AntSurv.	Antiquities and Survival. Den Haag 1955 ff.
ANVA(O)	Avhandliger ... Norske Videnskaps Akademi Oslo, Hist.-Filosof. Klasse
AO	Der Alte Orient
ao.	altorientalisch
AOAT	Alter Orient und Altes Testament. Veröffentlichungen zur Kultur und Geschichte des alten Orients und des AT. Neukirchen
AOATS	Alter Orient und Altes Testament. Veröffentlichungen zur Kultur und Geschichte des alten Orients, Sonderreihe.
AOB	HGressmann: Altorientalische Bilder zum AT. Berlin ²1927
AOF	HWinckler: Altorientalische Forschungen. Leipzig 1893–1905
aor.	aoristisch (↗ BL 269 ff.; cf HAL S. 248b, Nr. 27)
AOT	HGressmann: Altorientalische Texte zum AT. Berlin ²1926
AP	ACowley: Aramaic Papyri of the Fifth Century B.C. Oxford 1923
Ap.	Apocryphon; cf. GnAp
APAW	Abhandlungen der Preussischen (Berliner) Akademie der Wissenschaften. Berlin
APE	AUgnad: Aramäische Papyrus aus Elephantine. Leipzig 1911
ape.	altpersisch. ↗ Herzfeld API; Kent; Mayrhofer HbAP
API	EHHerzfeld: Altpersische Inschriften. Berlin 1938
APN	KTallqvist: Assyrian Personal Names. Helsinki 1914
APO	ESachau: Aramäische Papyri und Ostraka aus einer jüdischen Militärkolonie zu Elephantine. Leipzig 1911
App.	Appendix
appell.	Appellativ
Ar.	Arabien
ar.	arabisch. ↗ Lisān; Tāǧ, Wehr, WKAS, Lane
aram.	aramäisch. ↗ KBL S. XVI ff.; Rosenthal AF
aramais.	aramaisierend, dem Aramäischen angeglichen
arch.	archaistisch-Architekturwort
ArchOr	Archiv Orientálni (Praha 1929 ff.)
ArchOF	Archiv für Orientforschung. Graz
ArchOTSt	WThomas, ed.: Archaeology and the OT Study. London 1967
archt.	architektonisch
Arist.	Aristeabrief. ↗ Rost EAP 74 ff.

ARM	Archives royales de Mari. Paris 1946ss.
arm(en).	armenisch; ↗ Hübschmann
ARMT	Archives royales de Mari, Transcriptions/Traductions
Arrian Anab.	Anabasis. ↗ P-WKl. I 605 f.
Arsl.(-T.)	Arslan-Tash; ↗ KAI Nr. 27; siehe auch NESE 2, 17 ff.
art.	Artikel
ARW	Archiv für Religionswissenschaft. Leipzig 1916 ff.
AS	↗ AuS
asa.	altsüdarabisch (minäisch, himj, qatab, sabäisch, hadram.); ↗ Conti, Müller, Höfner, Sabdic
ASAÉ	Annales du Service des Antiquités de l'Égypte
asiat.	asiatisch
asin.	altsinaitisch. ↗ Albright PrSinI
ass.	assyrisch; ↗ v. Soden GAG
Assbr.	aramäischer Brief aus Assur. ↗ KAI Nr. 233
assim.	assimiliert (:: dissim.)
AssMos	Assumptio Mosis. ↗ Rost EAP 110 ff.
ASTI	(auch A(n)S(w)ThI) Annual of the Swedish Theological Institute in Jerusalem. Leiden
Astour	MCAstour: Hellenosemitica. Leiden 1967
asy.	altsyrisch. ↗ Black 216 ff.
AT	Altes Testament
ATAO	AJeremias: Das AT im Lichte des Alten Orients. Leipzig ^{4}1930
Atbaš	Vertauschung der Buchstaben, ת = א, ש = ב; ↗ Encylopaedia Judaica 7,370 (Jerusalem 1971) s.v. Gematria
ATD	Das Alte Testament Deutsch. Göttingen
ATDA	J. Hoftijzer u. G. van der Kooy: Aramaic Texts from Deir Alla (Documenta et Monumenta Antiqua XIX). Leiden 1976
AThANT	Abhandlungen zur Theologie des Alten und Neuen Testaments. Zürich
ᶜAtiqot	Journal of the Israel Department of Antiquities. Jerusalem 1955 ff.
atl.	alttestamentlich
AtlAbh.	Alttestamentliche Abhandlungen. München
ATO	L'Ancien Testament et l'Orient. Louvain 1957
ATStNö	Alttestamentliche Studien Fr. Nötscher gewidmet, 1950
ATTM	↗ Beyer
attrib.	Attribut, attributiv
AuC	FDölger, Hrsg: Antike und Christentum. Münster 1929 ff. (= Jahrbuch für Antike und Christentum. Münster 1958 ff.)
AuS	GDalman: Arbeit und Sitte in Palästina, 1–7. Gütersloh 1928–42
AustrBR	Australian Biblical Review. Melbourne 1951 ff.
av(est.)	avestisch. ↗ ape.

Avr(oman)	siehe H.S. Nyberg The Pahlavi Documents from Avroman, MO 17, 1923, 182 ff.; Altheim-Stiel Palaelogia 3, 1954, 45 ff.
AWA(r)	ChRabin: Ancient West-Arabian. London 1951
Ⓑ	Bombergiana, in BH[1,2]. ↗ Würthwein 33 f., [4]42 f.
b.	bei
b...	babylonisch. ↗ M(ischna)
ba.	biblisch-aramäisch. ↗ Lex.[1] XVI ff.; BLA
BA	Biblical Archaeologist, Biblisch-Aramäisch
bab., Bab.	babylonisch, Babylon(ien)
BabChr(onik)	Babylonische Chronik. ↗ AOT 359 ff., ANET 301 ff., Wiseman
Bab Pes.	= bab. Talmud, Traktat Pesaḥim
Baessler-Archiv	Leipzig
BagM	Bagdader Mitteilungen. Berlin
Bardtke	HBardtke: Kommentar zu Esther (KAT XVII 5)
Barr	JBarr. BWT = Biblical Words for Time. London 1962 (WoT); CpPh = Comparative Philology and the Text of the OT. Oxford 1968
Barrois	AGBarrois: Manuel d'archéologie biblique, 1–2. Paris 1939/53
B(i)Arch	Biblical Archeologist (1938ff)
Barth	JBarth. EtSt = Etymologische Studien. Leipzig 1883; Nb = Die Nominalbildung in den semitischen Sprachen. Leipzig [2]1894; WU = Wurzeluntersuchungen. Leipzig 1902
Barthélemy	ABarthélemy: Dictionnaire Arabe-Français. Paris 1935/54
Barthélemy Konkordanz Sir	J.D. Barthélemy: Konkordanz zum hebräischen Sirach. Göttingen 1973
BarthET	ChrBarth: Die Errettung vom Tode ... Zollikon (Zürich) 1947
BASOR	Bulletin of the American Schools of Oriental Research
Baud.	WWvBaudissin: AE (AdEs) = Adonis und Esmun. Leipzig 1911; Kyr. = Kyrios als Gottesname im Judentum, 1–4. Giessen 1929
Bauer, Edelst.	MBauer: Edelsteinkunde. Leipzig [3]1932
Bauer, Ok. (Ostkan)	ThBauer: Die Ostkanaanäer. Leipzig 1926
Bauer (P)Wb.	LBauer: Wörterbuch des palästinischen Arabisch. Leipzig 1933
Baumg. (Bg.)	WBaumgartner; ↗ HeWf, ZATU
Baumgtl.	FBaumgärtel: Elohim ausserhalb des Pentateuchs. Leipzig 1914
BBB	Bonner Biblische Beiträge
BBS	ZBen-Ḥayyim: The Book of Ben Sira (ספר בן סירא). Jerusalem 1973
BCh.	ZBen Hayyim: Gl. = ↗ Rosenthal Gl.; LOT = The Historical Dictionary of the Hebrew Language: Literary and oral

	Tradition of Hebrew and Aramaic amongst the Samaritans, 1–5. Jerusalem 1957–77; Trad (TrS) = Traditions samaritaines. In: Mélanges de Philosophie et de Littérature Juives (5, 1962) 89ss; The Book of Ben Sira. Text, Concordance and Analysis of the Vocabulary. Jerusalem 1973
BDB	FBrown-SRDriver-CABriggs: Hebrew and English Lexicon. Oxford 1906
Bedtg	Bedeutung
BedtgLw.	Bedeutungslehnwort, Lehnübersetzung
beduin.	beduinisch
Beer	GBeer: Exodus (HbAT I/3)
Begr.	JBegrich: Chron. = Die Chronologie der Könige von Israel und Juda. Tübingen 1929; Dtj. = Studien zu Deutero-jesaja. Stuttgart 1938 (München 1963); PsH(i). = Der Psalm des Hiskia. Göttingen 1926
Behrm.	GBehrmann: Das Buch Daniel, 1894
Beh.	Behistun; die aramäische Version der Behistun Inschrift ↗ Cowley AP 248 ff.
Bentzen	ABentzen: Daniel (HbAT I/19) ²1952
Benv.	EBenveniste: Termes et normes achéménides en araméen, JA 225, 1934, 277ff
BenYeh.	Elieser Ben Yehuda: Thesaurus totius hebraitatis, 1–17. Berlin 1908–59
Benzinger	IBenzinger: Hebräische Archäologie. Leipzig ³1927
berb.	berberisch, ↗ Rössler ZA 50, 121 ff. (:: Moscati CpGr § 5, 5)
Berggren	JBerggren: Guide français-arabe vulgaire, 1844
Beross.	↗Schnabel (S. 249 ff. die Fragmente)
Berth(olet)	ABertholet: Die Stellung der Israeliten und der Juden zu den Fremden. Freiburg 1896
Beryt.	Berytus
bes.	besonders
BET	Beiträge zur biblischen Exegese und Theologie. Frankfurt a. M., Bern
betr.	betreffend
BE(U)P	The Babylonian Expedition of the University of Pennsylvania. Philadelphia 1893 ff.
Bev.	AABevan: A Short Commentary on the Book of Daniel, 1892
Bew(er)	JABewer: Der Text des Buches Ezra. Göttingen 1922
Beyer	KlBeyer: Die semitische Syntax im NT. Göttingen 1962; ATTM Die aramäischen Texte vom Toten Meer. Göttingen 1984
Bgstr.	GBergsträsser: Hebräische Grammatik, 1–2. Leipzig

	1918/29; Gl. = Glossar des neuaramäischen Dialekts von Ma^{c}lūla. Leipzig 1921 (1966) (Abhandlungen für die Kunde des Morgenlandes 15, Nr. 4); Einführung in den semitischen Sprachen. München 1928 [1989]
BH	Biblia Hebraica. Stuttgart 1906, ^{3}1937, ^{7}1951; cf. BHS
Bh.	Beiheft
bhe.	biblisch-hebräisch
BHH	BReicke-LRost: Biblisch-Historisches Handwörterbuch, 1–3. Göttingen 1962–1966
BHK	Biblia Hebraica, ed. R. Kittel, 3. Aufl.
BHS	Biblia Hebraica Stuttgartensia. Stuttgart 1968 ss.
Bibl(ica)	Biblica, Rom
bibl.	biblisch
BiblOr	Biblica et Orientalia. Roma
B(i)K	Biblischer Kommentar. Neukirchen
bildl.	bildlich
BiOr	Bibliotheca Orientalis
Birk(eland)	HBirkeland: Akzent und Vokalismus im Althebräischen. 1940
BiSt	Biblische Studien, Neukirchen
BiW	MAvi-Yonah – EGKraeling: Die Bibel in ihrer Welt. 1964
BiZ	Biblische Zeitschrift
BJ	Sainte Bible (''Bible de Jérusalem''). Paris 1956, 1973
BJPE	Bulletin of the Jewish Palestine Exploration Society
BJRL	Bulletin of the John Ryland's Library
bjT	vorhanden im babylonischen und jerusalemer Targum
BK	↗ B(i)K
BL(H)	HBauer-PLeander: Historische Grammatik der hebräischen Sprache. Halle a.S. 1922 (1969)
BLA	HBauer-PLeander: Grammatik des Biblisch-Aramäischen. Halle a.S. 1927
Blake	FRBlake: Hebrew Influence on Biblical Aramaic, in Blake: A Resurvey of Hebrew Tenses, 1951, 81–96
Black	MBlack: An aramaic approach to the Gospels and Acts. Oxford 1946, ^{2}1954
Bl.-Debr.	FBlass-ADebrunner: Grammatik des neutestamentlichen Griechisch. Göttingen ^{7}1943
BLK	HBauer und PLeander: Kurzgefasste biblisch-aramäische Grammatik, 1929 (↗ BLA)
BM	GBeer-RMeyer: Hebräische Grammatik, 1–3. Berlin 1952–60
BMAP	EGKraeling: The Brooklyn Museum Aramaic Papyri. New Haven 1953
BMB	Bulletin du Musée de Beyrouth

BN	Biblische Notizen. Beiträge zur exegetischen Diskussion. Bamberg 1976ff.
BO	Bibliotheca Orientalis
Bodenh.	FSBodenheimer. AL = Animal Life in Palestine. Jerusalem 1935; A(u)M = Animal and Man in Bible Lands. Leiden 1960
Boecker	HJBoecker: Redeformen des Rechtsleben im AT (WMANT 14). Neukirchen 1964, [2]1970
Böhl	FMTh(de Liagre)Böhl: KH = Kananäer und Hebräer. Leipzig 1911; OpMin. = Opera minora. Groningen 1953; Spr(EA) = Die Sprache der Amarnabriefe ... Leipzig 1909
Bogh.	Boghazköi
Boisacq	EBoisacq: Dictionnaire étymologique de la langue grecque. Paris [2]1923 (Heidelberg 1950)
Bonnet	HBonnet: W. = Die Waffen der Völker des alten Orients. Leipzig 1926
Borée	WBorée: Die alten Ortsnamen Palästinas. Leipzig [2]1930 (Hildesheim 1968)
Borger	RBorger: Die Inschriften Asarhaddons, Königs von Assyrien. Graz 1956
Bori	Pehlevi Inschrift von Bori in Grunisien (in Altheim: Literatur und Gesellschaft im ausgedehnten Altertum II, 1950, 46ff)
Boström	GBoström: Proverbiastudien. Lund 1935
Botterw(eck)	GJBotterweck: Tril. = Der Triliterismus im Semitischen. Bonn 1952
Bouss(et)-Gr(ess).	WBousset-HGressmann: Die Religion des Judentums im späthellenistischen Zeitalter. Tübingen 1926
Br.	Bruder
Brandst.	WBrandenstein: Bemerkungen zur Völkertafel. In: Fschr. ADebrunner, 1954, 57 ff.
Braun	HBraun: Qumran und das NT. Tübingen 1–2, 1966
briefl.	brieflich
Bright	JBright: A History of Israel. Philadelphia 1959, [2]1974; Jer. = Jeremiah (Anchor Bible). Garden city (N.Y.) 1965
BRL	KGalling: Biblisches Reallexikon (HbAT I/1) 1937, [2]1977
Brock(elm).	CBrockelmann: HeSy = Hebräische Syntax. Neukirchen 1956; LS = Lexikon Syriacum. Halle [2]1928 (1966); SGr = Syrische Grammatik. Leipzig [6]1951; VG = Grundriss der vergleichenden Grammatik der semitischen Sprachen, 1–2. Berlin 1908/13 (Hildesheim 1966)
Bro.HS	CBrockelmann: Hebräische Syntax, 1956
Brönno	EBrönno: Studien über hebräische Morphologie und Vokalismus. Leipzig 1943.

Brooke-M.	AEBrooke-NMclean: The Old Testament in Greek. Cambridge 1906 ff.
bSabb	Traktat Šabbat des babylonischen Talmud
BSOAS	Bulletin of the Schools of Oriental and African Studies
bT(a)	babylonischer Talmud (:: jT)
Budde	KBudde: Jesajas Erleben. Gotha 1928; Gahl = Geschichte der alt-hebräischen Litteratur. Leipzig [2]1909
Burch.	MBurchardt: Die altkanaanäischen Fremdworte und Eigennamen im Aegyptischen. Leipzig 1909 f.
Burr.	MBurrows: The Dead Sea Scrolls I 1950, II 1951
BVKSGW	Berichte über die Verhandlungen der Königlich-Sächsischen Gesellschaft der Wissenschaften zu Leipzig
BVSäAW	Berichte über die Verhandlungen der Sächsischen Akademie der Wissenschaften. Leipzig
BWA(N)T	Beiträge zur Wissenschaft vom Alten und Neuen Testament. Stuttgart
BWL	WGLambert: Babylonian Wisdom Literature. Oxford 1960
Byrsa	↗ CahByrsa
BZ	Biblische Zeitschrift (= BiZ)
BZ	OEissfeldt: Baal Zaphon, Zeus Kasios und der Durchzug der Israeliten durchs Meer. Halle 1932
BzA	Beiträge zur Assyriologie
BZAW	Beihefte zur Zeitschrift für die alttestamentliche Wissenschaft. Berlin
bzw.	beziehungsweise
Ⓒ	Codex Cairensis, s. Würthwein[2]
c.	cum (mit)
c(a)	circa (ungefähr)
CAD	Chicago Assyrian Dictionary. 1956 ff.
CAH	Cambridge Ancient History
CahBy(rsa)	Cahiers de Byrsa (= Byrsa, CdB), Carthago (Tunesien)
Canaan Dämonengl.	T. Canaan: Dämonenglaube im Lande der Bibel. Leipzig 1929
Cant.	JCantineau: Gr. = Grammaire du Palmyrénien épigraphique. Le Caire 1935; Inv. = Inventaire des inscriptions de Palmyre, 1–10. Beyrouth 1930–49; Nab. = Le Nabatéen, 1–2. Paris 1930/32 (Osnabrück 1973)
Canticum	ABea: Canticum Canticorum. Rom 1953
carit.	caritativ, Koseform
Caskel	WCaskel: Lihyan und Lihyanisch. Köln 1954
CAT	Commentaire de l'Ancien Testament. Neuchâtel
Catull	↗ P-WKl I 1089 ff.
caus.	Kausativ

Caz(elles)	HCazelles: Etudes sur le Code de l'Alliance. Paris 1946
CBQ	Catholic Biblical Quarterly
CdB	↗ CahByrsa
Cerulli	ECerulli: LgSem = Linguistica Semitica. Roma 1961 (Studi Semitici, 4)
cf.	confer (vergleiche)
CG	PKahle: The Cairo Geniza. Oxford ^{2}1959
CH	Codex Hammurabi. ↗ AOT 380 ff.; ANET 163 ff.; Eilers AO 31, 3/4; Driv.-M. BL
Ch.	(ar.) *chirbet* (Ruine)
chald.	chaldäisch
Cha(rles)	RHCharles: A critical and exegetical commentary on the book of Daniel. Oxford 1929; Apocr(ypha) = The Apocrypha & Pseudepigrapha of the OT, 1–2. Oxford 1913 (Reprint 1963)
Childs Exodus	B. Childs: the Book of Exodus. Philadelphia, London 1974
Christian	VChristian: Altertumskunde des Zweistromlandes . . ., I. Leipzig 1940
ChrW	Die Christliche Welt
churr.	churritisch; ↗ HAL S. 339, III חֹרִי
CIS	Corpus Inscriptionum Semiticarum. Paris 1881ss.
cj.	conjectura, konjiziert
cjg.	conjungendum (zu verbinden mit)
CML	GRDriver: Canaanite Myths and Legends. Edinburgh 1956, [1971], ^{2}1978 von JCL Gibson
cogn.	cognomen (Beiname)
coh.	Kohortativ
coll.	Kollektiv
comm.	communis (masculin und feminin)
compar.	comparativ, vergleichend (↗ מִן 5b)
compos.	compositio (Zusammensetzung); compositum (zusammengesetzt)
concr.	konkret
conj.	Konjunktion
cons.	konsonantisch
consec.	konsekutiv
contam.	kontaminiert
Conti	KConti Rossini: Chrestomathia Arabica Meridionalis Epigraphica. Roma 1931
Cook	SACook: RAP = The Religion of Ancient Palestine in the Light of Archaeology. London 1930
Cooke	GACooke: A Text-book of North-Semitic Inscriptions. Oxford 1903
cop.	Kopula
corr(upt).	corruptus (verderbt, fehlerhaft)

Cowl.	ACowley: AP = Aramaic Papyri of the Fifth Century B.C. Oxford 1923; SL (SamLit) = The Samaritan Liturgy, 1–2, Oxford 1909
cp.	christlich-palästinisch. ↗ Schulthess
cpag. (compag.)	*w/j* compaginis. ↗ BL 524h-526l
CpBi	HHRowley, ed.: A Companion to the Bible. Edinburgh 1963
CpUg.	AHerdner: Corpus des tablettes en cunéiformes alphabétiques découvertes à Ras-Shamra, 1–2. Paris 1963
CRAI(BL)	Comptes-Rendus de l'Académie des Inscriptions et Belles Lettres
CRB	Cahiers de la Revue Biblique. Paris 1964 ff.
Cross-Freedm.	FMCross-DNFreedman: Early Hebrew Orthography (EHO). New Haven 1952
Crum	WECrum: A Coptic Dictionary. Oxford 1929
cs.(tr).	(status) constructus
CT	Cuneiform Texts from Babylonian Tablets ... in the British Museum. London 1896 ff.
CTA	Corpus des tablettes en cunéiformes alphabétiques découvertes à Ras Shamra-Ugarit de 1929 à 1939. Paris 1963
ctxt.	contextus (Zusammenhang)
D	akkadische und ugaritische Doppelungsform (= piᶜel)
d.	der, die, das; des, dem, den
DAE	PGrelot: Documents araméens d'Egypte. Paris 1972
dag.	dageš: f(orte), l(ene), dir(imens)
Dahood	MDahood: Gruenth. = Nortwest Semitic Philology and Job. In: Fschr. Gruenthaner 55–74; UHPh = Ugaritic-Hebrew Philology. Rome 1965. ↗ HAL S. XIII; Ps. Psalms I–III (Anchor Bible). New York 1966–70
Dalglish	ERDalglish: Psalm Fifty-One. Leiden 1962
Dalm.	GDalman: AuS = Arbeit und Sitte in Palästina, 1–7. Gütersloh 1928–1942; Gr. = Grammatik des jüdisch-palästinischen Aramäisch ... Leipzig 1894, ²1905 (Darmstadt 1960); Jer(us). (oder JG) = Jerusalem und sein Gelände. Gütersloh 1930; OW = Orte und Wege Jesu. Gütersloh 1919; P. = Petra und seine Felsheiligtümer. Leipzig 1908; Wb. = Aramäisch-neuhebräisches Wörterbuch ... Frankfurt a. M. 1901, ²1922, Göttingen ²1938
Dam.	Damaskus-Schrift (Ausgaben: LRost, Berlin 1933; SZeitlin, Philadelphia 1952; ↗ Lohse, Maier, Rabin)
dat.	Dativ. dat. ethicus (↗ GK § 119s, HeSy, § 107f); dat. poss(essivus)
Datin	Daṯina. ↗ Brockelmann, VG I, 126; Landberg
def.	defektiv (:: ple.)

deform.	deformiert, entstellt (↗ diffam.)
Degen Altaram. Gr.	RDegen: Altaramäische Grammatik der Inschriften d. 10.–8. Jh. v. Chr. Wiesbaden 1969
Deimel	ADeimel. Pth = Pantheon Babylonicum. Roma ^{2}1950
Deir Alla	↗ ATDA
DeL(anghe)	RDeLanghe: Les textes de Ras Shamra-Ugarit ..., 1–2. Gembloux & Paris 1945
Delap(orte)	LDelaporte: Epigraphes araméens. Paris 1912
Delitzsch	Franz Delitzsch: Ps. = Biblischer Kommentar über die Psalmen. Leipzig ^{5}1894
Del(itzsch)	Friedrich Delitzsch: LSF = Lese- und Schreibfehler im AT. Berlin 1920; Par. = Wo lag der Paradies? Leipzig 1881
demin.	deminutiv
Demot.	RABowman: An Aramaic Religious Text in Demotic, JNESt 3 (1944) 219 ff.
dem(str).	demonstrativ
denom.	denominativ (von Nomen abgeleitetes Verb)
deprav.	depraviert
Der.	Derivat
det.	(status) determinatus/emphaticus
determ.	determiniert
d.h.	das heisst
Dho(rme)	EDhorme: La Bible, L'Ancien Testament, 1–2. Paris 1956/59; EM = L'emploi métaphorique des noms de parties du corps. Paris 1923; Job = Le livre de Job. Paris ^{2}1926; RBA = Les religions de Babylonie et d'Assyrie. Paris 1949; Rec. = Recueil Ed. Dhorme. Paris 1951; RHN = La religion des Hébreux nomades. Paris 1937
d.i.	das ist
dial.	dialektisch, Dialekt
dialar.	dialektarabisch
DictBi.	Dictionnaire de la Bible; Su. = Supplément. Paris 1926ss.
Dien(ing)	FDiening: Das Hebräische bei den Samaritanern. Stuttgart 1938
Dietr.-Lor.	MDietrich-OLoretz: Die soziale Struktur von Alalaḫ und Ugarit, WdO 3 (1966) 188 ff.
diffam.	diffamierend, herabsetzend
DiLella	AADiLella: The Hebrew Text of Sirach, London 1966
Dillm.	ADillmann: Lexicon Linguae Aethiopicae. Leipzig 1865 (Osnabrück 1970); Gramm. = Grammatik der aethiopischen Sprache. Leipzig ^{2}1899 (Graz 1959)
Dionys. Perieg.	Dionysos Periegesis. ↗ Conti 30 f; P-WKl 2, 73 f.
Dir.	DDiringer: Le Iscrizioni Antico-ebraiche Palestinesi. Firenze 1934

DISO	ChJean-JHoftijzer: Dictionnaire des inscriptions sémitiques de l'ouest. Leiden 1965
dissim.	dissimiliert (:: assim.)
dittgr. (dttgr.)	dittographisch (:: hapl.)
DJD	Discoveries in the Judaean Desert. Oxford 1955 ff.
dl.	dele (streiche)
DNWSI	JHoftijzer-KJongeling: Dictionary of North-West Semitic Inscriptions, 1–2. Leiden 1994
DOTT	DWThomas: Documents from OT Times, London 1958
Doughty	ChMDoughty: Travels in Arabia Deserts: New York 1936
Doura	↗ Dura
Dozy	RDozy: Suppléments aux dictionnaires arabes. Paris ²1927
Driver	GRDriver. AD = Aramaic Documents of the Fifth Century B.C. Oxford 1954, ²1957; CML = Canaanite Myths and Legends. Edinburgh 1956 (1971); Gl = Glosses. ↗ ATO 123 ff.; HVS = Problems of the Hebrew Verbal System. Edinburgh 1936; QTL = Some Uses of Qtl in the Semitic Languages, Proceedings of the International Conference on Semitic Studies. Jerusalem 1965; SWr = Semitic Writing. London 1948, ²1954.
Driv.-M.	GRDriver-JCMiles: AL = The Assyrian Laws. Oxford 1935; BL = The Babylonian Laws, 1–2. Oxford 1952/55, I 1952 ²1956, II 1955
Drower	ESDrower: MdD = ESDrower-Macuch: A Mandaic Dictionary. Oxford 1963; MII = Mandaeans of Iraq and Iran. Oxford 1937; Zod. = The Book of the Zodiac, 1947
DSS	Dead Sea Scrolls; ↗ Dam., DJD, KQT
Dtj(es).	Deuterojesaja
dtsch	deutsch
dtst	deuteronomistisch
du.	Dual
dub.	dubiosus (zweifelhaft)
dubl.	Dublette
Duch.-G.	GDuchesne-Guillemin: Les noms des eunuques d'Assuérus. Muséon 66 (1953) 105ss.
Duhm	B. Duhm: Das Buch Jesaia. Göttingen ⁴1922, ⁵1968 (GHK); Das Buch Hiob. Freiburg 1897; H. Duhm: Die Bösen Geister im AT. Tübingen 1904
Dup.-S.	ADupont-Sommer: Aram. = Les Araméens. Paris 1949; Sfiré = Les inscriptions araméennes de Sfiré. Paris 1958
Dura	Dura Europos. Die aramäischen Ideogramme der mittelpersischen Pergamente und der Synagogeninschriften von Dura-Europos. In: FAltheim-RStiehl: Asien und Rom (Tübingen 1952) 9 ff.

Dura Inscr.	RNFaye (u. andere): Inscriptions from Dura-Europos. Yale 1955
Dura Inv. (Inv. Dura)	Comte du Mesnil du Buisson: Inventaire des inscriptions palmyréennes de Doura-Europos. Paris 1939
Duss(aud)	RDussaud: Mana = Les religions des Hittites et des Hourrites, des Phéniciens et des Syriens. Paris 1949 (''Mana'' II); MélSyr. = Mélanges syriens offerts à RDussaud. Paris 1939; Or. = Les origines cananéennes du sacrifice israélite. Paris 1921, ^{2}1941; Top. = Topographie historique de la Syrie antique et médiévale. Paris 1926;
Dyn.	Dynastie
E	Elohist
e.	ein, eine, einer, eines, einem, einen
EA	El-Amarna; ↗ JAKnudtzon: Die El-Amarna Tafeln. In VAB 2, 1915; AFRainey: The El-Amarna Tablets 359–379. 1970 (AOAT 8)
Ea Eb Ec	Die nach PKahles Bezeichnung, mit einfacher (E) Punktation versehene Handschriften der orientalischen Überlieferung (a = Pentateuch, b = Propheten, c = Hagiographen)
EAE	Encyclopaedia of Archeological Excavations in the Holy Land, I-, London-Jerusalem 1975
Echter	Echter-Bibel. Würzburg 1947–68
ed.	editor, éditeur (Herausgeber)
edd.	editiones (Drucke)
EDH	WLeslau: Etymological Dictionary of Harari. Los Angeles 1963
EG	AErman-HGrapow: Wörterbuch der ägyptischen Sprache, 1–6. Leipzig 1926–40
EHO	FMCross-DNFreedman: Early Hebrew Orthography. New Haven 1952
Ehrl.	ABEhrlich: Randglossen zur hebräischen Bibel, 1–7. Leipzig 1908–14 [1968]
Eichr(odt)	WEichrodt: Theologie des AT, 1–2/3. Stuttgart, Göttingen 1 ^{5}1957, 2/3 ^{5}1964
eig.	eigentlich
Eilers	WEilers: Iranische Beamtennamen in der keilinschriftlichen Überlieferung. Leipzig 1940; Beitr. Nf. = Beiträge zur Namenforschung. 1964
Einf.	Einführung; ↗ HAL S. I ff.
einz.	einzeln
Eissf(eldt)	OEissfeldt: Einleitung in das AT. ^{3}1964; BZ = Baal Zaphon, Zeus Kasios und der Durchzug der Israeliten durchs Meer. Halle 1932; El = El im ugaritischen Pantheon. Berlin 1951;

	KlSchr. = Kleine Schriften, 1–5. Tübingen 1962–1973; Molk als Opferbegriff ... Halle 1935; NKT = Neue keilalphabetische Texte aus Ras-Šamra. Berlin 1965; RŠ = Ras Schamra und Sanchunjaton. Halle 1939; Sanch. = Sanchunjaton von Berut und Ilumilku von Ugarit Halle 1952
Eitan	IEitan: A Contribution to Biblical Lexicography. New York 1924
Eleph.	Urkunden von Elephantine. ↗ APE; APO; Cowley AP; DAE.
Ell(iger)	KElliger. HK = Studien zum Habakukkommentar vom Toten Meer. Tübingen 1953; KlSchr. = Kleine Schriften zum A.T. München 1966 (ThB 32); Lev. = Leviticus (HbAT I/4); Nah.-Mal. ↗ ATD 25
Ellb(g.) (Ellenb.)	MEllenbogen: Foreign words in the OT. London 1962
ell(ipt).	elliptisch (ohne zugehöriges Objekt)
emend.	Emendation, emendiert
emphat.	emphatisch
EncIsl.	Encyclopédie de l'Islam. Leyde 1960ss.
encl.	enclitisch (:: procl.)
Endg	Endung
energ.	energicus (impf. energ., Nun energ.)
engl.	englisch
EnzIsl.	Enzyklopädie des Islam. Leiden 1927 ff. 2. Aufl. ↗ EncIsl.
EOH	FMCross – DNFreedman: Early Hebrew Orthography. New Haven 1952
Ep. Gilg.	Gilgamesch-Epos
Eph.	MLidzbarski: Ephemeris für semitische Epigraphik, 1–3. Giessen 1902–1915
EphThLov	Ephemerides Theologicae Lovanienses
Epiph.	Epiphanius; ↗ AJepsen ZAW 71, 114 ff.
EpistJer.	Epistola Jeremiae; ↗ Rost EAP 53 f.
epith.	epitheton
Epstein	JNEpstein: Einleitung in den Text der Mišna (hebr.). Jerusalem 1949
Eran. (Eranos JB)	Eranos Jahrbuch
ErIsr.	Eretz-Israel
erkl.	erklärt
Erm.-Ra.	AErman-HRanke: Ägypten und ägyptisches Leben im Altertum. Tübingen 1923
Ern.-Mei(ll).	AErnout-AMeillet: Dictionnaire étymologique de la langue latine. Paris ^{3}1951
erw.	erweitert
eschat.	eschatologisch
Esd. (3.Esra)	↗ Rost EAP 71 ff.
4.Esd. (4.Esra)	↗ Rost EAP 91 ff.

Ešm.	Ešmunazar; ↗ KAI Nr. 15
ET	Expository Times
etc.	et cetera (und so weiter)
ETL	JSimons: Handbook of Egyptian Topographical Lists. Leiden 1937
etpa.	etpaᶜal
etpe.	etpeᶜel
etw.	etwas
etym.	Etymologie, etymologisch
euphem.	euphemistisch
Eus(eb).	Eusebius; ↗ RGG³ II 739 f. Onom. = Das Onomastikon der biblischen Ortsnamen; ed. EKlostermann, Leipzig 1904 (Hildesheim 1966)
ev.	eventuell
EvTh	Evangelische Theologie. München
Ewald	HEwald. Proph.² = Die Propheten des alten Bundes erklärt, 1–3. Göttingen ²1867/68
exc.	excepto/is (ausgenommen)
ExpT	Expository Times
f., ff.	folgende(r) (Vers, Seite), folgende
f., fem.	femininum
Févr(ier)	JGFévrier: La religion des Palmyréniens. Paris 1931
FF	Forschungen und Fortschritte
Field	FField (ed.): Origenes: Hexaplorum quae supersunt, 1–2, Oxford 1871/75
Finet	AFinet: L'accadien des lettres de Mari. Bruxelles 1956
Fitzm(yer)	JAFitzmyer. GnAp(ocr) = The Genesis Apocryphon of Qumran Cave I. Rome 1966. ²1971; Sef. = The Aramaic Inscriptions of Sefîre. Rome 1967
fl.	flumen (Fluss)
Fohrer	GFohrer: Ezechiel (HbAT I/13) ²1955; GIR = Geschichte der israelitischen Religion. Berlin 1969
forens.	forensisch
formh.	formelhaft
Forrer	EForrer: Die Provinzeinteilung des assyrischen Reiches. Leipzig 1921
Forrer Sar.	LForrer: Südarabien. Leipzig 1942 (Hildesheim 1966)
Fr.	Frau
fr(agm.)	Fragment
Frae(nkel)	SFraenkel: Die aramäischen Fremdwörter im Arabischen. Leiden 1886 (Hildesheim 1962)
Frah.	↗ HFJ Junker (Hrsg.): Frahang -i Pahlavik. Heidelberg 1912; EEbeling MAOG XIV I, 1941

Frankena	RFrankena: Kanttekeningen van een Assyrioloog bij Ezechiël. Utrecht 1965
Frazer	JGFrazer: Folklore in the OT, 1–3. London 1919
Fried(r).	JFriedrich: Phönizisch-punische Grammatik. Rom 1951 ^{2}1970; H(eth)Wb = Hethitisches Wörterbuch (mit Ergänzungsheften). Heidelberg 1952 ff; Hetitisch und "kleinasiatische" Sprachen. Berlin 1931
FRLANT	Forschungen zur Religion und Literatur des Alten und Neuen Testaments. Göttingen
frt.	fortasse (vielleicht)
Frw.	Fremdwort
frz.	französisch
Fschr. WFAlbright	The Bible and the Ancient Near-East. New York 1961; Near Eastern Studies in Honour of W.F.A. Baltimore & London 1971
Fschr. AAlt II	Geschichte und AT. Tübingen 1953/54
Fschr. WW Graf von Baudissin	Abhandlungen zur semitischen Religionskunde und Sprachwissenschaft. Giessen 1918 (BZAW 33)
Fschr. MABeek	Travels in the World of the Old Testament. Assen 1974
Fschr. FrBgtl. (Baumgtl)	FrBaumgärtel zum 70. Geburtstag. Erlangen 1959
Fschr. ABerth(olet)	Tübingen 1950
Fschr. Botterweck	Bausteine biblischer Theologie. Festgabe für G.J. Botterweck (BBB 50) 1977
Fschr. KBudde	Giessen 1920 (BZAW 34)
Fschr. Cazelles	Mélanges bibliques et orientaux en l'honneur de M.H. Cazelles, Neukirchen 1981 (AOAT 212)
Fschr. WCaskel	Leiden 1968
Fschr. SHDavies	Proclamation and Presence. Richmond 1970
Fschr. GRDriver	Hebrew and Semitic Studies ... Oxford 1963
Fschr. WEilers	Ein Document der internationalen Forschung. Wiesbaden 1967
Fschr. OEissfeldt	Halle 1947
Fschr. OEissfeldt	Von Ugarit nach Qumran. Berlin 1958 (BZAW 77)
Fschr. KElliger	Wort und Geschichte. Neukirchen 1973 (AOAT 18)
Fschr. Fohrer	Prophecy. Essays presented to G. Fohrer on his sixty-fifth birthday 6. September 1980 (BZAW 150) 1980
Fschr. JFried(rich)	Heidelberg 1969
Fschr. GFurlani	Roma 1957
Fschr. KGalling	Archäologie und AT. Tübingen 1970
Fschr. MGaster	Occident and Orient. London 1936
Fschr. Gerleman	Festschrift G. Gerleman. Leiden 1978 (= ASTI XI)
Fschr. HLGinzberg	Louis Ginzberg Jubilee Volume, English Section. New-York 1945

Fschr. CGordon	Orient and Occident. Neukirchen 1973 (AOAT 22)
Fschr. MJGruenth-(aner) (Gruenth MV)	The Bible in Current Catholic Thought – Gruenthaner Memorial Volume. New York 1962
Fschr. HGunkel	Eucharisterion, 1–2. Göttingen 1923
Fschr. JHempel	Apoxysmata. Berlin 1961 (BZAW 81)
Fschr. HWHertzb(erg)	Gottes Wort und Gottes Land. Göttingen 1965
Fschr. JJHess	Von den Beduinen des inneren Arabiens. Zürich 1938
Fschr. DZHoffmann	1914
Fschr. FrHorst	Gottes Recht. München 1961
Fschr. PHumbert	Opuscules d'un hébraïsant. Neuchâtel 1958
Fschr. GJacob	Leipzig 1932
Fschr. PKahle	In Memoriam Pl. Kahle. Berlin 1968 (BZAW 103)
Fschr. YKaufmann	YKaufmann Jubilee Volume. Jerusalem 1960
Fschr. ThKlauser	"Mullus". Münster/ Westf. 1964
Fschr. LKoehler	Bern 1950 (SThU 20, Heft 3/4)
Fschr. Kornfeld	Studien zum Pentateuch W. Kornfeld zum 60. Geburtstag. Wien 1977
Fschr. BLandsberger	Studies in Honour of B.L. . . . Chigago 1965
Fschr. ILévi	Bruxelles 1955
Fschr. GLevi della Vida	Studi orientalistici in onore di G. L. d. V., 1–2. Roma 1956
Fschr. VMaag	Kultur, Kulturkontakt und Religion. Gesammelte Studien zur allgemeinen und alttestamentlichen Religionsgeschichte. Göttingen u. Zürich 1980
Fschr. KMarti	Vom Alten Testament. Giessen 1925 (BZAW 41)
Fschr. AMarx	A.M. Jubilee Volume. New York 1950
Fschr. HGMay	Translating and Understanding the Old Testament. Nashville/New York 1970
Fschr. SMow(inckel)	Interpretationes ad VT pertinentes. Oslo 1955
Fschr. JMMyers	Old Testament Studies in Honour of J.M.M. Philadelphia 1974
Fschr. AANeumann	Studies and Essays in Honour of A.A.N. Leiden 1962
Fschr. ThNöldeke	Orientalische Studien, 1–2. Giessen 1906
Fschr. FNötscher	Alttestamentliche Studien. Bonn 1950 (BBB 1)
Fschr. ALOppenh(eim)	Studies presented to A.L.O. . . . Chicago 1964
Fschr. JPedersen	Studia orientalia J.P. . . . dicata. Hauniae 1953
Fschr. OProcksch	Leipzig 1934
Fschr. GvRad	Studien zur Theologie der alttestamentlichen Überlieferungen. Neukirchen 1961; Probleme Biblischer Theologie. München 1971 (= PBT)
Fschr. GRinaldi	Studi sull'Oriente e la Bibbia . . . Genova 1967
Fschr. ARobert	Mélanges bibliques. Paris 1957
Fschr. ThHRobinson	Studies in OT Prophecy. Edinburgh 1950
Fschr. LRost	Das ferne und nahe Wort. Berlin 1967 (BZAW 105)
Fschr. WRudolph	Verbannung und Heimkehr. Tübingen 1961

Fschr. ESachau	Berlin 1915
Fschr. MHSegal	Studies in the Bible (Sefer Segal). Jerusalem 1965
Fschr. A. van Selms	De fructu oris sui. Leiden 1971
Fschr. EASpeiser	Oriental and Biblical Studies. Philadelphia 1967
Fschr. JJStamm	Beiträge zur hebräischen und altorientalischen Namenkunde. Fribourg (Schweiz) u. Göttingen 1980 (OBO 30)
Fschr. WBStevenson	Glasgow 1945
Fschr. DWThomas	Words and Meanings. New York-Manchester 1968 (JSSt 13)
Fschr. ETisser(ant)	Recueil Cardinal E.T. "Ab oriente et occidente", 1-2. Louvain 1955
Fschr. JTrier	Köln/Graz 1964
Fschr. Tur-S(inai)	Sefer Torczyner. Jerusalem 1947 (Lešonenu 15)
Fschr. WVischer	"La branche d'amandier". Montpellier 1960
Fschr. ThChVriezen	Studia biblica et semitica. Wageningen 1966
Fschr. JWackernagel	Antidôron. Göttingen 1923
Fschr. AWeiser	Tradition und Situation. Göttingen 1963
Fschr. JWellhausen	Studien zur semitischen Philologie und Religionsgeschichte. Giessen 1914
Fschr. EWürthwein	Textgemäss. Aufsätze und Beiträge zur Hermeneutik des Alten Testaments. Festschrift für E. Würthwein zum 70. Geburtstag. Göttingen 1979
Fschr. HYalon	Sefer H.Y. Jerusalem 1963
Fschr. JZiegler	Wort, Lied und Gottespruch 1-2. Würzburg 1972
Fschr. WZimmerli	Beiträge zur alttestamentlichen Theologie. Göttingen 1977
FuF	Forschungen und Fortschritte
fut.	futurum, futurisch
Fw	Fremdwort
G.	Gott
G	Septuaginta; ↗HBSwete: The OT in Greek according to the Septuagint. Cambridge 1909; ↗ G^{Ra}
G	Grundstamm (akkadischer Grundstamm = qal)
G^A G^B G^L etc. ↗ BHS Prolegomena IV	↗ Würthwein [4]S. 75 f.
G^{Ra}	Septuaginta (Hrsg. v. ARahlfs). Stuttgart 1935
Ǧ	*Ǧebel* (Berg)
Gadd	CJGadd. HINbd = The Harran Inscription of Nabonidus (Anatolian Studies VIII 1 (1938) 35 ff.)
GAG	WvSoden: Grundriss der akkadischen Grammatik. Rom 1952
Galling	KGalling. BRL = Biblisches Reallexikon (HbAT I/1); Chr. Esr. Neh. = Die Bücher der Chr., Esr., Neh. (ATD 12); Koh. = Der Prediger. In: Die fünf Megilloth (HbAT I/18); Stud. = Studien zur Geschichte Israels im persischen Zeitalter.

	Tübingen 1964; Tb. = Textbuch zur Geschichte Israels. Tübingen [2]1968
Garbini	GGarbini. SNO = Il Semitico di Nord-Ovest. Napoli 1960
Garst(ang)	JGarstang. JJ = Joshua Judges. London 1931; T. = Tombs of the third Egyptian Dynasty ... Westminster 1904
Gaster	ThGaster: Thespis. New York 1950, [2]1961
Gaut.-Benv.	RGautier-EBenveniste: Essai de grammaire sogdienne, 1–2. Paris 1909/29
GB	WGesenius-FBuhl: Hebräisches und aramäisches Handwörterbuch über das AT. Leipzig [17]1915
Gd.	CHGordon. B(e)B(i) = Before the Bible. London 1962; Intr. = Introduction to OT Times. Ventnor 1952; UM = Ugaritic Manual. Rome 1955; UMCr. = Ugaritic and Minoan Crete. New York 1966; UT = Ugaritic Textbook. Rome 1965
Gehm.	HSGehman: Notes on the Persian Words in Esther (JBL 43(1924) 321 ff.)
Geiger	AGeiger: Urschrift und Übersetzungen der Bibel (1857) [2]1928
gemin.	Gemination, geminiert (verdoppelt)
Gemser	BGemser. Pn. (oder BP) = De beteekenis der persoonsnamen voor onze kennis van het leven en denken der oude Babyloniërs en Assyriërs. Wageningen 1924; Spr. = Sprüche Salomos (HbAT I/16) 1937, [2]1963
gen.	Genitiv; gen. epex. = epexegeticus (☞ GK § 128 f–q)
Gerl(eman)	GGerleman: Zephanja, textkritisch und literarisch untersucht. Lund 1942
Gershevitch	JGGershevitch: A Grammar of Manichaean Sogdian. Oxford 1954
Ges. (Thes.)	WGesenius: Thesaurus ... Linguae Hebraicae et Chaldaicae. Leipzig 1853
gew.	nach gewöhnlicher Annahme
Gezer	Gezer Inschrift (KAI Nr. 182)
GHK	Göttinger Hand-Kommentar
Ginsbg/berg	HLGinsberg (:: Gsbg = Ginsburg). KU = Kitve Ugarit (hebr.). Jerusalem 1936; StDa. = Studies in Daniel. New York 1948; (St)Koh. = Studies in Koheleth. New York 1950
GK	WGesenius-EKautzsch: Hebräische Grammatik. Leipzig [28]1909
Gkl.	HGunkel. El. = Elias, Jahwe und Baal. Tübingen 1906; Els. = Die Geschichten von Elisa. In: Meisterwerke hebräischer Erzählungskunst. I. Berlin 1922; Est. = Esther. Tübingen 1916; Gen. = Genesis (GHK III/1) [5]1922; Mä. = Das Märchen im AT. Tübingen 1917; Ps. = Die Psalmen (GHK II/2)

	[4]1929, [5]1968; RA = Reden und Aufsätze. Göttingen 1913; SchCh. = Schöpfung und Chaos. Göttingen 1895 [2]1921
Gkl.-Begr.	HGunkel-JBegrich: Einleitung in die Psalmen. Göttingen 1933
gl.	Glosse
Glueck	NGlueck: Explorations in Eastern Palestine I–IV. AASOR 14, 15, 18/19, 25/28. New Haven 1914–51 (EEP); OSJd = The Other Side of the Jordan. New Haven 1940; R(i)D = Rivers in the Desert. London 1959
GnAp	NAvigad-YYadin: A Genesis Apocryphon: A Scroll from the Wilderness of Judaea. Jerusalem 1956; ↗ auch Fitzmyer
GNbd	Das Gebet des Nabonid; ↗ RMeyer
gntl.	nomen gentile, gentilicium
Goetze	AGoetze: Accent and Vocalism in Hebrew. JAOS 59 (1939) 431–59; Klas[2] = Kleinasien. München [2]1957; LE = The Laws of Eshnunna. New Haven 1956 (AASOR 31)
Goldm(ann)	WGoldmann (= ZBen-Ḥayyim): Die palmyrenischen Personennamen. Leipzig 1935
Gordis	RGordis: The Biblical Text in the Making. Philadelphia 1937
Gosh.-Gtst	MGoschen-Gottstein
gr.	gross
gr(ie).	griechisch
Gradw.	RGradwohl: Die Farben im AT. Berlin 1963 (BZAW 83)
Graetz	HGraetz: Schir haschirim. Wien 1871
Gray	JGray. LoC (LC) = The Legacy of Canaan. Leiden 1957, [2]1965 (VTSu. V); KRT[2] = The KRT Text in the Literature of Ras-Shamra. Leiden 1964; Kings = I & II Kings. London 1964, [2]1970, [3]1977
Gray Sacr.	GBGray: Sacrifice in the OT. Oxford 1925
grBar	Die griechischen Baruch Apokalypse; ↗ Rost EAP 86 ff.
Grdb	Grundbedeutung
Grdf	Grundform
Greg(or)	Gregorianum
Gressm.	HGressmann. Esch. = Der Ursprung der israelitisch-jüdischen Eschatologie. Göttingen 1905; Mess. = Der Messias. Göttingen 1929; Mo(se) = Mose und seine Zeit. Göttingen 1913
Grether	OGrether: Name und Wort Gottes im AT. Giessen 1934 (BZAW 64)
grie.	griechisch
Grimme	HGrimme: Texte und Untersuchungen zur safatenisch-arabischen Religion. Paderborn 1929 (TU)
Gröndahl	FGröndahl: Die Personennamen der Texte aus Ugarit. Rom 1967

Grossv.	Grossvater
GSAI	Giornale della Società Italiana Asiatica
Gsbg (Gsburg)	CDGinsburg (:: Ginsbg. = Ginsberg): ↗ Ginsburg
Gt	akkadischer u. ugar. Grundstamm mit *ta-* Infix
GTT	JSimons: Geographical and Topographical Texts of the OT. Leiden 1959
Guill(aume)	AGuillaume: Hebrew and Arabic Lexicography, 1–4. Leiden 1963–1965
Gulk.	IGulkowitsch: Die Bildung von Abstraktbegriffen ... Leipzig 1931
Gutt.	Gutturalen
Guzneh	Die aramäische Inschrift von Guzneh in Kilikien (TSSI vol. II Nr. 34)
Gzr	Die Kalenderinschrift von Gezer; ↗ KAI Nr. 182
H	Heiligkeitsgesetz (Lv 17–26): ↗ Eissfeldt: Einleitung ... 310 ff.; Elliger HbAT I/4 14 ff.
hadram.	hadramautisch; ↗ Höfner
haf.	hafᶜel
HAL	LKoehler-WBaumgartner-JJStamm: Hebräisches und Aramäisches Lexikon zum AT. Leiden 1967 ff.
Haldar	AHaldar: Associations of Cult Prophets among the Ancient Semites. Uppsala 1945
Hama	HIngolt: Rapport préliminaire sur sept campagnes de fouilles à Hama. Paris 1940
HAOGk	Handbuch der altorientalischen Geisteskultur. Berlin ²1929
hapleg.	hapax legomenon
haplgr.	haplographisch (:: dittgr.)
har.	Harari; ↗ Leslau
Harris	ZSHarris. Dev. = Development of the Canaanite Dialects. New Haven 1939; Gr. = Grammar of the Phoenician Language. New Haven 1936
Harrison	RKHarrison: Healing Herbs of the Bible. Leiden 1966
hasmon.	hasmonäisch; ↗ BHH 650 ff.
HAT	Handbuch zum A. T. Tübingen
Hatra	↗ DISO XIX; KAI Nr. 237–57; AfO 16, 141 ff; Syria 29, 30, 32, 40, 41
Hb (HdB)	Handbuch
HbAbgl.	Handwörterbuch des deutschen Aberglaubens. Berlin 1927–42
HbAP	WBrandenstein-MMayrhofer: Handbuch des Altpersischen. Wiesbaden 1964
H(b)AT	↗ HAT

HbOr.	Handbuch der Orientalistik. Leiden
Hdt.	Herodot; ↗ P-WKl. II 1099 ff.
he(br).	hebräisch; ↗ mhe., nhe.
hebrais.	hebraisiert
Hehn	JHehn: Die biblische und die babylonische Gottesides. Leipzig 1913
Hehn V.	Kulturpflanzen und Haustiere in ihrem Übergang aus Asien. Berlin [8]1911
Helck Beziehungen	WHelck: Die Beziehungen Aegyptens zu Vorderasien im 3. und 2. Jahrtausend vor Christus. Wiesbaden 1962, [2]1971
hell.	hellenistisch
Hempel	JHempel: Das Ethos des AT. Berlin 1938, [2]1964 (BZAW 67) (auch Eth.); GuM. = Gott und Mensch im AT. Stuttgart [2]1936
HEN	JJStamm: Hebräische Ersatznamen. In: Fschr. BLandsberger 413 ff.
1 Hen.	Das äthiopische Henochbuch; ↗ Rost EAP 101 ff.
2 Hen.	Das slavische Henochbuch; ↗ Rost EAP 82 ff.
hendiad.	Hendiadys; ↗ König: Stil 160f.
h. ep.	heros eponymos
Hermop(olis)	Papyri von Hermopolis; ↗ Or. 17(1948) 549 f; CRAIBL 1954, 251 ff.; EBresciani-MKamil: Le lettere aramaiche di Hermopolis. Roma 1966
Hermann Geschichte	SHerrmann: Geschichte Israels in alttestamentlicher Zeit. München 1971 ([2]1980)
Hertzb.	HWHertzberg: Der Prediger (KAT XVII/4, 1963)
Herzf.	EHHerzfeld. API = Altpersische Inschriften Berlin 1938; Paik. = Paikuli. Monument and Inscription of the Early History of the Sasanian Empire. Berlin 1924
Hess	JJHess: Von den Beduinen des inneren Arabiens. Zürich 1938
HeSy	Hebräische Syntax; ↗ Brockelmann
Hesych	Hesychios; ↗ P-WKl. II 1120
heth.	hethitisch
HeWf	Hebräische Wortforschung, Festschrift zum 80. Geburtstag von WBaumgartner, Leiden 1967
Hex.	Hexapla; ↗ Field
HFN	Hebräische Frauennamen; ↗ Stamm
Hier.	Hieronymus; ↗ Siegfried, ZAW 4,34 ff.; Sperber; Barr JSSt 12; Kahle CG 166
hif.	hifʿil
himj.	himjaritisch; ↗ asa.
Hinz.	WHinz: Der Reich Elam. Stuttgart 1964. AS = Altiranisches Sprachgut der Nebenüberlieferungen. Wiesbaden 1975
hištaf.	hištafʿal

hitp.	hitpa^c^el, hitpa^c^al
hitpal.	hitpa^c^lel
hitpalp.	hitpalpel
hitpe.	hitpe^c^el
hitpol.	hitpolel
HK	Handkommentar zum AT. Göttingen (auch GHK)
hof.	hof^c^al
Hofmann	JBHofmann: Etymologisches Wörterbuch des Griechischen. München 1949–50
Hoft(ijzer)	J Hoftijzer. (RA =) Religio Aramaica. Leiden 1968
Höfner	MHöfner: Altsüdarabische Grammatik. Leipzig 1943; ↗ Littmann-Höfner: Wörterbuch der Tigre-Sprache; RAAM
Hö(lscher)	GHölscher. Erdk. = Drei Erdkarten. Heidelberg 1949; EsrNeh ↗ Kautzsch AT; Hiob = Das Buch Hiob (HbAT I/17) ²1952; Prof. = Die Profeten. Leipzig 1914
Holladay	WLHolladay: The root Šûbh in the OT. Leiden 1958
holld.	holländisch
Holma	HHolma. NKt = Die Namen der Körperteile. Helsinki 1911; PN (auch ABP) = Die assyrisch-babylonischen Personennamen der Form quttulu. Helsinki 1914
Hommel	FHommel. AiÜ = Die alt-israelitische Überlieferung in inschriftlicher Beleuchtung. München 1897
Honeyman	AMHoneyman: The Pottery Vessels of the OT. PEQ 1939, 76–90
Hönig	HWHönig: Die Bekleidung des Hebräers. Zürich 1957
Horst	FHorst: Hiob (BK 16); GsR = Gottes Recht. München 1961; (Das) Privilegrecht Jahves ... Göttingen 1930
Hpl Heilg.	JHempel: Heilung als Symbol und Wirklichkeit im biblischen Schrifttum. NAWG 1958, 3, 237–314
Hrozný	FHrozný: Die Getreide im alten Babylonien. Wien 1913
Hrsg.	Herausgeber, herausgegeben
HS(chr)AT	Die Heilige Schrift des AT. Bonn
HThR	Harvard Theological Review
HUCA	Hebrew Union College Annual. Cincinnati
Hübschm(ann)	HHübschmann: Armenische Grammatik. Leipzig 1897
Huffm(on)	HBHuffmon: Amorite Personal Names in the Mari Texts. Baltimore 1965
Humb(ert)	PHumbert. ↗ Fschr.; P.H. Hab. = Problèmes du livre d'Habacuc. Neuchâtel 1944; Sap. = Recherches sur les sources égyptiennes de la littérature sapientiale d'Israël. Neuchâtel 1929
Hw(b)Isl.	Handwörterbuch des Islam. Leiden 1941
iam.	inschriftlich aramäisch
ib.	ibidem

ICC	International Critical Commentary. Edinburgh
id.	idem (der-, dasselbe)
IDB	The Interpreter's Dictionary of the Bible, 1–4. New York 1962
Idrimi	SSmith: The Statue of Idrimi. London 1949
i.e.	id est (das heisst)
IEJ	Israel Exploration Journal
ign.	ignotus/m (unbekannt)
ihe.	inschriftlich hebräisch
ija.	inschriftlich jüdisch-aramäisch
ILN	Illustrated London News
imp.	Imperativ
impf.	Imperfekt
inc.	incertus (ungewiss)
incl.	inklusiv (einschliesslich)
ind.	Indikativ
indecl.	indeklinabel
indet.	indeterminiert
ind(oir).	indoiranisch
inexpl.	inexplicatus/m (unerklärt)
inf.	Infinitiv
Ingholt	HIngholt. Hama(th) = Rapport préliminaire sur sept campagnes de fouilles à Hama, en Syrie. Paris 1940
ins.	inserendum (einzuschieben)
inschr.	inschriftlich
Inscr. D-E	RNFrye, JFGilliam, HIngolt, CBWelles: Inscriptions from Dura-Europos, 1955
interj.	Interjektion
Interpr. DiBi	↗ IDB (Interpreter's Dictionary of the Bible. New York 1962 ff)
interr.	interrogativ
intr.	intransitiv
invers.	inversus/m (umgekehrt)
Inv. Dura	↗ Dura Inv.
InvPa.	JCantineau-JStarcky: Inventaire des inscriptions de Palmyre, 1–10. Beyrouth 1930–49
iran.	iranisch
Iraq	Iraq, London
iraqar.	iraq-arabisch; ↗ BMeissner BzA 5 (1906) 1 ff.
isy.	inschriftlich Syrisch
Isr., isr.	Israel(iten), israelitisch
Isserlin	BSJIsserlin: Place Name Provinces in the ... Near East. Leeds 1956
it(al).	italienisch

J.	Jahwe, Jahwist
j ...	jerusalemisch; ↗ M(ischna)
JA	Journal Asiatique
ja.	jüdisch-aramäisch
ja.^{b}, ja.^{g}, ja.^{t}	jüdisch-aramäisch: b = babylonisch; g = galiläisch; t = targumisch; ↗ HAL Einleitung I/2d; EKutscher HeWf 158 ff.
Jaarb.	Jaarbericht Ex Oriente Lux
Jahnow	HJahnow: Das hebräische Leichenlied. Giessen 1923 (BZAW 36)
JAOS	Journal of the American Oriental Society
Jastrow	MJastrow: Dictionary of the Targumim, the Talmud Babli ..., 1–2. New York 1903
jaud.	"jaudisch"; ↗ die Inschriften aus Zenǧirli (KAI Nr. 214 und 215); Friedrich: Phönizisch-Punische Grammatik ^{1}1951, S. 153 ff.
iba., Jba	jüdisch-babylonisch-aramäisch (↗ Ross)
JbAuC	↗ AuC
JbEOL	Jaarbericht ... Ex Oriente Lux. Leiden
JbKl(as)F(o)	Jahrbuch für kleinasiatische Forschung. Heidelberg
Jbkleinasiat Forsch.	idem
JbKlPh	Jahrbücher für klassische Philologie. Leipzig
JBL	Journal of Biblical Literature
JbWg	Jahrbuch für Wirtschaftsgeschichte. Berlin
JCS(t)	Journal of Cuneiform Studies
Jd.	Jordan
JEA	Journal of Egyptian Archaeology
Jean	↗ DISO
jem(en).	jemenitisch; ↗ Rabin AWA
Jenni	EJenni; Der hebräische Piᶜel. Zürich 1968; ᶜOlam = Das Wort ᶜolām im AT. Berlin 1953; ↗ THAT
Jeremias Hdb	↗ HAOGk
Jerus.	Jerusalem
Jew. Enc.	The Jewish Encyclopaedia. New York 1916 ff.
Jh(r).	Jahrhundert
jidd.	jiddisch
jif.	jifᶜil
JJS(t)	Journal of Jewish Studies
jmd	jemand; jmdm jemandem; jmds jemandes
JNES(t)	Journal of Near Eastern Studies
Johb.	MLidzbarski: Das Johannesbuch der Mandäer, I 1905, II 1915
Johnson	ARJohnson. CP(r). = The Cultic Prophet in Ancient Israel. Cardiff ^{2}1962; SKsh. = Sacral Kingship. Cardiff ^{2}1967; Vit. = The Vitality of the Individual in the Thought of Ancient Israel. Cardiff ^{2}1964

J(o)sph. (Jos.)	Josephus; ↗ P-WKl. II 1440 ff. Antt. = Antiquitates; (c.) Ap. = Contra Apionem; BJ = De Bello Judaeorum; Vita = Vita Joseph; ↗ NFJ
Joüon	PJoüon: Grammaire de l'hébreu biblique. Rome 1947
JPh(il)(ol).	Journal of Philology
JPOS	Journal of the Palestine Oriental Society
JQR	Jewish Quarterly Review
JRAS	Journal of the Royal Asiatic Society
JSOR	Journal of the Society of Oriental Research
JSS(t)	Journal of Semitic Studies
Jt.	Jahrtausend
jT	Jerusalemer Talmud (:: bT)
JThS(t)	Journal of Theological Studies
Jub.	Das Buch der Jubiläen; ↗ Rost EAP 98 ff.
jud.	judäisch
jüd.	jüdisch
JüdLex	Jüdisches Lexikon. Berlin 1927–30
Junge	EJunge: Der Wiederaufbau des Heerwesens unter Josia. Leipzig 1937 (BWANT 4. Folge, Heft 23)
juss.	Jussiv, jussivisch
K	Ketib (:: Q); ↗ Meyer: Gr. § 17,2; Würthwein 19 f.
K.	König
Kahle	PKahle; Bem. = Textkritische und Lexikalische Bemerkungen zum sam. Pentateuchtargum, 1898; CG = The Cairo Geniza. Oxford [2]1959; MdO = Masoreten des Ostens. Leipzig 1913; MdW = Masoreten des Westens. Leipzig 1927/30; MTB = Der Masoretische Text des AT und die Überlieferung der babylonischen Juden. Leipzig 1902
KAI	HDonner-WRöllig: Kanaanäische und Aramäische Inschriften, 1–3. Wiesbaden 1962–64 (zitiert nach Nummer oder Band und Seite)
Kairos	Kairos, Zeitschrift für Religionswissenschaft und Theologie. Salzburg
Kaiser	OKaiser: Die mythische Bedeutung des Meeres. Berlin 1959 (BZAW 78)
kan.	kanaanäisch; kan. Gl(ossen) in EA, ↗ Böhl
Kand(ahar)	Inschrift von Kandahar; ↗ PHLEggermont-JHoftijzer: The Moral Edicts of King Aśoka. Leiden 1962
KAO	HSchmökel (Hrsg.): Kulturgeschichte des Alten Orients. Stuttgart 1966
Karat(epe)	Die Phönizischen Inschriften von Karatepe im Amanus; ↗ Alt WdO 1,272 ff., 2,172 ff., KAI Nr. 26, DISO XXI

Karge	PKarge: Reph(aim) = Rephaim. Die vorgeschichtliche Kultur Palästinas und Phöniziens. Paderborn 1917, ^{2}1925
KAT	Kommentar zum AT. Leipzig, Gütersloh.
KAT^{3}	ESchrader: Die Keilinschriften und das AT, 3. Aufl. von HWinckler und HZimmern. Berlin 1903
Kaufman	SAKaufman: The Accadian Influences on Aramaic. Chicago 1974
kaus.	Kausativ
Kau(tzsch)	EKautzsch: A. = Die Aramaismen in AT. Halle 1902; AP = Apokryphen und Pseudepigraphen des AT, 1–2. Tübingen 1921; Kau. AT = Die Heilige Schrift des AT, 1–2. Tübingen ^{3}1910, ^{4}1922/23
KB	ESchrader (Hrsg.): Keilinschriftliche Bibliothek. Berlin
Keel	OKeel: Bildsymb. = Die Welt der alt-orientalischen Symbolik und das Alte Testament. Zürich-Einsiedeln-Köln 1972; Visionen = Jahwe-Visionen und Siegelkunst. Stuttgart 1977 (SBS 84/85)
keilschr. (klschr.)	keilschriftlich
Keller	CAKeller: Das Worth Oth als Offenbarungszeichen Gottes. Basel 1946
Kelso	JKelso: The Ceramic Vocabulary of the OT. New Haven 1948 (= BASOR Supplementary Studies 5–6)
Kèmi	Revue de philologie et d'archéologie égyptiennes et coptes. Paris
Kennedy	JKennedy: An Aid to the Textual Amendment of the OT. Edinburgh 1928
Kent	RGKent: Old Persion Grammar, Texts and Lexicon. New Haven ^{2}1953
Kerak	Die Inschrift von Kerak: ↗ Phoenix 10,54 ff.
KerDogm(a)	Kerygma und Dogma, Göttingen
Kf.	Kurzform
KG	↗ König: Grammatik
KgAO	↗ KAO
KH	FMTBöhl: Kanaanäer und Hebräer. Leipzig 1911 (BWANT 9)
KHC	Kurzer Hand Commentar zum AT. Tübingen
Kittel	RKittel: Geschichte des Volkes Israel. Gotha I $^{5/6}$1923 (^{7}1932), II $^{6/7}$1925, III/1 $^{1/2}$1927, III/2 $^{1/2}$1929
klas.	aramäische Inschriften aus Kleinasien, s. ZAW 45, 46
kl.	klein
Klauber	EGKlauber: Assyrisches Beamtentum nach Briefen aus der Sargonidenzeit. Leipzig 1910
kleinas.	kleinasiatisch; ↗ Friedrich

Klinke	RKlinke-Rosenberger: Das Götzenbuch des Ibn-al-Kalbi. Leipzig 1941
KlL	LKöhler: Kleine Lichter, Tübingen 1953
Klmw	Die Inschrift des Kilamuwa; ↗ KAI Nr. 24
Klopfst.	MAKlopfenstein: Die Lüge nach dem AT. Zürich 1964
klschr. (keilschr).	keilschriftlich
Kluge	FrKluge-WMitzka: Etymologisches Wörterbuch der deutschen Sprache. Berlin [19]1963
km	Kilometer
Knierim	RKnierim: Die Hauptbegriffe für Sünde im Alten Testament. Gütersloh 1965
Koehler	LKoehler. Dtj., Dtjes = Deuterojesaja stilkritisch untersucht 1923 (BZAW 37); HeMe (HM) = Der hebräische Mensch. Tübingen 1953; KlLi., KL = Kleine Lichter. Zürich 1945; Th. = Theologie des AT. Tübingen 1936, [4]1966; Trtj(s). ↗ LGlahn: Der Prophet der Heimkehr (Kopenhagen-Giessen 1934) 185–253
Kö(nig) (Kg)	EKönig. Gr. = Historisch-kritisches Lehrgebäude des Hebräischen 1–3. Leipzig 1881–97 (= Lgb); Stil. = Stilistik, Rhetorik, Poetik. Leipzig 1900; Wb. = Hebräisches und aramäisches Wörterbuch zum AT. Leipzig [7]1936 (Wiesbaden 1969)
Kö(nig) RgWb	FKönig: Religionswissenschaftliches Wörterbuch. Freiburg 1956
koh.	Kohortativ
Kolari	EKolari: Musikinstrumente und ihre Verwendung im AT. Helsinki 1947
Komm.	Kommentare
konkr.	konkret
Kons.	Konsonant, konsonantisch
kontam.	kontaminiert
Koopm.	JJKoopmans: Aramäische Chrestomathie. Leiden 1962
kopt.	koptisch; ↗ Spiegelberg; Crum
Kornfeld Onomastica	WKornfeld: Onomastica aramaica aus Ägypten. Wien 1978
korr.	Korrelativ; korrigiert
KQT	KGKuhn: Konkordanz zu den Qumrantexten. Göttingen 1960
Krael.	Kraeling ↗ BMAP
Krauss	SKrauss: Griechische und lateinische Lehnwörter im Talmud, Midrasch und Targum, I–II 1898–90
Kreuzg.	Kreuzung (Kontamination)
Kropat	AKropat: Die Syntax des Autors der Chronik ... Giessen 1909

KTB	HWinckler: Keilinschriftliches Textbuch zum AT. Leipzig ^{3}1909
KTU	MDietrich-OLoretz-JSanmartín: Die keilalphabetischen Texte aus Ugarit, Teil I. Neukirchen 1976 (AOAT 24)
Ku	EYKutscher: LJs. = The Language ... of the Isaia Scroll. Jerusalem 1959 (hebr.), 1974 (english); MiHe. = Mišnisches Hebräisch. Zaklad Orientalistyki Polskiej Akademi Nauk (Rocznik Orientalyczny, T. XXVIII 1, 1964) 35–48; W(a)H. = Words and their History. Jerusalem 1961 (hebr.); ↗ Mittelhebräisch und Jüdisch-Aramäisch im neuen Köhler-Baumgartner, HeWf 158 ff.
KuD	Kerygma und Dogma
Kuhn	GKuhn: Beiträge zur Erklärung des salomonischen Spruchbuches. Stuttgart 1931
Kuhr	EKuhr: Die Ausdrucksmittel der konjunktionslosen Hypotaxe in der ältesten hebräischen Prosa. Leipzig 1929
kult.	kultisch
Kupper	JRKupper: Les nomades en Mésopotamie au temps des rois de Mari. Paris 1957 (= Nom.)
kuš.	kušitisch
Ⓛ	Codex Leningradensis; ↗ BHS; Würthwein 31 f, ^{4}39 f.
L (Lat).	(Vetus) Latina; ↗ Würthwein 67 f, ^{4}90 ff.
l	lies
LA	Lesart
Labusch(agne)	CJLabuschagne: The Incomparability of Yahwe. Leiden 1966
Lagr.	MJLagrange: Etudes sur les religions sémitiques. Paris ^{2}1905
Lemaire IH	A. Lemaire: Inscriptions hébräiques, 1–2. Paris 1977–
Lambdin	ThOLambdin: Egyptian Loan Words in the OT. JAOS 73(1953) 145 ff.
Lambert	WGLamberg: Babylonian Wisdom Literature. Oxford 1960
Landberg	Graf CLandberg: Glossaire Datinois, 1–3 Leiden 1920 ff.
Landsbg.	↗ Ldsberger
Lande	ILande: Formelhafte Wendungen der Umgangssprache im AT. Leiden 1949
Lane	EWLane: Al-Qamūsu, an Arabic-English Lexicon, 1–8. London 1863–1893 (New York 1955)
Lang.	Language
LarW	Lexikon der arabischen Welt, Zürich 1972
lat.	lateinisch
lautmal.	lautmalend
LAW	Lexikon der Alten Welt. Zürich 1965
lc., l.c.	loco citato

Ldsberger, L(an)dsbg	BLandsberger. KultKal. = Der kultische Kalender der Babylonier und Assyrer. Leipzig 1915; F. = Die Fauna des alten Mesopotamien. Leipzig 1934; MSL = Materialien zum sumerischen Lexikon. Rom 1937 ff.; Sam'al 1948
Leander	PLeander: Laut- und Formenlehre des Ägyptisch-Aramäischen. Göteborg 1928
Lebram	JChLebram: Das Buch Daniel. Zürcher Bibel Kommentar, AT 23. TVZ Zürich 1984
Leš	Lešonenu (hebr.)
Leslau	WLeslau: Ethiopic and South Arabic Contributions to the Hebrew Lexicon. Berkeley 1958; EDH = Etymological Dictionary of Harari. Berkeley & London 1963; ↗ Lexique Soqotri. Paris 1938
Levy	JLevy. NheCW (ChaldLex) = Neuhebräisches und Chaldäisches Wörterbuch über die Talmudim und Midraschim I–IV. Leipzig 1876–1889, Berlin 1924 [Darmstadt 1963]
Lewy	Hrch Lewy. F(r)W. = Die semitischen Fremdwörter im Griechischen. Berlin 1895
Lex.[1]	LKoehler-WBaumgartner: Lexicon in Veteris Testamenti libros. Leiden 1953 (= KBL[1])
LgSem.	Linguistica Semitica, ed. GLevi Della Vida. Roma 1961 (Studi Semitici 4)
lib.	libysch/altberber; ↗Rössler ZA 50, 121 ff. (:: Moscati, CpGr § 5,5)
Liddell-Sc.	HCLiddell-RAScott: Greek-English Lexicon. Oxford [9]1940, 1968
Lidzb.	MLidzbarski. Eph. = Ephemeris für semitische Epigraphik, 1–3. Giessen 1902/08/15; Johb. = Das Johannesbuch der Mandäer, 1–2. Giessen 1905/16 (Berlin 1966); Krug. = Phönizisch-aramäische Krugaufschriften aus Elephantine. Berlin 1912; NE = Handbuch der nord-semitischen Epigraphik. Weimar 1898 (Hildesheim 1962); Urk. = Altaramäische Urkunden aus Assur. Leipzig 1921; ML = Mandäische Liturgien, 1920
lihj.	lihjanisch; ↗ Winnett; Ryckmans
Lindbl(om)	JLindblom: Prophecy in Ancient Israel. Oxford 1962 (= Pr.); Jes Apk. = Die Jesaja Apokalypse (Jes. 24–27). Lund 1938
Lingua di Ebla	La Lingua di Ebla (atti del convegno internazionale, Napoli 21–23 aprile 1980, Napoli 1981), Istituto universitario orientale, Seminario di studi asiatici, Series minor XIV
Lisān	Al-ᶜarab, von Ibn-Mukarram. Kairo 1308/1890
Lisowsky	GLisowsky: Konkordanz zum hebräischen AT. Stuttgart 1958
Lit.	Literatur

Littm(ann)	ELittmann. MW = Morgenländische Wörter im Deutschen. Tübingen [2]1924; NIE = Nabatean Inscriptions from Egypt, 1–2. (BSOAS 15 (1953) 1–28; BSOAS 16 (1954) 211–46); SI = Safaitic Inscriptions. Leiden 1943; T(h)S = Thamud und Safa. Leipzig 1940; ELittmann-MHöfner: Wörterbuch der Tigre Sprache. Wiesbaden 1962
Lkš	HTorczyner: The Lakish Letters. London 1938; KAI Nr. 192–199; Lemaire IH 1, 83–143
LLAVT	EVogt: Lexicon Linguae Aramaicae Veteris Testamenti. Roma 1971
loc.	(ה) locale; Lokativ
Lods	ALods: La croyance à la vie future et le culte des morts dans l'antiquité israélite. Paris 1906 (= Vie fut.)
Loe-Bl.	SELoewenstamm-JBlau: Thesaurus of the Language of the Bible, 1–2. Jerusalem 1957/59
Lökkegaard	FLökkegaard: A Plea for El, the Bull . . . In: Studia Orientalia J. Pedersen . . . dicata (Copenhagen 1953) 218 ff.
Löw	JLöw: Die Flora der Juden, 1–4. Wien 1924–1934; Pfln. = Aramäische Pflanzennamen. Leipzig 1881
Lohse	ELohse: Die Texte aus Qumran. Darmstadt & München 1964, [2]1971 = [3]1981
Lokotsch	KLokotsch: Etymologisches Wörterbuch der europäischen Wörter orientalischen Ursprungs. Heidelberg 1927
LOT	s. BCh.
LP Rec.	MIngolt et JStarcky: Recueil des inscriptions, in DSchlumberger: La Palmyrène du Nord-Ouest 1951, 139–147
LPs.	Liber Psalmorum cum Canticis Breviarii Romani . . . cura professorum pontificii instituti Biblici edita. Roma 1945
LS	CBrockelmann: Lexicon Syriacum. Halle [2]1928 (1966)
LSS(t)	Leipziger Semitische Studien
Lw.	Lehnwort
LXX	Septuaginta. Göttinger Edition 1936 ff. ↗ VTGr; Brooke-M.
lyd.	lydisch; ↗ Friedrich
M	Mischna; ↗ Mi
M.	Mutter
m.	männlich; Meter (über Meer); mit; mein
MA	WMuss-Arnold: A Concise Dictionary of the Assyrian Language. Berlin 1905
Maag	VMaag: Text, Wortschatz und Begriffswelt des Buches Amos. Leiden 1951
Macl(ean)	AJMaclean: Dictionary of the Dialects of Vernacular Syriac. Oxford 1910 (= D, Dict.); Gr. = Grammar of the Dialects of Vernacular Syriac, 1895
Macuch	RMacuch: ↗ MdD, MdH

Maier	JMaier: Die Texte vom Toten Meer, 1–2. München/Basel 1960
Maisler	BMaisler: Untersuchungen zur alten Geschichte und Ethnographie Syriens und Palästinas. Giessen 1930
mal(t(es).	maltesisch; ↗ JAquilina: Maltese, a Mixed Language. JSSt 3 (1958) 58–79
Mandelk.	SMandelkern: Veteris Testamenti Concordantiae. 1896, [2]1937. Jerusalem 1967
Mansoor	MMansoor: The Thanksgiving Hymns. Leiden 1961 (= Hy.)
MAOG	Mitteilungen der Altorientalischen Gesellschaft. Leipzig
Maq.	Maqqēf
Marti	KMarti: Kurzgefasste Grammatik der biblisch-aramäischen Sprache, [2]1911
Martin	MMartin. Scr(Ch). = The Scribal Character of the Dead Sea Scrolls. Louvain 1948
MartJs	Martyrium Jesajas; ↗ Rost EAP 112 ff.
Masson	EMasson: Recherches sur les plus anciens emprunts sémitiques en grec. Paris 1967
Mayer	MLMayer: Gli Imprestiti Semitici in Greco. In: Rendiconti del Istituto Lombardo di scienze e lettere Milano 94 (1960) 311–351
Mayrh(ofer)	MMayrhofer. HbAP (mit WBrandenstein) = Handbuch des Altpersischen. Wiesbaden 1964; IndAr. = Die Indo-Arier im Alten Vorderasien. Wiesbaden 1966
Mcheta	Der griechisch-aramäische Bilingue aus Mcheta; ↗ Altheim-Stiehl: AmSpr.
md., mnd.	mandäisch; ↗ Drower; MdD; MdH; Nöldeke, MG
MdD	ESDrower-RMacuch: A Mandaic Dictionary. Oxford 1963
MdH	RMacuch: Handbook of Classical and Modern Mandaic. Oxford 1965
mdl. (mündl.)	mündlich
MdO	PKahle: Masoreten des Ostens. Leipzig 1913
MdW	PKahle: Masoreten des Westens. Leipzig 1927/30
medit.	mediterran, mittelländisch
Meg.	Die fünf Megilloth (HbAT 18)
Meg. Taanit	Megilla Taanit; ↗ JMaier: Geschichte der jüdischen Religion (Berlin 1972) 29 f.
meh.	mehri; ↗ Leslau: Ethiopic and South Arabic Contributions . . ., p. 2
Meissner	BMeissner. Btr. = Beiträge zum assyrischen Wörterbuch, 1–2. Chicago 1931/32; BuA = Babylonien und Assyrien, 1–2, Heidelberg 1920/26
MélSyr.	Mélanges Syriens offerts à RDussaud. Paris 1939
Mesa	Die Inschrift von König Mesa; ↗ KAI Nr. 181

Messina	GMessina: L'aramaico antico. Roma 1934
metaph.	metaphorisch (bildlich übertragen)
Met(a)th.	Metathese (Umstellung)
Mettinger SSO	TND Mettinger: Solomonic State Officials. Lund 1971
Meyer	EMeyer, GAt. = Geschichte des Alterums. Stuttgart 1910 ff.; Isr. = Die Israeliten und ihre Nachbarstämme. Halle 1906 (Darmstadt 1967); Jdt. = Die Entstehung des Judentums. Halle 1896
RMeyer	RMeyer. Gr. = Hebräische Grammatik, Berlin 1966 ff.; GNbd = Das Gebet des Nabonid. Berlin 1962
Mf. (Mischf.)	Mischform
MF(o)B	Mélanges de la Faculté Orientale de l'Université Saint-Joseph de Beyrouth
MG	↗ Nöldeke
MG(W)J	Monatschrift zur Geschichte und Wissenschaft des Judentums
mhe.	mittelhebräisch: ↗ HAL XIXf; EYKutscher: HeWf 158 ff.
Mi.	Mischna; Die Mischna wird nach der Giessener Mischna abgekürzt Cf. z.B. Traktat Berakot 1912. S. 104 ff. Die jerusalemer/babylonische Versionen werden mit vorgesetztem j/b bezeichnet
Michaud	HMichaud. SPA = Sur la pierre et l'argile. Paris 1958
Michel Grundl. heSy	D Michel: Grundlegung einer hebräischen Syntax, I. Neukirchen 1977
milit.	militärisch
min.	minäisch; ↗ altsüdarabisch (asa.)
min.	minusculum; ↗ Bgstr. I § 51
Mittmann Beiträge	SMittmann: Beiträge zur Siedelungs- und Territorialgeschichte des nördlichen Ostjordanlandes. Wiesbaden 1970
ML	↗ Lidzb.
m.l.	mater lectionis (Vokalbuchstabe)
Mlaker	KMlaker: Die Hierodulenlisten von Ma^{c}în. Leipzig 1943
mlt.	multi/ae/a (viele)
MND (PV)	Mitteilungen und Nachrichten des Deutschen Palästina-Vereins
MO	Le Monde Oriental
mo.	moabitisch; ↗ Mesa; Kerak
mod.	modern
de Moor	JCdeMoor: The Seasonal Pattern in the Ugaritic Myth of Ba^{c}lu . . . Neukirchen 1971
Moore	GFMoore: Judaism in the first Centuries of the Christian Era, 1–3. Cambridge 1927–1930
Morenz	SMorenz. Äg.R. = Ägyptische Religion. Stuttgart 1960
Morg(en)st(ern)	JMorgenstern. AET = Ark, Ephod and Tent of Meeting. Cincinnati 1945 (= HUCA 17–18)

Moritz	BMoritz: (Ar. =) Arabien, Studien zur physikalischen und historischen Geographie des Landes. Hannover 1923; Sinaikult = Der Sinaikult in heidnischer Zeit. Berlin 1916
Moscati	SMoscati. CpGr. = Introduction to the Comparative Grammar of the Semitic Languages. Wiesbaden 1964; Ep. = L'epigrafia ebraica antica 1935–1950. Roma 1951
Mow.	SMowinckel. OS = Offersang og Sangoffer. Oslo 1951; PIW = The Psalms in Israel's Worship, 1–2. Oxford 1962; PsSt. = Psalmenstudien, 1–6. Oslo 1921–24 (Amsterdam 1961); Scr. = Skriftene I–IV (Det Gamle Testamente). Oslo 1955 ff; StN (Sternn.) = Die Sternnamen im AT. Oslo 1928
mpe.	mittelpersisch; ↗ pehlevi
MSL	BLandsberger: Materialien zum sumerischen Lexicon. Roma 1937 ff.
MS(S)	Manuskript(e)
mspt.	mesopotamisch
mspta.	aramäische Texte des Zweistromlandes, ↗ Delap.
MT	Masoretischer Text
MTB	↗ Kahle
Mtg.	JAMontgomery. AIT = Aramaic Incantation Texts from Nippur. Philadelphia 1913; ArBi. = Arabia and the Bible. Philadelphia 1934; Da. = The Book of Daniel. Edinburgh 1927 (ICC), ^{2}1950; Mtg-G(ehman) = The Book of Kings. Edinburgh 1951 (ICC)
Mü(ller)	WWMüller: Die Wurzeln mediae und tertiae *y/w* im Altsüdarabischen. Diss. Tübingen 1962
Mulder	MJMulder: Kanaanitische Goden in het OT. Den Haag 1965
Murt(onen)	AMurtonen: An Etymological Vocabulary to the Samaritan Pentateuch. Helsinki 1960 (= Sam^{M}); Treatise = A philological Treatise on the OT divine Names. Helsinki 1951
Mus.	Le Muséon
Musil	AMusil. AP (ArPe) = Arabia Petraea, 1–3. Wien 1907–08; NH = The Northern Heǧāz. New York 1926; Rwala = Manners and Customs of the Rwala Bedouins. New York 1928
MUStJB	Mélanges de l'Université Saint-Joseph, Beyrouth
mut.	mutatio(nes) (Änderungsvorschläge am Ende eines Stichwortes; mit Bindestrich abgesetzt)
MVA(e)G	Mitteilungen der Vorderasiatischen (-Ägyptischen) Gesellschaft
myk.	mykenisch; ↗ Mayer
n. (N.)	nomen
n. ep.	nomen eponymum; ↗ BHH 422
n. d.	nomen dei/deae

n. f.	nomen femininum
n. fl.	nomen fluminis (Flussname)
n. l.	nomen loci (Ortsname)
n. m.	nomen masculinum
n. p.	nomen populi (Volksname)
n. pr.	nomen proprium (Eigenname)
n. t(err).	nomen territorii (Gebietsname)
n. top.	nomen topographicum (Landschaftsname)
n. tr.	nomen tribus (Stammesname)
n. un(it.)	nomen unitatis (↗ BL 511 z; Michel Grundl. heSy 1, 25 ff.)
n. (N.)	nördlich von (Nord)
nab.	nabatäisch; ↗ Cantineau
Nachk.	Nachkomme
Nachtr.	Nachtrag, Nachträge
NAG	Nachrichten der Akademie der Wissenschaften in Göttingen
nar(am.)	neuaramäisch; ↗ Bgstr. Gl.; Spitaler
nass. n.-ass.	neuassyrisch; ↗ vSoden
NAWG	Nachrichten von der Akademie der Wissenschaften in Göttingen
N.B.	nota bene (Achte !)
nb.	neubabylonisch
NbNb	↗ Tallqvist
NCl	La Nouvelle Clio. Paris
n.d.	nomen dei, deae
NE	MLidzbarski: Handbuch der Nordsemitischen Epigraphik. Weimar 1898 (Hildesheim 1962)
Neg., neg.	Negation, negativ
n(eo) pun.	neupunisch
Ner(ab)	Die Inschriften von Nerab (KAI Nr. 225–226)
NESE	RDegen-WWMüller-WRöllig: Neue Ephemeris für Semitische Epigraphik. Wiesbaden: 1, 1972; 2, 1974
Neubauer	ANeubauer: La géographie du Talmud. Paris 1868
Neubauer	KWNeubauer: Der Stamm CHNN im Sprachgebrauch des AT. Berlin 1964
Neufeld	ENeufeld: Ancient Hebrew Marriage Law. London/New York 1944
neutr.	neutrisch
Nf.	Nebenform
NFJ	ASchalit: Namenwörterbuch zu Flavius Josephus. Supplement zu: A Complete Concordance to Flavius Josephus (Hrsg. v. KHRengstorf). Leiden 1968
NGWG (NGGW)	Nachrichten der Gesellschaft der Wissenschaften zu Göttingen
NH	AMusil: The Northern Heǧāz. New York 1926

nhe.	neuhebräisch (ivrit)
Nicoll	Nicoll's birds of Egypt by RMeinertzhagen. London 1930
Nielsen	ENielsen: Shechem. Kopenhagen 1955, [2]1959
nif.	nif^cal
Nilsson	MPNilsson: Geschichte der griechischen Religion, 1–2. München 1941/50, [2]1955/61
Nimr.(Ostr.)	Nimrud Ostrakon. Eine aramäische Namenliste aus Nimrud-Kalaḫ: ↗ Iraq XIX/2. 139 ff.; BASOR 149, 33 ff.
Nisa	Aramäische Ostraka von Nisa (Turkmenistan); ↗ DISO XXIII; Chaumont: Ostraca de Nisa, JA 1968, 11S.
nitp(a).	nitpa^cel
NKZ	Neue kirchliche Zeitschrift
nmd.	neumandäisch; ↗ MdH
nnö	nord-nord-östlich
nö	nordöstlich
Nöld(eke)	ThNöldeke. BS = Beiträge zur semitischen Sprachwissenschaft. Strassburg 1904; [BS u. NB: Neudruck in einem Band 1982]; MG = Mandäische Grammatik. Halle 1875 (Darmstadt 1964); NB = Neue Beiträge zur semitischen Sprachwissenschaft. Strassburg 1910; NsGr. = Grammatik der Neusyrischen Sprache am Urmiasee und in Kurdistan. Leipzig 1868; SGr. = Kurzgefasste Syrische Grammatik. Leipzig [2]1898 (Darmstadt 1966)
nom. (pers.)	nomen, nomina (personae)
Nötscher	FNötscher. AGs. = Das Angesicht Gottes schauen. Würzburg 1924; Auferst. = Altorientalischer und alttestamentlicher Auferstehungs-Glauben. Würzburg 1926 (Darmstadt 1970); Term. (auch ThTerm.) = Zur theologischen Terminologie der Qumran-Texte. Bonn 1956
Nom. S.	Nominal Satz
Noth	MNoth. AbLAk = Aufsätze zur biblischen Landes- und Altertumskunde, 1–2. Neukirchen 1971; Ex = Das zweite Buch Mose, Exodus (ATD 5); GesSt. = Gesammelte Studien zum AT. München I 1957, [2]1960, II 1969; GGw. = Geschichte und Gotteswort im AT, 1949. In: Gesammelte Studien . . ., S. 230 ff.; GI = Geschichte Israels. Göttingen [2]1954 [[6]1966]; Jos. = Das Buch Josua (HbAT I/7) [2]1953; Kg(e) = Könige (BK IX); Lev. = Das dritte Buch Mose, Leviticus (ATD 6); N. = Die israelitischen Personennamen. Suttgart 1928 (Darmstadt 1966); Nu. = Das vierte Buch Mose, Numeri (ATD 7); Syst. (auch ZwSt) = Das System der zwölf Stämme, Stuttgart 1930; Üg(Pt) = Überlieferungsgeschichte des Pentateuch. Stuttgart 1948 (Darmstadt 1960); ÜSt. = Überlieferungsgeschichtliche Studien I. Halle 1943 (Darmstadt

	1957); Urspr. = Die Ursprünge des alten Israel ... Köln 1961 (= AbLAk, 2,245); WdAT = Die Welt des AT. Berlin ^{4}1962
NPCES	PLacau: Les noms des parties du corps en Egyptien et en Sémitique, Paris 1970 (in Mémoires de l'Institut national de France 44, 1972, 93–271)
npe.	neupersisch
npu.	neupunisch; ↗ pun.; Harris, Gr; Friedrich, Phönizisch-punische Grammatik
nr.	Nummer
NRTh	Nouvelle Revue Théologique
nsar.	neusüdarabisch; ↗ mehri; šḫauri; soqotri; Leslau: Ethiopic and South Arabic Contributions ..., 2 f.
nsem.	nordsemitisch
nsy. (nsyr.)	neusyrisch; ↗ Maclean; Nöldeke NsGr
NT	Neues Testament
ntl.	neutestamentlich
ntr.	neutrisch
NTT	Norsk Teologisk Tidsskrift
NTZ	BReicke: Neutestamentliche Zeitgeschichte. Berlin ^{2}1966
nub.	nubisch
nw.	nordwestlich
nwsem.	nordwestsemitisch
Nyb(erg)	HSNyberg: Hilfsbuch des Pehlevi, II Glossar. Uppsala 1931; StHos. = Studien zum Hoseabuch. Uppsala 1935
o.	Osten, östlich (von)
o.ä.	oder ähnlich(es)
Oberm.	JObermann: Ugaritic Mythology. New Haven 1948
obj.	Objekt
obl.	(casus) obliquus (die Kasus ausser Nominativ)
OBO	Orbis Biblicus et Orientalis. Fribourg (Schweiz) u. Göttingen
O'Call.	RTOʾCallaghan: Aram Naharaim. Roma 1948
od.	oder
Ördekb.	Stele von Ördekburnu (Eph. 3, 192; JFriedrich: Kleinasiatische Sprachdenkmäler 1932, 38f)
Östrup	JÖstrup: Orientalische Höflichkeit. Leipzig 1929
öteb.	ötebisch; ↗ Hess
ojd.	ostjordanisch (:: wjd.)
Ok.	ThBauer: Die Ostkanaanäer. Leipzig 1926
OLB	OKeel-MKüchler-CUelingen: Orte und Landschafte der Bibel. Zürich-Einsiedeln-Köln, Bd. 1 1984, Bd. 2 1982
OLZ	Orientalistische Literaturzeitung
OMG	ELSukenik Hrsg.: ʾOṣar ham-megillot hag-Genuzot, 1955

On(omastikon)	EKlostermann (Hrsg.): Eusebius (Pamphili) Werke III, 1: Das Onomastikon der biblischen Ortsnamen. Leipzig 1904 (Hildesheim 1960)
Oppenh(eim)	ALOppenheim, Mspt = Ancient Mesopotamia. Chicago 1964
Or(i).	Orientalia
or.	"orientalische" oder "babylonische" Textüberlieferung; BH XI, XXX ff. (*ä* deckt tiberisches *Patach* und *Segol*); ↗ Kahle MTB, MdO; Noth WdAT; Würthwein [4]24 f.
OrAnt.	Oriens Antiquus
Oratio Man.	Das Gebet Manasses; ↗ Rost EAP 69 f.
OrSuec.	Orientalia Suecana
orthgr.	Orthographie, orthographisch
Os.	Osiris (Zeitschrift)
OS (Ostr.Sam.)	Ostraka von Samaria; Diringer; Moscati; KAI Nr. 183–188; Lemaire IH 1, 29–81, 245–250
Ostr.	die ägypt. aramäische ostraka der Collection Clermont-Ganneau; Nr. 16 in ASAE 48, 1948, 109ff; Nr. 152 ↗ Sabb.
Ostr. D.E.	Ostraka von Dura Europos, ↗ Alth.-St. Hunn. 9f
ostsy.	ostsyrisch; ↗ VG 1,19 ff.
OT	Old Testament, Oude Testament
OTMSt	HHRowley (ed.): The OT and modern Study. Oxford 1951
OTSt	Oudtestamentische Studiën. Leiden
Otzen	BOtzen: Studien über Deutero-sacharia. Kopenhagen 1964
OudhMed.	Oudheidkundige Mededeelingen
Ox.Pap.	PAH de Boer: Notes on an Oxyrhynchus Papyrus. VT 1,49 ff.
P.	Priesterschrift; Pausa
P(ag). p.	pagina/page (Seite)
pa.	paᶜel
pa(läst).	palästinisch
PaB	ASPeake (ed.): The People and the Book. Oxford 1925
Pachtv.	↗ HBauer-BMeissner: Ein aramäischer Pachtvertrag aus dem 7. Jahre Darius I. Berlin 1936; JJKoopmans: Aramäische Chrestomathie (Leiden 1962) Nr. 19
Paik(uli)	Paikuli; ↗ EHerzfeld: Paikuli. Berlin 1924
Pal(äst).	Palästina
pal.	paᶜlel; palästinisch
Palache	JLPalache: Semantic Notes on the Hebrew Lexicon. Leiden 1959
pal.-ar.	palästinisch Arabisch; ↗ Bauer Wb
palm.	palmyrenisch; ↗ Cantineau Gr; Rosenthal SprPalm; HHIngholt-HSeyrig-JStarcky: Recueil des Tessères de Palmyre. Paris 1955

P.Anast.	Papyrus Anastasi I; ↗ AOT 101 ff., ANET 475 ff.
Pap.	Papyrus
Park.-Dubb.	RAParker-WHDubberstein: Babylonian Chronology (626a–675). Rhode Island 1956
Parrot	AParrot. Arch. = Archéologie mésopotamienne, 1–2. Paris 1946/53; Temple = Le Temple de Jérusalem. Neuchâtel 1954
part., pt.	partizip
pass.	Passiv
patr.	patronymicum
PBT	Probleme biblischer Theologie (s. Fschr. von Rad)
pc.	pauci (wenige)
pe.	pe^{c}al
Ped(ersen)	JPedersen. Eid = Der Eid bei den Semiten. Strassburg 1914; Isr. = Israel, its Life and Culture, 1–2 & 3–4. London 1926/40
PEF	Palestine Exploration Fund
pehl.	pehlevi. Die aramäischen Ideogramme im Mittelpersisch (Pehlevi); ↗ Lex^{1}, Einleitung § 3b und Addenda; ↗ Avr., Bori, Dura, Frah., Paik., Ps. und Sogd.
Pent.	Pentateuch
PEQ	Palestine Exploration Quarterly
pe(rs).	persisch; ↗ ape. (altpersisch), mpe. (mittelpersisch); Mayrhofer; Kent
pers.	persona(e)
Persepolis	RABowman: Aramaic Ritual Texts from Persepolis. Chicago 1970
Peterm.	JHPetermann: Brevis Linguae Samaritanae Grammatica ... cum glossario. Karlsruhe 1873 (= Gl)
Peters	NPeters: Das Buch Job. Münster 1928
pf.	Perfekt
ph. (phön.)	phönizisch (meist inklusiv punisch); ↗ Friedrich: Phönizisch-punische Grammatik; Harris Gr.
philist.	philistäisch
PhiloBy. (auch Philo v.B)	Philo Byblius; ↗ CClemen MVAeG 42, 3, 1939; KMras: EusebiusWerke, Bd. 8. Berlin 1954/56; RGG^{3} Bd. 5, 346 f.
Phön.	Phönizien
Phoen(ix)	Phoenix. Leiden
pi.	pi^{c}el
pil.	pi^{c}lel (pi^{c}lal)
pilp.	pilpel
PJb.	Palästinajahrbuch
pl.	Plural
ple.	plene (:: def.)
pleon.	pleonastisch

pl.fr.	pluralis fractus (gebrochener Plural) ↗ VG 1,427 c
Plin.	CPlinii Secundi naturalis historiae libri XXXVII; ↗ P-WKl 4, 928
Ploeger	OPloeger: Das Buch Daniel (KAT XVIII)
pltt.	plurale tantum
PN(N)	Personenname(n)
PNPhPI	FLBenz: Personal Names in Phoenician and Punic Inscriptions. Rome 1972
PNPI	JKStark: Personal Names in Palmyrene Inscriptions. Oxford 1971
PBT	Probleme biblischer Theologie: ↗ Fschr. GvRad
po.	poᶜal, poᶜlel
Poen.	Poenulus ↗ Sznycer
poet.	poetisch
Polotski	↗ Rosenthal Gl.
polp.	polpal
Pope	MHPope: El in the Ugaritic Pantheon. Leiden 1955. (VTSu. 2); Job = Job² (Anchor Bible). New York 1973
Porath	EPorath: Mishnaic Hebrew (Hebräisch). Jerusalem 1938
poss.	possessiv
Post	GEPost: Flora of Syria, Palestina und Sinai, 1896
Powell	HHPowell: The Supposed Hebraisms in the Grammar of the Biblical Aramiac, 1907
pr.	pro (anstatt); Pronomen
praef.	Präfix
praep.	Präposition
PRE	↗ RE
PRec	↗ RTPalm
prim.	primär
Pritchard	JBPritchard: Hebrew Inscriptions and Stamps from Gibeon. Philadelphia 1959; ↗ ANEP, ANET
priv.	privativ
prob.	probabiliter (wahrscheinlich)
Procksch Gen.²⁻³	OProcksch: Genesis (²⁻³1924) (KAT 1)
procl.	proklitisch (:: enkl.)
Prof. (prof.)	Profet (profetisch)
prohib.	prohibitiv (verbietend)
pron.	Pronomen
pr(o)p.	propositum (Vorschlag)
PRU	CFASchaeffer (éd.): Le Palais Royal d'Ugarit, 1 ss. Paris 1959 ss.
Ps.	CFAndreas und KBarr: Bruchstücke einer Pehlevi-Uebersetzung der Psalmen, 1933
PSB(A)	Proceedings of the Society of Biblical Archeology

PSm(ith)	RPayne Smith: Thesaurus Syriacus, 1–2. Oxford 1879/1901. Suppl. 1927
Ps. Sal.	Die Psalmen Salomos; ↗ Rost EAP 89 ff.
Pt.	Pentateuch
pt.	Partizip
ptcl.	Partikel
Ptol(em).	CPtolemaeus: ↗ Conti 32 ff.; P-WKl. 4, 1224 ff.
pu.	pu^{c}al
pul.	pu^{c}lal
Pul-i D	Die mpe.-aramäische Inschrift von Pul-i Daruntah bei Kabul (in Weltgeschichte Asiens in griechischen Zeitalter I, 1947, 25ff)
pun.	punisch; ↗ Harris Gr.; Friedrich: Phoenizisch-punische Grammatik
P-W	AFPauly-GWissowa: Real-Enzyklopädie der classischen Altertumswissenschaft. Stuttgart 1894–1972
P-WKl.	Der Kleine P-W. München 1964 ff.
Pyrgi	Die Inschrift von Pyrgi; ↗ Friedr. Ug. VI 233; WRöllig WdO 5 (1969) 108–118
Q	Qerē (:: K); ↗ Meyer § 17,2; Würthwein 19 f.; Qumran; ↗ DJD und Lohse für die Abkürzungen der einzelnen Texte, ↗ Lohse S. X
Qas.	Die Inschrift von Qasileh; ↗ BMaisler JNESt 10 (1951) 265 ff; Michaud SPA 46ss.
qat(ab).	qatabanisch; ↗ asa.
Qdm	Qedem (Zeitschrift)
Quiring	HQuiring: Die Edelsteine im Schild des jüdischen Hohenpriesters. Sudhoffs Archiv für Geschichte der Medizin und Naturwissenschaft 38 (1954) 198–213
RA	Revue d'Assyriologie
Ra.	ARahlfs: Septuaginta. Stuttgart 1935 (↗ G^{Ra})
Ra(m).	Reichsaramäisch; ↗ Rosenthal AF 24 ff.
RAAM	HGese-MHöfner-KRudolph: Die Religionen Altsyriens, Altarabiens und der Mandäer. Stuttgart 1970
RAANL	Rendiconti dei Atti della Academia Nazionale dei Lincei
Rabb.	Rabbinen
Rabin	ChRabin: AWA(r). = Ancient West Arabian. London 1951; ZD = Zadokite Documents. Oxford 1954
RAC	Reallexikon für Antike und Christentum. Stuttgart 1950 ff.
v. Rad	G.v.Rad: Th. = Theologie des AT, 1–2. München 1957/60; I ^{6}1969, 2 ^{5}1968; GSt(ud). = Gesammelte Studien zum AT. München 1958, ^{3}1965

rad. (Rad.)	Radikal
Ram	↗ Ra(m).
raro	selten
RB	Revue Biblique
RCA	LWaterman: Royal Correspondence of the Assyrian Empire, 1–4. Ann Arbor 1930–36
Rd.	Rand
RdQ	Revue de Qumrân
RE	Realencyklopädie für protestantische Theologie und Kirche, 1–24. Leipzig 1896–1913
Reckd.	HReckendorf: Über Paronomasie in den semitischen Sprachen. Giessen 1909
redupl.	redupliziert
refl.	reflexiv
Reicke NTZ	BReicke: Neutestamentliche Zeitgeschichte. Berlin ²1968
RÉJ	Revue des Études Juives
rel.	relativ
relgesch.	religionsgeschichtlich
RépM(ari)	Répertoire analytique des Archives Royales de Mari (ARM), Vol. XV. Paris 1954
RÉS(B)	Revue d'Études Sémitiques (et Babyloniaca)
Reym(ond)	PhReymond: L'eau, sa vie, et sa signification dans l'AT. Leiden 1958 (VTSu. 6)
RGG^3	Die Religion in Geschichte und Gegenwart, 1–6. Tübingen 1957–65
RHPh(R)	Revue d'Histoire et de Philosophie Religieuses
RHR	Revue d'Histoire des Religions
Riessler	PRiessler: Altjüdisches Schrifttum ausserhalb der Bibel. Augsburg 1928 (Heidelberg 1966)
Rin	SRin: Ugaritic and OT Affinities. BZ 7 (1963) 22 ff.
Ring(r), Ringgren	HRinggren. IR = Israelitische Religion. Stuttgart 1963; WaW = Word and Wisdom. Lund 1947
Ritter	↗ Rosenthal, Gl.
RivStOr	Rivista degli Studi Orientali
RLA	Reallexikon der Assyriologie. Berlin 1932 ff.
RLAeR	HBonnet: Reallexikon der Aegyptischen Religion. Berlin 1952
RLV	Reallexikon der Vorgeschichte, 1–15. Berlin 1924–32
RMeyer	↗ Meyer
Roberts	BJRoberts: The OT Text and Versions. Cardiff 1951 (= TaV)
Rössler	ORössler: Untersuchungen über die akkadische Fassung der Achämenideninschriften. Berlin 1938

Rosenth.	FRosenthal: AF = Die aramaistische Forschung seit ThNöldeke's Veröffentlichungen. Leiden 1939; Spr(P) = Die Sprache der palmyrenischen Inschriften ... Leipzig 1936; Gr. = A Grammar of Biblical Aramaic (Porta Linguarum Orientalium NS X). Wiesbaden 1961
Ross(ell)	WHARossell: Handbook of aramaic magical texts. New York 1953
Rost	LRost: EAP = Einleitung in die alttestamentlichen Apokryphen und Pseudepigraphen. Heidelberg 1971; Credo = Das kleine Credo und andere Studien zum Alten Testament². Stuttgart 1972;
rotw.	Rotwelschen; ↗ Wolf
Rowl(ey)	HHRowley: Aram. = The Aramaic of the OT. Oxford 1929; DarM = Darius the Mede. Cardiff 1935; JJ = From Joseph to Joshua. London 1951; WAI = Worship in Ancient Israel. London 1967
RQ	Revue de Qumrân
Rs.	Revers (Rückseite: von Tontafeln)
R-Š	Ras-Schamra (Ugarit)
RSP	LRFisher: Ras Shamra Parallels, I–III. Roma 1972, 1975, 1981 (AnOr 49, 50, 51)
RTP(alm) (auch PRec.)	HIngholt-HSeyrig-JStarcky: Recueil des Tessères de Palmyre. Paris 1955
RThPh	Revue de Théologie et de Philosophie (Lausanne)
Rud(olph)	WRudolph: Chr. = Die Chronikbücher (HbAT I/21); EN = Esra und Nehemia (HbAT I/20); Hosea (KAT XIII/1) Jeremia² & ³(HbAT I/12); Ruth, Hohes Lied, Klagelieder (KAT XVII/1–3)
Rud(olph) Md.	KRudolph: Die Mandäer, 1–2. Göttingen 1961–62
rückb.	rückgebildet
Rüthy	AERüthy: Die Pflanze und ihre Teile im biblisch-hebräischen Sprachgebrauch. Bern 1942
Rundgren	Zum Lexikon des AT. Acta Orientalia 21 (1953) 301–345
Ruž	RRužička: Konsonantische Dissimilation in den semitischen Sprachen. BzA VI 4, 1909
Ryckm(ans)	GRyckmans: Les noms propres sud-sémitiques, 1–3. Louvain 1934–35
Σ	Symmachus; ↗ Würthwein ⁴56
S	Syrische Bibel (Peschitta); ↗ Würthwein 64 ff. ⁴86 ff.
S^h	Syrohexaplaris; ↗ Würthwein 46, ⁴60
S.	Seite; Sohn

s.	sein, ihre; sich; siehe
s. (S.)	südlich (von), (Süden)
s. (ss.)	sequens (sequentes) (folgend, folgende)
Š	↗ Šw
Saadja	Ges = GSaadja: Genesis. Mantua 1562
Saarisalo	ASaarisalo: The Boundary between Issachar and Naphtali. Helsinki 1927
sab.	sabäisch; ↗ asa. (altsüdarabisch); ↗ Conti; Sabdic
Sabb(O)	Aramäisches Ostrakon über den Sabbat. Semitica 2, 29–39; ↗ DAE 369
Sabdic	AFLBeeston-MAGhul-WWMüller-JRyckmans: Sabaic Dictionary-Dictionnaire Sabéen. Louvain-la-Neuve – Beyrouth 1982
Saec.	Saeculum (Zeitschrift)
šaf.	šafᶜel
saf(at).	safatenisch; ↗ Grimme TuU; Littmann SI, ThS
SAHG	AFalkenstein-W.v.Soden: Sumerische und akkadische Hymnen und Gebete. Zürich 1953
Sal(onen)	ASalonen: Agricultura = Agricultura mesopotamica. Helsinki 1968; ASKw. = Alte Substrat- und Kulturwörter im Arabischen. Helsinki 1952; Fussbekleidung; Hausgeräte; Hipp. = Hippologica Accadica. Helsinki 1955; Jagd = Jagd und Jagdtiere im alten Mesopotamien. Helsinki 1976; Ldf(z). = Die Landfahrzeuge des alten Mesopotamien ... Helsinki 1951; Möbel = Die Möbel alten Mesopotamiens. Helsinki 1963; Naut. = Nautica Babylonica. Helsinki 1942; Türen = Die Türen des alten Mesopotamien. Helsinki 1942; Vögel = Vögel und Vogelfang im alten Mesopotamien. Helsinki 1973; Wfz. = Die Wasserfahrzeuge in Babylonien. Helsinki 1939; Ziegeleien = Die Ziegeleien im alten Mesopotamien. Helsinki 1972
Sam.	Der samaritanische Pentateuch Text; ↗ HAL S. XI: Würthwein [4]47 ff; Murtonen; BCh
sam.	samaritanisch (der Dialekt); ↗ BCh; Rosenthal 133 ff; Petermann
Samaria	DMGropp: The Samaria Papyri from Wâdi ed-Dâliyeh: Harvard 1986
Šanda	AŠanda: Die Bücher der Könige, 1–2. Münster 1911/12
Sanh.-Pr.	Sanherib Prisma; ↗ ANET 287 f.
Saqq.	Saqqara (Inschrift und Papyrus); ↗ KAI Nr. 266 f.
sa(r).	südarabisch; ↗ Conti; Sabdic
Sarauw	Chr. S. Sarauw: Über Akzent u. Silbenbildung in der älteren semitischen Sprachen. 1939

Sard(es)	Sardes Bilingue; ↗ KAI Nr. 260
Sauer	GSauer: Die Sprüche Agurs. Stuttgart 1963 (BWANT 84)
SB	↗ BJ
SBAP	↗ SPAW
SBAW	↗ SPAW
sbj.	Subjekt
SBOT	PHaupt (Hrsg.): The Sacred Books of the OT. Leipzig 1896 ff.
SBPA	↗ SPAW
SBS	Stuttgarter Bibelstudien
sbst.	Substantiv
sc.	scilicet (das heisst)
Schaed(er)	HHSchaeder: Esr. = Esra der Schreiber. Tübingen 1930; IrB(tr). = Iranische Beiträge, Bd. I. Halle 1930 (Hildesheim 1972)
Scharbert	JScharbert: Schm. = Der Schmerz im AT. Bonn 1955; Sol. = Solidarität in Segen und Fluch im AT ... Bonn 1958
Schatz	WSchatz: Genesis 14. Bern/Frankfurt a. M. 1972
Scheft.	IScheftelowitz. I = Arisches im AT. Königsberg 1901; II = Zur Kritik des Buches Esther. MGWJ 7 (1903) 117 ff., 308 ff.
Schiaparelli	GSchiaparelli: Die Astronomie im AT. Giessen 1904
Schlatter	ASchlatter: Die hebräischen Namen bei Josephus. Gütersloh 1913 (= HeN)
Schleusner	JFSchleusner: Novus Thesaurus philologico-criticus, 1–3. Glasguae 1820–21, ²1822
Schmidt	HSchmidt: Die Psalmen (HbAT I/15)
Schmidtke	FSchmidtke: Asarhaddons Statthalterschaft in Babylonien. Leiden 1916
Schmökel	HSchmökel: HHH = Heilige Hochzeit und Hohes Lied. Wiesbaden 1966; ↗ KAO
Schnabel	PSchnabel: Berossos und die babylonisch-hellenistische Literatur. Leipzig 1923 (Hildesheim 1968)
SchrAT	Die Schriften des AT. Göttingen
Schröder	PSchröder: Die Phönizische Sprache. Halle 1869
Schürer	ESchürer: Geschichte des jüdischen Volkes im Zeitalter Jesu Christi, 1–3. Leipzig ³·⁴1901/09
Schulth(ess)	FSchulthess: Gr. = Grammatik des christlich-palästinischen Aramäisch. Tübingen 1924 (Hildesheim 1965); HW = Homonyme Wurzeln im Syrischen. Berlin 1900; Lex. = Lexicon Syropalaestinum. Berlin 1903; Zur(ufe) = Zurufe an Tiere im Arabischen. Berlin 1912
Schw.	Schwester
Schwab	MSchwab: Vocabulaire de l'angélologie d'après les manuscrits hébreux. Paris 1897

Schwally	FSchwally: Der heilige Krieg im alten Israel. Leipzig 1901 (= HKr.); Id. = Idioticon des christlich-palästinischen Aramäisch. Giessen 1893
Schwarz(enbach)	ASchwarzenbach: Die geographische Terminologie im Hebräischen des AT. Leiden 1954
SchwThU	Schweizerische Theologische Umschau. Bern (auch SThU)
ScrHieros	Scripta Hierosolymitana. 1955 ff.
SEÅ	Svensk Exegetisk Årsbok
Seb.	Sebir; ↗ BL 78p.q; Würthwein 19
Sec.	Secunda = der griechische Umschrifttext der 2. Kolumne von Origenes Hexapla; ↗ Würthwein [4]58 f.; Brönno; Kahle KG 157 ff.; Eissfeldt KlSchr 3, 9 ff.
sec.	sekundär; secundum (gemäss, entsprechend)
Seeligm.	ILSeeligmann: The Septuagint Version of Isaiah. Leiden 1948
Seetzen	UJSeetzen: Reisen durch Syrien, Palästina ..., 1–4. Berlin 1854–59
Sef(îre)	Die Inschrifte von Sefîre; ↗ ADupont-Sommer: Les inscriptions araméennes de Sfiré. Paris 1958; JAFitzmyer: The Aramaic Inscriptions of Sefîre. Rome 1967; KAI Nr. 222–224
Segal	MHSegal: Sefer Ben Sira. Jerusalem 1953
Segert	SSegert: Zur Habakuk-Rolle. ArchOr 21 (1953) 218 ff., 23 (1955) 178 ff. 364 ff. 575 ff.
sekd.	sekundär
Sellin	ESellin: Das Zwölfprophetenbuch (KAT XII)
Sem.	Semitica
sem.	semantisch; semitisch
sep.	separat
Sept.	Septuaginta ↗ LXX, G
sf.	(mit) Suffix
sg.	Singular
Sgl.	Siegel
šḫ.	šḫauri (neusüdarabisch); ↗ Leslau: Ethiopic and South Arabic Contributions, 2
Sibyl.	Die Sibyllinen; ↗ Rost EAP 84 ff
sic	so
Sil.	Die Siloah Inschrift; ↗ Diringer 81 ff.; Levi della Vida in Fschr. PKahle, 162 ff.; KAI Nr. 189
Sim(ons)	JSimons: Jerusalem in the OT. Leiden 1952; ↗ GTT; ETL
sin(ait).	sinaitisch; ↗ Albright PrSinI
sing.	Singular

Singer	HRSinger: Neuarabische Fragewörter. Erlangen 1958
Sir.	Jesus ben Sirach. Kommentare: RSmend: Die Weisheit des Jesu Sirach erklärt. Berlin 1906, ^{3}1913; NPeters: Das Buch Jesus Sirach. Münster 1913; Neuere Fragmente: JMarcus: A Fifth Manuscript of Ben Sira. JQR 21 (1931) 223 ff.; Schirman, Tarbiz 27 (1958) 40 ff., 29 (1960) 125 ff.; AADi Lella: The Hebrew Text of Sirach. London 1966; FVattioni: Ecclesiastico. Napoli 1968; Sir.$^{Adl.}$ = JMarcus: Adler-fragment 3597. JQR 21 (1931) 223 ff.; Sir.^{B} = Sir. Manuscript B; Sir.^{M} = YYadin: The Ben Sira Scroll from Masada. Jerusalem 1965; ≁ BCh
Skladny	USkladny: Die ältesten Spruchsammlungen in Israel. Göttingen 1961
skr(t).	sanskrit
SL	ACowley: The Samaritan Liturgy, 1909
Sme(nd)	≁ Sir.
Smend jr.	RSmend junior: Die Bundesformel. Zürich 1963
Smith	WRSmith. KaM = Kinship and Marriage in Early Arabia. Cambridge 1885; RS = Lectures on the Religion of the Semites. London ^{3}1927 (ed. StCook mit Zusätzen. 493 ff.)
SO	Samaritanische Ostraka, ≁ Diringer, Moscati
s.o.	siehe oben
vSoden	W.v.Soden: Grundriss der akkadischen Grammatik. Rom 1952 (auch GAG); AHw. = Akkadisches Handwörterbuch. Wiesbaden 1965 ff.; Syll. = Das akkadische Syllabar. Rom 1948 (^{2}1967)
sö	südöstlich
sogd.	sogdisch; Die aramäischen Ideogramme in den sogdischen Texten; ≁ Gaut.-Benv.; Gershevitch
Soggin	ASoggin. Kgt = Das Königtum in Israel. Berlin 1967 (BZAW 104)
Solá-S.	JMSolá-Solè: L'infinitif sémitique. Paris 1961
soq.	soqotri; ≁ Leslau: Lexique Soqotri
späg.	spätägyptisch
spätgrie.	spätgriechisch
SPag.	Sacra Pagina. Löwen 1959
span.	spanisch
SPAW	Sitzungsberichte der Preussischen Akademie der Wissenschaften. Berlin
spbab.	spätbabylonisch; ≁ GAG
Speiser	EASpeiser: Oriental and Biblical Studies. Philadelphia 1967 (= OrBiSt); Mspt = Mesopotamian Origins. London 1930; Gen. = Genesis (Anchor Bible). Garden City (N.Y.) 1964

Sperber	ASperber: Hebrew Based upon Greek and Latin Transliterations. HUCA 12/13 (1937/38) 103–274; T = The Bible in Aramaic, I–IV, Leiden 1959–1973
spez.	speziell
sphe.	späthebräisch
Spiegelb(erg)	WSpiegelberg: Koptisches Handwörterbuch. Heidelberg 1938.
Spit(aler)	ASpitaler: Grammatik des neuaramäischen Dialektes von Ma^clula. Leipzig 1938; Gl. = ↗ Rosenthal Gl.
spr.	sprich
SS	GSiegfried-BStade: Hebräisches Wörterbuch zum AT. Leipzig 1893
ss.	sequentes (folgende)
St.	Stadt
Stace	EVStace: An English-Arabic Dictionary, 1893
(z.St.)	zur Stelle
st.	statt
Stace	EVStace: An English-Arabic Dictionary, 1893
Stade	BStade. HeGr. = Lehrbuch der hebräischen Grammatik. Leipzig 1879; Th. = Biblische Theologie des AT, 1–2. Tübingen 1905/11 (Bd. 2 von ABertholet)
Stamm	JJStamm: Die akkadische Namengebung. Leipzig 1939 (Darmstadt 1968); Erl.Vgb. = Erlösen und Vergeben im AT. Bern 1940; HEN = Hebräische Ersatznamen. In Fschr. BLandsberger, 413 ff.; HFN = Hebräische Frauennamen. VTSu. 16, 301 ff.
Starcky	JStarcky: Palmyre. Paris 1952; ↗ RTPalm.
Stat.	Statistik
Stenn	JFStenning: The Targum of Isaiah, 1949
Steuern(agel)	CSteuernagel: Übersetzung und Erklärung der Bücher Deuteronomium und Josua ... (GHK I/3); Einl. = Lehrbuch der Einleitung in das AT. Tübingen 1912
SThU	Schweizerische Theologische Umschau. Bern
Stier	FStier: Das Buch Ijjob. München 1954
StMar.	Studia Mariana (éd. AParrot). Leiden 1950
StOr (StudOr)	Studia Orientalia ed. Societas Orientalis Fennica
Strabo	↗ LAW 2932
Strack	HLStrack: Grammatik des Biblisch-Aramäischen, [6]1921
Strack-Bi(llerbeck)	HLStrack-PBillerbeck: Kommentar zum NT aus Talmud und Midrasch, 1–4. München 1922–28
StTh	Studia Theologica. Lund
Su(pl).	Supplement
s.u.	siehe unten

südar.	südarabisch
südl.	südlich (von)
südsem.	südsemitisch
Suğ.	Die Inschrift von Sefire-Suğin (AfO 8, 1932, 1ff, KAI Nr. 222–224)
Suidas	↗ LAW 2947
sum.	sumerisch
superl.	superlativisch
SupplVT	Supplements to Vetus Testamentum
s.v.	sub voce (unter dem Stichwort)
sw.	südwestlich
Šw.	Schwā: mob(ile) med(ium) qui(escens)
sy.	syrisch; ↗ Nöldeke SGr; Brock. SGr
syPs.	↗ SyrApPs.
Syr.	Syria (Zeitschrift); Syrien
syr.-ar.	syrisch-arabisch
SyrApPs.	Fünf apokryphe syrische Psalmen; ↗ ZAW 48, 7; Sanders DJD IV (1965) 53 ff.
syrBar.	Die syrische Baruch Apokalypse; ↗ Rost EAP 94 ff.
sy(r)-pa(l).	syrisch-palästinisch (cf. auch cp.)
Szny(cer)	MSznycer: Poen. = Les passages puniques ... dans le Poenulus de Plaute. Paris 1967
Θ	Theodotion; ↗ Würthwein ^{4}56 f.
T (Tg.)	Targum; Würthwein ^{4}80 ff.; Sperber T.
Talm.	Talmud; ↗ babylonischer; Talmud, palästinischer Talmud
T^{o}	Targum Onkelos; ↗ Würthwein 63, ^{4}84 f.
T.	*Tell* (Schutt- und Trümmerhügel)
T.	Tochter
Taan(ach)	Keilschriftbriefe aus Taanach; ↗ AOT 371; ANET 490; KGalling: Textbuch zur Geschichte Israels (Tübingen ^{2}1968) 14
Täubler	ETäubler: Biblische Studien: die Epoche der Richter. Tübingen 1958
Tāğ	Tāğ ᵓal ᶜarūs. Cairo 1307/1889
Tallqv.	KLTallqvist: APN = Assyrian Personal Names. Helsinki 1914, 1966; (Ak)GE = Akkadische Götter-epitheta. Helsinki 1938; 1974; NbNb = Neubabylonisches Namenbuch ... Helsinki 1905; NTw. = Sumerisch-akkadische Namen der Totenwelt. Helsinki 1934
T.-Arad	I Aharoni: Arad Inscriptions. Jerusalem 1975; A. Lemaire: Inscriptions hébraïques, 1. Paris 1977

Tar.	Der palmyrenische Zolltarif (Cooke nr. 147, Syr. 22, 155ff, CIS II 3913)
Tarb(iz)	Tarbiz. Jerusalem
Targ.	Targum
Tax(ila)	Taxilainschrift; ↗ KAI Nr. 273
Telegdi	STelegdi: Essai sur la phonétique des emprunts iraniens en araméen talmudique. JA 226 (1935) 177 ff.
Tema	Die Inschrift von Tema (KAI Nr. 228–230, TSSI Vol. 2 nr. 30)
temp.	zeitlich
Teol. Tidskr.	Teologisk Tidskrift. Kopenhagen
term.	terminologisch
Test. 12 Patr. (Testt).	Die Testamente der 12 Patriarchen; ↗ Rost EAP 106 ff.
text. (txt.)	textus (Text)
textl.	textlich
Textus	Textus. Annual of the Hebrew University Bible Project. Jerusalem 1960 ff.
Tf.	Textfehler
T. Fekherye	AAbou-Assaf-PBordreuil-ARMillard: La statue de Tell Fekherye et son inscription bilingue assyro-araméenne. Etudes assyriologiques 7. Paris 1982
T.Halaf	EFWeidner (Hrsg.): Die Inschriften von Tell Halaf. Berlin 1940, S. 69–78
tham.	thamudisch; ↗ Littmann ThS; v.d.Branden; Winnett
THAT	EJenni-CWestermann (Hrsg.): Theologisches Handwörterbuch zum AT I–II. München-Zürich 1971, 1976
ThB	Theologische Bücherei, München
ThBl	Theologische Blätter
theol. (thlg.)	theologisch
ThLZ	Theologische Literaturzeitung
ThQ	Theological Quarterly
ThQ(S)	Theologische Quartalschrift
ThR	Theologische Rundschau
ThSt	Theological Studies – und Theologische Studien, Zürich
ThStKr	Theologische Studien und Kritiken
ThWAT	GJBotterweck-HRinggren (Hrsg.): Theologisches Wörterbuch zum A.T. Stuttgart-Berlin-Köln-Mainz 1970ff.
ThWb(NT)	Theologisches Wörterbuch zum N.T. I–IX. Stuttgart 1933 ff
ThZ	Theologische Zeitschrift, Basel
tib.	tiberiensische Textüberlieferung (:: or.); ↗ Noth WdAT 267 ff, Würthwein [4]26 f.
tigr.	tigre; ↗ Littmann-Höfner: Wörterbuch der Tigre-Sprache; äthiopisch; Ulldff SLE
tigrin.	tigrinia; ↗ Brockelmann VG I 31; Ulldff SLE

Tiktin	HTiktin: Kritische Untersuchungen zu den Büchern Samuel. Göttingen 1922
TiqqS., Tiq.sof.	Tiqqun-Soferim; ↗ Würthwein 20; Geiger 308 ff.; BL 76 l
TiS	Tang-i Sarwāk Inschrift (↗ Alt.-St.)
T^J	Targum Jonathan
TM	Tībât Mârqe, a Collection of Samaritan Midrashim, Edited, Translated and Annotated by Z. Ben Hayyim. Jerusalem 1988 (Hebräisch).
TOB	Traduction oecuménique de la Bible [1]1975
Tomback Lexicon	RS Tomback: A Comparative Semitic Lexicon of the Phoenician and Punic Languages. Scholars Press, Missoula, Montana 1978
TOML	ACaquot-MSznycer-AHerdner: Textes ougaritiques, mythes et légendes, Tome I. Paris 1974
Torcz(yner)	HTorczyner (= Tur-Sinai): Bdl. = Die Bundeslade und die Anfänge der Religion Israels. Berlin [2]1930; Entst. = Die Entstehung des semitischen Sprachtypus. Wien 1916; HSchr. = Die heilige Schrift, 1–4. Jerusalem 1954–59; Job = The Book of Job. Jerusalem 1957
Torrey	CCTorrey: Dtj. (auch SIs, SecIs.) = The Second Isaiah. Edinburgh 1928; ESt. = Ezra Studies. Chicago 1910; Notes = Notes on the Aramaic Parts of Daniel. Transactions of the Connecticut Academy 15 (1909) 241 ff.; VitProph. = Vitae Prophetarum-The Lives of the Prophets. Philadelphia 1946
tp(l)	temporal
trad.	traditionell (seit Gesenius od. noch früher)
tr(ib).	tribus (Stamm)
trop.	tropos (feste Wendung)
trs.	transitiv
Trsjd.	Transjordanien
trskr.	Transkription (Umschrift, umschriftlich)
trsp.	transponendum (umzustellen)
Trtj(es).	Tritojesaja; ↗ LGlahn-LKoehler: Der Prophet der Heimkehr (Giessen 1934) 185–253
TSSI	JCL Gibson: Textbook of Syrian Semitic Inscriptions, 1–2. Oxford 1971, 1975
tt.	terminus technicus
TU	HGrimme Texte und Untersuchungen zur Geschichte der altchristlichen Literatur. Leipzig 1883 ff.
türk.	türkisch
Tur-S(inai)	↗ Torczyner
Tw	Text-Wort: wenn das Wort sich im AT befindet gegenüber der Übersetzung.

txt.	Text; ↗ Tf.
typ.	(Bildungs-) Typus
tyr.	tyrisch
u.	und; unser
u.a.	unter anderen – und andere
u.ä.	und ähnlich
üb.	über
Übers.	Übersetzung
ÜG(Pt)	MNoth: Überlieferungsgeschichte des Pentateuch. Stuttgart 1948 (Darmstadt 1960)
UF	Ugarit-Forschungen, Internationales Jahrbuch für die Altertumskunde Syrien-Palästinas. Neukirchen
Ug	Ugaritica. Paris
ug.	ugaritisch; ↗ HAL XXI f.; Gd UM, UT; Aistleitner; Driver CML; Dahood UHPh; PRU; RSP
ug.-klschr, ug. keilschr.	↗ BASOR 160, 21 ff.; Gd UT § 3,5
UHPh	MDahood: Ugaritic-Hebrew Philology. Rome 1965
Ulldff.	EUllendorff: An Amharic Chrestomathy. Oxford 1956 (= Amh.Chrm.); EthBI = Ethiopia and the Bible. London 1968; SLE = The Semitic languages of Ethiopia. London 1955
UM	CHGordon: Ugaritic Manual. Rome 1955
UMB(P)	University of Pennsylvania Museum Publications
umschr.	in Umschrift
unerkl.	unerklärt
unsem.	unsemitisch
u.ö.	und öfter
urspr.	ursprünglich
Uruk	Die aramäischen Keilschrifttexte aus Uruk; ↗ CHGordon AfO 12 (1937/39) 105 ff.; ADupont-Sommer RA 39 (1942/44) 35 ff.; Lex.[1] XXII
usw.	und so weiter, etc.
UT	CHGordon: Ugaritic Textbook. Rome 1965
Uzzia	Die Grabinschrift des Königs Uzzia (BASOR 44, 8ff, ↗ Vrie-Ho 39f)
V	Vulgata; ↗ Biblia Sacra Iuxta Latinam Vulgatam Versionem (RWeber ed.). Stuttgart 1969; Biblia Sacra Iuxta Vulgatam Clementinam. Roma 1956
V.	Vater; Volk, Völker
v.	von
v(s).	Vers
VAB	Vorderasiatische Bibliothek

Vä.	Väter
Var.	Variante
Vattioni sig.	FVattioni: I sigilli ebraici, Biblica 50, 1969, 357–388, nr. 1–252
de Vaux BiO	RdeVaux: Histoire = Histoire ancienne d'Israël, I–II. Paris 1971/73; BiO = La Bible et l'Orient. Paris 1967; Inst. = Les Institutions de l'AT, 1–2. Paris 1958/60; Lebensordnungen = Das AT und seine Lebensordnungen, 1–2. Freiburg-Basel-Wien 1960/62, [2]1964/66; Patr. (HP) = Die hebräischen Patriarchen und die modernen Entdeckungen. Düsseldorf 1959; Sacr. = Les sacrifices de l'AT. Paris 1964
vb. (fin.)	Verbum (finitum)
Vbdg.	Verbindung
VbD(om)	Verbum Domini (Zeitschrift)
vdBr.	A. van den Branden: Les inscriptions thamoudéennes. Louvain 1950
vdPloeg	J. van der Ploeg: Le rouleau de la guerre. Leyde 1959
vdWoude	AS van der Woude: Die messianischen Vorstellungen der Gemeinde von Qumran. Assen 1957
vel	oder
Verbdg	Verbindung
VerbS	Verbalsubstantiv
Vergote	JVergote: De verhouding van het Egyptisch tot de Semietische talen. Brussel 1965
verk.	verkürzt
Versch.	Verschiedenes
verw.	verwandt
Vet. Lat.	Vetus Latina s. Würthwein[2] 67 ff, [4]90 ff
VG	CBrockelmann: Grundriss der vergleichenden Grammatik der semitischen Sprachen, 1–2. Berlin 1908/1913 (Hildesheim 1966)
vgl.	vergleiche
Vinc(ent)	AVincent: La religion des Judéo-Araméens d'Eléphantine. Paris 1937 (= Rel.)
Vinnikov	JNVinnikov: Slovar Aramciskich Nadpisei-A Dictionary of Aramaic Inscriptions. Moskau-Leningrad (Akademia Nauk SSSR) 1958–65
Vita Adae et Evae	↗ Rost EAP 114 ff.
VitProph.	Vitae Prophetarum; ↗ Torrey
VL(at) (VetLat)	Vetus Latina; ↗ Würthwein 67 ff, [4]90 ff.
vocal.	vokalisiert
Vogt	EVogt: Lexicon Linguae Aramaicae Veteris Testamenti. Roma 1971 (= LLAVT)

vok. (vocat.)	Vokativ
Vol.	Volume (Band)
volkset.	volksetymologisch
Volz	PVolz: Esch. = Die Eschatologie der jüdischen Gemeinde ... Tübingen [2]1934; Dtj. = Jesaia II (KAT IX); Jer. = Der Prophet Jeremia (KAT X); StTJr = Studien zum Text des Jeremia. Leipzig 1920
vorex.	vorexilisch
Vorf.	Vorfahre (:: Nachkommen)
Vrie-Ho.	ThCVriezen und JHHospers: Palästina Inscriptions, Leiden 1951
Vriezen	ThCVriezen: Onderzoek naar de Paradijsvoorstelling bij de oude Semietische Volken. Wageningen 1937 (= Par.)
Vrs(s).	Versio(nes) (die alten Übersetzungen)
vs.	Vers
VSZC	↗ Albright
VT(Su.)	Vetus Testamentum (Supplements)
VTGr	ARahlfs: Septuaginta, id est Vetus Testamentum Graece ..., 1–2. Stuttgart 1935
v.u.	von unten
Vycichl	WVycichl: Ägyptische Ortsnamen in der Bibel. ZÄS 76 (1940) 79–93
W.	*Wadi* (arabisch)
w. (W.)	westlich (West)
Wagner	MWagner: Die lexikalischen und grammatikalischen Aramaismen im alttestamentlichen Hebräisch. Berlin 1966 (BZAW 96)
WaH	↗ Kutscher
Wahlptk	Wahlpartikel
Walde-H.	AWalde-JBHofmann: Lateinisches etymologisches Wörterbuch. Heidelberg [3]1938
WaM	Words and Meanings; ↗ Fschr. DWThomas
Waschow	HWaschow: Viertausend Jahre Kampf um die Mauer. Postberg 1938
Watzinger	CWatzinger: Denkmäler Palästinas, 1–2. Leipzig 1933/35
Wb.	Wörterbuch
Wbg-M (Wernb.-M.)	PWernberg-Möller: The Manual of Discipline. Leiden 1957
WbMy.	HWHaussig: Wörterbuch der Mythologie, I. Stuttgart 1965
WbNT	WBauer: Griechisch-deutsches Wörterbuch zu den Schriften des NT. Giessen 1928, Berlin [5]1963
WdAT	MNoth: Die Welt des AT. Berlin [4]1962
WdO	Die Welt des Orients (Zeitschrift)

Wegner	MWegner: Die Musikinstrumente des alten Orients. Münster 1950
Wehr	HWehr: Arabisches Wörterbuch für die Schriftsprache der Gegenwart. Leipzig 1952. Supplement Wiesbaden 1957
Weippert	MWeippert: Edom. Tübingen 1971 (in Maschinenschrift)
weish.	weisheitlich
Wellh(ausen)	JWellhausen: Reste arabischen Heidentums. Berlin [1]1887, [2]1897 (Hildesheim 1961) (= RaH); Die kleinen Propheten. Berlin [2]1898; Proleg.[6] = Prolegomena zur Geschichte Israels. Berlin [6]1905
Wendel	AWendel: Das Opfer in der altisraelitischen Religion. Leipzig 1927
Westendorf	WWestendorf: Koptisches Handwörterbuch, Heidelberg 1967 ff.
Westerm(ann)	CWestermann. Gen. = Genesis (BK I); Jes. = Das Buch Jesaja, Kapitel 40–66 (ATD 19)
Westm. Atl.	The Westminster Historical Atlas to the Bible, ed. GEWright and FVFilson, London 1946
westsem.	westsemitisch
W.Hamm	Die Inschrift aus Wadi Hammamat (RA 41, 105ff)
Widgr.	GWidengren: ISK(u) = Iranisch-semitische Kulturbegegnung in parthischer Zeit. Köln 1960; SK(gt) = Sakrales Königtum im AT und im Judentum. Stuttgart 1955
Wiedemann	AWiedemann: Äg. = Das alte Aegypten. Heidelberg 1920
Wildbg.	HWildberger: Jesaja (BK X)
Winnett	FVWinnett: A Study of Lihyanite and Thamudic Inscriptions. Toronto 1937
Wiseman	DJWiseman: Chronicles of Chaldaean Kings. London 1956
Wissm.-Hö.	IWissmann-MHöfner: Beiträge zur historischen Geographie des vorislamischen Südarabien. Wiesbaden 1953
wjd.	westjordanisch (:: ojd.)
WKAS	Wörterbuch der klassisch-arabischen Sprache. Wiesbaden 1957 ff.
WMANT	Wissenschaftliche Monographien zum Alten und Neuen Testament. Neukirchen
W.Mur	Wadi Murabbʾat, Kontrakt von 134 p. Chr. (RB 61, 1954, 182ff)
WO	Die Welt des Orients
Wolf	SAWolf: Wörterbuch des Rotwelschen. Mannheim 1956
Wolff	HWWolff: Dodekapropheton I, Hosea (BK XIV/I); Dodekapropheton 2, Joel und Amos (BK XIV/2); Anthropologie = Anthropologie des Alten Testaments. München 1973

Wright	GEWright: Biblische Archäologie. Göttingen 1958
wsem.	westsemitisch
WSPN	MD Coogan: West Semitic Personal Names in the Murasu Documents. Harvard Semitic Monograph, Nr. 7, 1976
Wtsp.	Wortspiel
WuD	Wort und Dienst, Jahrbuch der theologischen Schule Bethel. NF 1953 ff.
WüGs	BRothenberg: Die Wüste Gottes. München-Zürich 1961
Würthwein	EWürthwein: Der Text des AT. Stuttgart 1952, ^{4}1973
Wüst Untersuchungen I	M. Wüst: Untersuchungen zu den siedlungs-geographischen Texten des Alten Testaments I: Ostjordanland. Wiesbaden 1975
Wuthn(ow)	HWuthnow: Die Semitischen Menschennamen in griechischen Inschriften und Papyri. Leipzig 1930
Wvar.	Wurzelvariante
WZKM	Wiener Zeitschrift für die Kunde des Morgenlandes
WZUH	Wissenschaftliche Zeitschrift der Universität Halle
Xanthos	Fouilles de Xanthos, Tome VI, La stèle bilingue de Letôon. Paris 1979
Yadin	YYadin: Finds = The Finds from the Bar Kokhba Period in the Cave of Letters. Jerusalem 1963; GnAp. = NAvigad-YYadin: The 1 Q Genesis Apocryphon. Jerusalem 1956; S(cr)W. = The Scroll of the War ... Oxford 1962; Sir.^{M} = The Ben Sira Scroll from Masada. Jerusalem 1965
Yeivin	ShYeivin: A Decade of Archeology. Istanbul 1960 (= Dec.)
Young	GDYoung: Concordance of Ugaritic. Rome 1956
Z.	Zeile
z.	zu, zum, zur
ZA	Zeitschrift für Assyriologie
ZÄS	Zeitschrift für Ägyptische Sprache und Altertumskunde
ZATU	WBaumgartner: Zum AT und seiner Umwelt. Leiden 1959
ZAW	Zeitschrift für die alttestamentliche Wissenschaft
ZDMG	Zeitschrift der Deutschen Morgenländischen Gesellschaft
ZDP(V)	Zeitschrift des Deutschen Palästina-Vereins
Zimm(erli)	WZimmerli: Ez = Ezechiel (BK XIII/1–2); Ges. Aufs. = Gesammelte Aufsätze I–II. München: I 1969, II 1974 (ThB 19, 51); GatTh = Grundriss der alttestamentlichen Theologie. Stuttgart 1972; Koh. = Prediger (ATD 16)
Zim(mern)	HZimmern: Akkadische Fremdwörter. Leipzig ^{2}1917
Zkr	Die Zakir Inschrift; KAI Nr. 202

Znǧ.(Pan.)	Die Inschriften von Panammuwa von Zenǧirli; ↗ KAI Nr. 214 f.
ZNW	Zeitschrift für die neutestamentliche Wissenschaft
Zorell	FZorell: Lexicon hebraicum et aramaicum Veteris Testamenti. Roma 1954, ²1962
ZS	Zeitschrift für Semitistik
Z(eit)schr.	Zeitschrift
z.T.	zum Teil
ZThK	Zeitschrift für Theologie und Kirche
ZüBi	Zürcher Bibel = Die Heilige Schrift des Alten und des Neuen Testaments. Zürich 1931 ff.
zus.	zusammen
Z(u)shg	in Zusammenhang (mit)
zw.	zwischen
vZyl	AH van Zyl: The Moabites. Leiden 1960

D. SUPPLEMENT

Hermopolis	EBresciani-MKamil: Le lettere aramaiche di Hermopolis. Roma 1966
Kautzsch	Gr. = E.Kautzsch, Grammatik des Biblisch-Aramäischen, 1884
Padua	drei aram. Briefe aus dem Museum von Padua, publiziert von E. Bresciani in Rivista degli Studi orientali 35, 1960, 11-24; cf. J.Naveh, Old Aramaic inscriptions, 1960-1964, in Annali dell' Istituto Universitario Orientale di Napoli 16, 1966, 19-36 und TSSI nr.28, S. 143-47.
Rosenthal	Gl. = Glossary, in An Aramaic Handbook (Porta linguarum orientalium NS X, II 2). Wiesbaden 1967
Saqq.	JBSegal: Aramaic Texts from North Saqqara with some Fragments in Phoenician. London 1983
Spitaler	Gl. ↗ Rosenthal Gl.

ERRATA

1. א Z. 4: l ug.-keilschr. *a* = ʾ*a*
4a [*אִבְחָה: אִבְחַת חָרֶב Ez 21_{20} l טִבְחַת.†]
4a אֲבִי Z. 1: pr. DID l DJD
9a אַבְנֵר Z. 1: adde: n.m.
9b אַבְרָהָם Z. 9: pr. BB l BeBi
12b אָרוֹן Z. 18: pr. RCA l RAC; Z. 27: Baud. adde: Kyr.; Z. 12 v.u: pr. Gn 42_9 l 42_{10}
13a אֲדוֹרָם Z. 3: pr. הֲדוֹרָם l II הֲדוֹרָם
13b אדוֹת Z. 1: pr. אוֹדוֹת l אוֹדֹת
15a אֲדָמָה Z. 3 v.u: pr. Gn 4_{11} l 4_{10}
21a I אול Z. 3: p I יאל
27a אֹזֶן Z. 6: pr. nam. l naram
30a אֶחָד Z. 17: l Dahood Fschr. Gruenth.
32a אֲחִי Z. 2: n.f. streichen
35a II אַחֲרֵי 3. Z. 3: l Ginsbg St Koh
35b אַחֲרִית Z. 9f: l Bucha-nan
42a I אִישׁ Z. 9 v.u: pr. 9_1 l 9_6
50a I אֱלָה Z. 8: pr. 2S 8_{9-14} l 18_{9-14}
53a אֱלִיאָב 3.: pr. 1 C 2_{13} 11_{18} l 1C 2_{13} 2C11_{18}
53b אֶלְיְהוֹעֵינַי Z. 3: pr. Itti – Nabū-ināja; l Itti – Nusku-Ināja
54b אֱלִיעֶזֶר Z. 2: pr. Ili-idri APN 97 l Ilu-id-ri APN 97a;
אֱלִיעָם Z. 4: pr. APN 97 l 97a
55b אֶלְיָשִׁיב Z. 1: pr. Neh 13_{4-7} l $13_{4.7}$
60a I אַמָּה Z. 9: l DJD; Z. 23: אַמַּת בִּצְעֵךְ adde Jr 51_{13}
62b אָמָן Z. 1: l he. Oxyr. Pap.
63b I אמר letzte Z.: dl: /כֶּ
64a I אמר Z. 3: dl. רֵי
67b אָן Z. 2: adde: HL $6_{1a,b}$; אָנָּה Z. 3: nach $116_{4.16}$ adde: אָנָּא Gn 50_{17}
70b אנק nif. Z. 1: adde: pt.pl. נֶאֱנָקִים
74a I אַף Z. 5: pr. Sch. l Schädel
83b אֲרַוְנָא Z. 1: l אֲרַוְנָה; Z. 2: l הָאוֹרְנָה
84b I אֲרִיאֵל letzte Z: pr. RJ l RI
85b I ארךְ Z. 1: dl. I;
I ארך hif. Z. 12: dl. cj.
88a אֶרֶץ Z. 8: l הַיַּבָּשָׁה
91a אֵשׁוֹן Z. 3: l iššinnu/isinnu (AHw. 388a)
93a אָשָׁם Z. 2: l Gray LoC
97a אַתְּ Z. 6: l akk. attī (AHw. 87a)
98b אַתָּה Z. 5 l akk. attā (AHw. 87a)
102b III בְּאֵר Z. 11 v.u: pr JLN l ILN
104b בִּגְלַל: l ꜰ II גָּלָל
108b בוא Z. 2 v.u: pr. BL 256p l 252 p
113b בזז qal Z. 1: pr. BL 429 l.m. l 429f; nif Z. 1: pr. BL 431i l 431t
116a I בטח qal Z. 11 ins; Ps 31_7
124b בְּכוֹרָה Z. 3: pr. בַּכָּ/כְּרָה l בַּכָּ/כְּרָא
126b I בַּל d Z. 3: l JCSt 2; בֵּל Z. 5: pr. herübernommen l übernommen
129a I בלע Z. 6 v.u: pr. אַבַלַּע l אֲבַלַּע
143a בַּצֹּרֶת Z. 4: pr. 14_2 l 14_1
147b כַּרְכֹּר Z. 6: l PEQ 87 (1955) 133f
165a גִּבּוֹר Z. 3: pr. גנברא l גיברא
167a גֶּבַע Z. 6: pr. IEJG l IEJ 9
176b גּוּנִי Z. 3: pr. n.m. l n.f.
180a II גֶּזֶר Z. 2 v.u: l Alt JPOS 15, 297f
182a גיל qal Z. 12: pr. $65_{18.18}$ l $65_{18.19}$
191b גנן qal Z. 2: adde: inf. גָּנוֹן
192a געל qal Z. 2 adde: pt. גֹּעֶלֶת
194b גָּרוֹן Z. 1 v.u: l Ps 55_{10}
199a דאג Z. 2: dl. Asa. דאג (ZAW 75, 308)
200a דְּבוֹרָה Z. 1: l I דְּבוֹרָה; Z. 2: pr. DISO 54 l 55; II דְּבוֹרָה Z. 3: akk. nūbtu Biene (AHw. 800) NbNb 168 ᶠNu-ub-ta-a
200b I דְּבִיר Z. 1: Hier; debir cf. n.l. דְּבִר; II דְּבִיר Z. 1: pr. Lkš 17,3 l 16,4

201a דבק Z. 4: l Ps 44_{26} (לְ);
דָּבֵק Z. 3: l Dt 4_4 Pr 18_{24}
202a II דבר letzte Z: anmassend reden, adde: Ps 17_{10}
203b דָּבָר Z. 24: pr. BhZAW l BZAW
205b דַּד Z. 3: pr. Frauenbrüste l Kleidungsstück (CAD, u. AHw. 169a)
206b דוב hif Z. 1: l מְדִיב(וֹ)ת; דּוֹד Z. 5: pr. Gn Ap XX, 20 l XX, 22
207a דּוּד Z. 2: pr. *niḏwad* l *miḏwaḍ*
208a דּוּמִיָּה Z. 1: pr. Is 65_2 l Ps
b דּוּמָם Z. 9: l ? dl ו
211b דִּינָה Z. 2: pr. Dinā l Dīnā
212a דָּיֵק Z. 7: pr. 21_{17} l 21_{27}
b דכא pu. Z. 1: adde; impf. יְדֻכָּא
214a I דלף Z. 3 v.u: pr. Dach l. Haus
b דֶּלֶת Z. 6 v.u: pr. VG I, 219f l 209f
217a דִּמְיוֹן Z. 2: pr. 1QM 6,8 l 6,13
219a דָּנִיֵּאל Z. 6: l Dān-ilu, Dannilu
220a דַּק Z. 4. v.u: pr. *dq* l *dqq*
221a דָּרְבָן Z. 7: pr. pl. 62,3 l 62,2
222a ms: – 4a **reisen**, Var. Z. אֹרֵחַ Sir M 42_3
223b דַּרְכְּמוֹנִים Z.2: pr. DISO 68 l 60
224b דשן Z. 4: pr. BhZAW l BZAW
227a I הֶבֶל Z. 6: pr. *hblʾ* l *hblᶜ*
b I הֶבֶל Z. 6: l Koh $1_{2.14}$ etc; I הֶבֶל Z. 24: pr. עֵץ + l ה׳ עֵץ; II הֶבֶל pr. NVAO l ANVAO
228a הגה qal Z. 9: pr. 1_2, c בְּ l 1_2 c בְּ
b הָגִיג Z. 2: pr. *hgāgā* l *hgaga*
229b הֲדֹם Z. 5: pr. ÄZ l ZÄS
230a הדר qal Z. 5: pr. Jr l Js
235a הֵילֵל Z. 7: pr. RHR 144 l 149; הֵימָן Z. 3: dl הָאֶזְרָחִי – אֵיתָן; Z. 4: pr. Br l S; Z. 5: l ꜰ מָחוֹל, Br.v.
b הֲלְאָה Z. 3: pr. BL 280 a l 631a; Z. 2/3: l (VG 1,108 d, BL 182a)
239a II הלל hitp. Z. 8: Ps 64_{11} adde: (> בְּ); Z. 9: Ps 97_7 adde: (אֱלִילִים!)
240b הֶמְיָה Z. 2: pr. הֶמְיָה l הֵמִית
241b I הֵן Z. 5: l pun. *jnnjnu*
244a הַצְלֶלְפּוֹנִי Z. 3: pr. BL l Bauer
245b הרה pu. Z. 1: l BL 316_q';
הָרֶה* Z. 3: pr. הָרוֹת l הֲרוֹת;
הָרֶה* Z.4: pr. הֵרוֹתֶיהָ l הָר(וֹ)תֶיהָ
246b הִתּוּךְ Z. 1: pr. BL 480 u.v. l 481y
250a זָבָד 4. l = יוֹזָבָד; Ⓑ יוֹזָכָר
253a זֶה Z. 17: l קְרָא־נָא זֶה
259a Z. 7: pr. 1961 l 1964
263a III זמר Z. 2: pr. 729 l 727
265a זֵעָה Z. 1: pr. II l III
269a זְרוֹעַ Z. 7: dl. :: AHw. 177b
270a I זרח qal Z. 2: adde: pt. זוֹרֵחַ
272a I זרק qal Z. 2: adde: imp. זְרֹק
277a חֲבַרְבֻּרוֹת Z. 4: adde: sf. חֲבַרְבֻּרֹתָיו
b I חֶבְרוֹן Z. 8: dl. 15_{9f} 1C $11_{1.3}$
278b חגג Z. 2 l ar. *ḥağğa*
287b חַוְרָן Z. 4. ar. *Ḥaurān*
293a חטא Z. 10 pr. Gott l Pharao; חטא hif. Z. 4: adde: pt. pl מַחֲטִיאֵי
b חטא hitp. Z. 2: pr. Nu 9_{12f} l 19_{12f}
298b I חיל hitpol. Z. 2: adde: Jr 23_{19}
303a I חֵלֶב Z. 2: l ar. *ḫilb*
311a I חֶלְקָה Z. 4: pr. Ps l Pr
312a חֵמָא : pr. ꜰ II חֵמָה dl II
318a nach I חמשׁ vor חָמֵשׁ: ins. II חמשׁ cf. Nachträge
321b II חנן qal Z. 1: l וְחַנֹּתִי
326b חֵפֶץ Z. 4: l c. לְ an 1S15_{22}; c. בְּ an 18_{25}; c. כִּי Hi 22_3
328b חָפְשִׁי 3. Z. 2: pr. Ex 13_{20} l Ez 13_{20}
332b חֹק Z. 1: pr חק l חֹק
334b חֵקֶר 2. Z. 2: pr. Grund d. F.s l Grund des Meeres Hi 38_{16}
339b * חָרִישׁ: dl *
340a I חרם Z. 9: l Bruce JSSt
343b חֶרֶשׂ b. Z. 2: pr. חֶרֶשׁ l חֶרֶשׂ
345a חשׁך qal Z. 2: pr. תַּחְשֹׁכִי l תַּחְשְׂכִי
349a I חַת: l I * חַת
351a חֹתֶנֶת : * חֹתֶנֶת
356b טוֹבָה Z. 10 v.u: pr. 3 l 2
376a יְהָב : l * יְהָב; Z. 3: adde: יְהָבְךָ
391a יַיִן Z. 1: יַיִן
400a I יסר nif. Z. 1: pr. יִוָּסֵר l יִוָּסֶר
401b יעל hif. Z. 2: pr. הוֹעֵל l הוֹעִיל

404b יפה pi. impf.: l יְיַפֵּהוּ

405b יֶפֶת Z. 2: l Ahnherr

407a יצא hif. Z. 6f: pr. Gn 8_{17} הַוְצֵא l K הוֹצֵא

408b יָצוּעַ Z. 2: pr. Lagerstadt l Lagerstatt; Z. 3: pr. 123_3 l 132_3

413a יְקָר 1b, Z. 2: adde: Ps $49_{13.21}$

414b יָרֵב Z. 1: pr. Hos 6_{10} l 10_6

421b I ירשׁ nif. Z. 3: pr. Pr 23_1 l 23_{21}

422a יִשְׂרָאֵל 1a, Z. 2: dl. u. nif. 1

426b יְשִׁמוֹת: l יְשִׁימוֹת

427b ישׁע nif. Z. 1: pr. נוֹשַׁעְנוּ l נוֹשָׁעְנוּ

433b כְּאֵב Z. 5/6: pr. Js l Jr 15_{18}

438b כִּבְשָׂה Z. 5: l כִּבְשַׂת, כִּבְשֹׂת

440b כהן pi. Z. 1: pr. כִּהֲנָה l כִּהֲנוּ

443a כון pol. Z. 6: pr. Ps 48_{19} l 48_9

443b כון hif. Z. 4: l imp. הָכֵן

445b I כּוּשׁ Z. 3: pr. Gn 10_8 l 10_7

455b I כֶּלַח Z. 1: pr. כַּלַח l כָּלַח

457b כלם hif. Z. 1: pr. הִכְלִימוּ l הִכְלִמוֹ; כְּלִמָּה letzte Z. v.u. pr. P l Pr

459b I כֵּן Z. 11: pr. Js 23_{10} l Jr; Z. 13–15: Hi 9_{35} wohl besser zu II כֵּן cf. Hölscher HAT 17,28

461b כנס qal Z. 1: adde: imp. כְּנוֹס

462b כנף nif. Z. 1: pr. Jr 30_{20} l Js

464b כסה nif. Z. 1: l pf. נִכְסָתָה

465b I כְּסִיל Z. 5: pr. Pr 1_1 l 1_{22}

471a כָּפָר Z. 13: adde: Hl 7_{12}

475b כרע hif. Z. 2: l imp. הַכְרִיעֵנִי/עֵהוּ

480b כָּתִית Z. 4: pr. Ex 27_{40} l 27_{20}

491b לְבוּשׁ Z. 10: pr. Kl 4_4 l 4_{14}

494a לבשׁ hif. Z. 4: pr. מַלְבִּישִׁים l מַלְבִּישְׁכֶם

500a II לחם qal Z. 2: pr. לְחֹם l לְחוֹם; Z. 3: pr. Ps $23_{1.6}$ l Pr

502a לטשׁ qal Z. 1: pr. impf יִלְטֹשׁ l יִלְטוֹשׁ; adde: inf. לְטוֹשׁ

505b לָמוֹ Z. 2: pr. GK § 103g l 103 f²

505b לֹעַ* l לֹעַ

507a לפת qal Z. 1: pr. יִלְפּוֹת l יִלְפֹּת

508a לקח nif. Z. 4: l 2K 2_9, (durch den Tod) Ez 33_6; pu. Z. 7: dl. (durch den Tod)

510b לשׁן po. Z. 1: pr. מְלָוְשְׁנִי l מְלָוֹשְׁנִי

511a מְאֹד Z. 8: pr. Dt 6_3 l 6_5

513b II מאס nif. Z. 2: pr. 58_{18} l 58_8; מְאֵרָה Z. 1: pr. BL 431w l 492w

515b מִגְבָּעָה Z. 2: adde: מִגְבָּעוֹת:

521b מֹדַעַת Z. 2: l מֹדַעְתָּנוּ

525a II מהר qal Z. 3: pr. Pr l Ps

526a מוג qal Z. 1: pr. תְּמֹוג l תְּמוּג

527a I מול qal Z. 1: adde: imp מֹל

528a מוֹסֵר * l מוֹסֵר

530a vor I מוֹצָא adde: מוץ: Der. מִיץ.

531a I מור hif.: adde: Ps 46_3 s.II מור; II מור nif: l cj Ps 46_3 pr. הָמִיר; מוֹרָא Z. 3: pr. Gn 8_{13} l Js

531b III מוֹרֶה Z. 4: l G. Jeremias

533b מות hif. Z. 5: pr. תְּמִיתֶנִי l תְּמִיתֵנִי

534b מִזְבֵּחַ: Z. 13 v.u.: l aus Stein Ex 20_{25}

538b מִחְיָה Z. 7: pr. Est 9_{8f} l Esr

546b מַיִם 3. Z. 6: l 1Q Jsª = M

548a מֵיתָר: l* מֵיתָר

548b מַכָּה: Z. 5 pr. מַכּ(וֹ)תָהּ l מַכּ(וֹ)תֶהָ

549a vor מכך adde: מָכִירִי: ꜰ מָכִיר

551b מִכְשׁוֹל Z. 3: dl. מִכְשֹׁלָם

556a מִלָּה Z. 9: pr. מִלִּים l מִלִּין

558a מלט hif. Z. 1: pr. impf. l pf.

562a I מלל hitpo. Z. 1: pr: יִתְמוֹלָלוּ l יִתְמֹלָלוּ

563a מֶלְקָחַיִם Z. 5: pr. מֶלְקָחֶיךָ l מֶלְקָחֶיהָ
* מַלְתָּעוֹת Z. 1: adde: √*לתע

565a מִן Z. 9: pr. 15x l 19x; pr. BL 643x l 643 v′.x′; Z. 2 v.u: pr. BL 643x l 643x′

568a מְנוּסָה Z. 2: pr. Zufluchtsort l Flucht (GB,KBL)

568b * מִנְזָר Z. 5: pr. מִנְזָרִים l מִנְזָרַיִךְ

571b * מֵסַב: dl *

572b I מַסֵּכָה Z. 3: pr. מַסְכוֹת l מַסֵּכוֹת

578a מְעוֹף: l מְעוּף; מעט pi. Z. 1: pr. מִעֲטוּ l מִעֲטוּ

579a מעך qal Z. 6: pr. 2S26_7 l 1S

582a מַעֲצוֹר: l מַעְצוֹר; I מַעֲרָב Z. 6: adde: מַעֲרָבֵךְ, pl. sf. מַעֲרָבַיִךְ:

584a מַפָּח Z. 2: adde: cs. מַפַּח:
584b * מִפְלַגָּה Z. 2: inser.: pl. מִפְלַגּוֹת; מִפְלָשׁ l מִפְלָשׂ; Z. 1: pr. פלשׁ l פלשׂ; Z. 2: l מִפְלְשֵׂי
586b מצא nif. 4. Z. 2: pr. bewahrt l bewährt
590a מִצְעָר Z. 2: inser: cs. מִצְעַר:
590b Ende: adde: cj **מַצָּרָה**: נצר: Wache Nah 2_2 pr. מְצֻרָה
594b מִקְצ(וֹ)עַ 1. Z. 4: adde: cj Ex 26_{23} מִקֻּצְעֹת l מְקֻצְעֹת
596b מְרַאֲשׁוֹת Z. 8: pr. 1K 9_6 l 19_6
598a מרה qal Z. 2: pr. מָרֹה l מָרוֹ
600a מרט pu. Z. 2: l pt. מְמֹרָט
601a מְרִירוּת Z. 5: pr. Ez 2_{11} l 21_{11}
603a מָרַק Z. 5: l K פָּרָק
605a מִשְׂגָּב 2: Jr 48_1 zu 1
605b I מָשׂוֹשׂ Z. 1: pr. שִׂישׂ l שׂוּשׂ
606a מִשְׁפָּח Z. 4: pr. BL 590_z l 490_z; vor מַשׁ adde: **משׁשׁ** ƒ מסס
607a מִשְׁאָלָה Z. 2: pr. מִשְׁאֲלוֹת l מִשְׁאֲלֹת
609a מַשְׁחִית Z. 2: l מַשְׁחִיתִם; מִשְׁחַת Z. 1: BL 490z?
610b מָשַׁךְ Z. 2: l ziehen, gehen
616a vor מֶשֶׁק ins: **מֹשֶׁק**: Der. מִמְשָׁק.
618b מָתַי 3. Z. 4: Ps 101_2 (> עַד!); מְתַלְּעוֹת Z. 5: pr. Hi 29_{27} l 29_{17}
619b מֹתֶק Z. 2: pr. מְתָקִי l מָתְקִי
629b נֶגֶד 2.d, Z. 1: dl. Jr 31_{39}
634a נֵד Z. 2: pr. Horn BASOR 193, 1969, 4 l 1969, 8, Z. 4
654a III נַחַת Z. 4: pr. תֹּחוּ l תֹּחוֹ
671b I נפץ qal Z. 3: dl. Klammer nach Jr 22_{28}
693a נתן 10. Z. 4: l Pauke
b נתן Z. 12: pr. Ps 104_{12} l v. Vögeln Ps 104_{12}
704a I סוך Z. 5 pilp: l סִכְסַכְתִּי
707b סְחָבוֹת Z. 1: l zuschliessen
711b סֻכָּה Z. 6: pr. im l in
712a II סכך qal Z. 2: pr. II קנה l I קנה
721b I סָפִיחַ Z. 3: l ungesät
729b סֵתֶר 2.: erg. Hi 22_{14}; 4. Z. 3 v.u: pr. 1S 12_{12} l 2S
747a עֵדוּת Z. 3 pr. עֵדוֹתָיו l עֵדְוֹתָיו; Z. 4: inser. עֵדוֹתָיו (Ps 119_2), עֵדוֹתֶיךָ
748a I עֲדִין Z. 3: pr. wohllustig l wollüstig
767a I עזר hif. Z. 4: l (Ku Leš. 30,23)
771a I עֲטָרָה Z. 3: l Lipiński
782b II עַל 9.c, Z. 5: pr. ADT l ATD
790b עֶלֶם Z. 4 v.u: l uninitiiert
805b עָנֹג Z. 2: l נָה-
806b I ענה 3.b. Z. 2: pr. erhöhren l erhören
823b nach עַצְמָה adde: **עָצְמָה** cf. Nachträge
828b עקשׁ Z. 4: pr. md (MdD 356b) l (MdD 356b, > $\sqrt{qss}$)
841a עֲרָפֶל 2. Z. 4: pr. 38_9 l: יָם Hi 38_9
861a פגע qal 3.b, Z. 5f: dl. und Fohrer ... 104
882a פלל hitp. 2.bß, Z. 4: nach 6_{38} adde: c. אֶל Js 45_{14}
886b פָּנֶה Z. 12 v.u: l Loewenclau
905b פֶּרֶא Z. 3 v.u: pr פֶּרֶא l פֶּרֶה
922b פֶּשַׁע 1.b, Z. 2: l Personaldelikt
927a I פתח qal Z. 2 v.u: l בִּטְנָהּ
942a צֶדֶק Z. 10: pr. moab. l ammon.
972a צִנּוֹר 2., Z. 4f: l Kanal
974a צעה qal Z. 2: l krumm geschlossen
984b צִקָּלוֹן Z. 1: l Lane IV, 1708b
1003a קדשׁ Z. 5: pr. Weissagungen l Weisungen
1044b קֵץ Z. 6: l hauptsächlichsten
1055b I קרא nif. 6: l nennt sich nach
1085a רְאִי, 3. Z. 2: pr. לָאִי l לַחַי
1093b I רַב 7. Z. 3f: l volk-reich
1130a I רָחָב Z. 1: l BL 462 q''
1130b I רָחָב Z. 1: pr. רחר l רחב
1359b III שׁחר Z. 5/4 v.u. l III * שַׁחַר
1412a I שָׁלִישׁ vorletzte Z. des Artikels: l ursprünglichen
1420b שׁלם pi. 2. Z. 2: l die bei; Z. 10: l וְחַטָּאתָם; Z. 12: l פָּעֳלֶךָ
1428a שׁלף qal 1. Z. 2: l Deuteronomist und Jahwist
1429b שְׁלֹשָׁה letzte Z.: l schliessen
1430b שְׁלֹשִׁים Z. 2: l רִבֵּעִים

1431a שָׁם 5: Z. 1: שָׁמָּה

1439a שְׁמוּעָה 1.b Z. 3: 1S 2_{24} zu Z. 2: schlimme Nachricht; Z. 3: l Pr 25_{25}

1461a שֵׁמֶץ 2. Z. 1: l ein bisschen

1508a II שָׁפָן 4. Z. 1: l יַאֲזַנְיָהוּ

1555b תִּגְרָה Z. 10f: l Vor-schläge

1557a תֹּהוּ Z. 7 v.u: l Wüste und ist als Gegenbegriff zu Schöpfung; Z. 5 v.u: l mythische

DEUTSCH-HEBRÄISCHE WORTLISTE

Aas נְבֵלָה; מַפֶּלֶת
Aasgeier רָחָם
abbiegen עטף I; סור; נטה; חמק
Abbild תַּבְנִית; צֶלֶם I; דְמוּת
Abbilder צֶלֶם I
abbrechen קצה I pi.; צען; נתץ
abbringen נדח I hif.
sich abbringen נדח I nif.
Abbruch מַסַּע
abdämmen חבשׁ pi.
Abend עֶרֶב I
Abend werden ערב V
aber רַק; וְ; אֲבָל II
nicht abernten ערל
Abfall מַפָּל
Abfall (Ungehorsam) מְשׁוּבָה
z. Abfall bringen חנף I hif.
abfallen נבל I; נפל; סור
abfallen von פשׁע
abfressen חסל hif.; כרסם pi.
Abgabe cj. בְּלוֹ; *מִדָּה II; מֶכֶס; מַשְׂאֵת; תְּרוּמָה
abgabenfrei חָפְשִׁי
Abgesandter מֵלִיץ
abgesehen von בַּד I; *בַּלְעֲדֵי
Abgrund שׁוּחָה I; צוּלָה
abhalten שׁוב hif.; מנע
abgehalten werden כלא I nif.
sich abhalten lassen מנע nif.
Abhang מוֹרָד
abhauen סעף II pi.; נקף I pi.; כרת; כסח; גדע; קצה I pi.; קצץ I; *שׁבב I cj. qal
abheben רום hif.
abirren lassen שׁגה hif.
Abirrung *סֵט

abkneipen מלק
abgekniffen werden קרץ pu.
Abkommen מֵישָׁרִים
Abkömmling עֵקֶר I
Abkömmlinge *תּוֹלֵדוֹת
ablassen חדל I; מושׁ II; נטשׁ; רפה
ablassen von יאשׁ nif.; סור; רפה hif.; שׁוב
ablaufen תמם
ablegen חלץ
ablehnen מאס I
ablenken נטה hif.
Ablösung חֲלִיפָה
Abmachung אָלָה; חֲלִיפָה; יֹשֶׁר pl.
e. Abmachung beobachten, halten שׁמר I
Abmachung mit בְּרִית
abmagern כחשׁ
Abmagerung רָזוֹן I
abmessen זרה II pi.; מדד, pi.; תכן pi.
abgemessen sein תכן nif.
Abmessung מִדָּה I; מַתְכֹּנֶת
sich abmühen לאה; יגע I nif.; עמל
sich abmühend יָגֵעַ
abnagen גרם pi.; ערק
abnehmen חסר; שׁכך
Abneigung empfinden זנה II
in Abrede stellen כחשׁ pi.
abreiben שׁחק
abreissen גזל; נסח; פרק, pi.; חזז hif.
abgerissen werden כרת nif.; קטף nif.; קרע nif.
sich abreissen פרק hitp.
Absatz *מִגְרָע
abgeschafft sein רום hof.
abschälen חשׂף I; פצל pi.
Abscheu דֵּרָאוֹן; שִׁקּוּץ; שֶׁקֶץ; תּוֹעֵבָה; תֹּעֵבָה

Abscheu empfinden קוץ I
zum Abscheu machen תאב II; תעב pi.
abscheulich handeln תעב hif.
Abscheuliches נִדָּה; שֶׁקֶץ
Abschiedsgabe(n) שִׁלּוּחִים
abschirmend halten שׂכך I
abschlachten טבח
Abschlachtung טֶבַח I
abschlagen נדע pi.; חבט
Abschlagen נֹקֶף
abschneiden בצע, pi.; נזה ; כרת; קצב
abgeschnitten sein נזר I nif.
abgeschnitten werden גזז nif.; גרז nif.
vom Leben abgeschnittten sein שׁמם
Abschneiden קָצִיר I
oben abschöpfen חשׂף I
abschrecken בלה pi.
Abschrift מִשְׁנֶה; פַּרְשֶׁגֶן; פַּתְשֶׁגֶן
abschütteln נער II, pi.
abschwenken lassen סבב hif.
abseits נֶגֶד
abseits gehen פרד pi.
abgesetzt *עַתִּיק
Absicht לֵב; *רֵעַ III
absondern סגר I hif.; ריר
abgesondert פרד pu. pt.
sich absondern בדל nif.; פרד pi.
abspenstig machen נדא
absperren סכך I hif.
schirmend absperren סכך I
abspülen דוח; רחץ; שׁטף
abgespült werden שׁטף pu.
Abstammung מוֹלֶדֶת
Abstand רֶוַח
Abstand haltend חצץ pt.
abstellen יצג
abstreifen עדה I hif.; פשׁט hif.
Absturz *בַּתָּה
abtasten משׁשׁ pi.
abteilen in חצה

Abteilung *חֲלֻקָּה; יָד I; מַחֲלֹקֶת; *פְּלֻגָּה;
ראשׁ I
abtragen רצה II
abtrennen בדל hif.
Abtritt *מַחֲרָאָה; *מוֹצָאָה
abtrünnig פשׁע pt.; שׁוֹבָב I
abtrünnig sein סוג I
abtrünnig werden סוג I nif.
Abtrünnigkeit מְשׁוּבָה
abwägen שׁקל
abwälzen גלל I
abwandern רגל pi.
abwarten נוח I
abwärts מַטָּה
abgewaschen werden כבס hotp.; רחץ pu.
abwechselnd מַסָּח
auf Abwege geraten שׂטה
abwehren מול II hif.
abweiben רעה I
abweichen נטה hif.; סוג I; שׂטה
abweiden בעה III, pi.; בער II pi., hif.
abgewiesen נטה hof. pt.
abwenden כפר I pi.; סבב hif.; שׁוב pil.
abgewandt שׁוֹבָב I
sich abwenden דבר I pi.; זור II, nif.; נזר
nif.; נקע
sich abwenden von שׁוב; שׂטה
sich buhlerisch abwenden von זנה I
sich m. e. Ruck abwenden יקע
abwischen מחה I
abzählen ספר I pi.
abgezählt מָסֹרֶת
abziehen גזל
abgezogen werden גרע I nif.
Abzug נֶשֶׁךְ
ach! אֲבָל; אֲהָהּ; אָח I; הָהּ; הוֹ; הוֹי
ach . . . doch אָנָּה
acht שְׁמֹנֶה; שְׁמוֹנֶה
der achte שְׁמִינִי
sich in Acht nehmen שׁמר I hitp.

achten חשׁב
achten auf בין, hif.
achthaben auf בין pol.
achtzig שְׁמוֹנֶה pl.; שְׁמֹנֶה pl.
ächzen יפח hitp.
Acker יָגֵב; שָׂדַי
Ackerbauer יגב pt.
Ackerboden אֲדָמָה I
Ackerfeld שָׂדֶה
Ackerfurche תֶּלֶם
Adjutant שָׁלִישׁ III
Adler נֶשֶׁר
Affe קוֹף*
Affodill חֲבַצֶּלֶת
Ägypter מִצְרִי
ägyptisch מִצְרִי
ahnden נמר; יכח hif.
Ahndung פְּקֻדָּה; שִׁלּוּם
Ähnlichkeit דִּמְיוֹן*; מֹשֶׁל I
Ähre שִׁבֹּלֶת I
geschnittene Ähre עָמִיר
Ähren אָבִיב
abgeschnittener Ähren עֹמֶר
Ähren lesen לקט
Ährenbündel צֶבֶת*
Akropolis בִּירָה
Alabaster שַׁיִשׁ; שֵׁשׁ II
albern תפל I
alle כֹּל
allein בַּד I; בדד pt.; בָּדָד
Alleinsein בַּד I; בָּדָד
Allerheiligste דְּבִיר I
allerlei כֹּל
alles כֹּל
Alles כֹּל
allzu sehr יוֹתֵר
allzumal יַחַד
Almuggimhölzer אַלְמֻגִּים
Aloeholz אֲהָלוֹת
als בְּ I; כַּאֲשֶׁר

also אֵפוֹא
alt זָקֵן; יָשָׁן
alt sein שׂיב
alt werden זקן; ישׁן II nif.; עתק
alter Mann זָקֵן
e. alter Mann sein זקן
älter werden זקן hif.
Ältere בְּכִיר*
Altar מִזְבֵּחַ
altehrwürdig עָתֵק
Alter בְּחוּרוֹת*; בְּחוּרִים*; שֵׂיב*
hohes Alter זֹקֶן; שֵׂיבָה
Alter(sstufe) גִּיל* I
altern עתק
Altern זִקְנָה
Altersangabe בַּת I
altersschwach יָשֵׁשׁ
Ameise נְמָלָה
Amalekiter עֲמָלֵק; עֲמָלֵקִי
Amme אמן II pt.; מֵינֶקֶת
Ammoniter עַמּוֹנִי
Amt כֵּן IV; מַצָּב; פְּקֻדָּה
in ein Amt eingesetzt werden פקד nif.
Amtmann שֹׁטֵר
Amtsleute שֹׁטֵר
Amtspflicht אֱמוּנָה
Amtsträger שֹׁטֵר
Amulette לַחַשׁ
an בְּ I; לְ I
an . . . hin לְ I
anbinden אסר; קשׁר; רכס; רתם
angebunden צמד pu. pt.
anblasen נשׁף
anbringen עשׂה I; שׂים I
absperrend anbringen סכך I
andauern אמן I nif.
anderer אַחֵר I; זָר
Anderer רֵעַ II
ändern הפך; חלף pi., hif.; מור hif.; סבב hif.; שׁנה I pi.

geändert werden סבב hof.
sich ändern מור nif.; שׁנה I pu.
andersartig אַחֵר I; זָר
andichten חפא pi.
androhen דבר II pi.
sich aneignen גנב pi.
anfachen בער I; נפח; פוח I hif.
Anfang רֹאשׁ I; *רִאשָׁה; רֵאשִׁית; תְּחִלָּה
anfangen חלל I hif.
angefangen werden חלל I hof.
anfangen zu יאל hif.
Anfangszeit *רִאשָׁה
anfeinden צרר II; שׂטם; שׂטן
Anfeindung מַשְׂטֵמָה
anfertig werden עשׂה I
anfertigen עשׂה I
Anführer *נָסִיךְ II
anfüllen מלא, pi.
anfüllen mit מלא
genaue Angabe *פָּרָשָׁה
Angel *סִירָה
Angelegenheit דָּבָר; חֵפֶץ
angelehnt an עַל II
Angelhaken חַכָּה
angenehm טוֹב I; נָעִים; עָרֵב
angenehm sein נעם I; ערב III
Angesicht cj. *אֲנָף
Angesicht Gottes bzw. Jahwes *פָּנֶה
angesichts נֶגֶד
angreifen גור, II; ריב hif.
jmdn. angreifen ריב
hart angreifen שׁוּף
Angst חֲרָדָה I; צָרָה I
Angst u. Schmerz חִיל
Angst haben זחל II
vor Angst bebend hervorkommen aus רגז
Angst machen ירא I pi.
sich vor Angst winden חיל I hitpol.
angsterfüllt יָגוֹר
ängstlich חָרֵד

anhaltend schreiben כתב pi.
anhängen הלך; חפא pi.
anhänglich חשׁק nif. pt.
anhänglich an דָּבֵק
anhäufen אצר
Anhöhe בָּמָה; מִשְׂגָּב; רָמָה I
felsige Anhöhe צוּר I
anhören שׁמע
Anklage erheben bei ריב
anklopfen דפק
Anlass תֹּאֲנָה
ohne Anlass רֵיקָם
anlegen אזר; עשׂה I
e. Strasse anlegen סלל
Anlegen אֲפֻדָּה
Anlegeplatz *מִפְרָץ
sich anlehnen רפק hitp.
anleiten חנך; יסר I pi.
anmassend יָהִיר
Anmassung גֵּאוּת; גָּאוֹן
Anmut חֵן; חֶמֶד
annehmen לקח I; קבל pi.
angenommen werden רצה I nif.
sich jmds. annehmen פנע hif.; פקד
Anordnung דָּת; מִפְקָד
anraten יעץ nif.
anrechnen חשׁב pi.; כסס
Anrecht מִצְוָה
anrücken נגשׁ
anrufen קרא I
ansäen זרע
Ansammlung *מִיכָל; מִקְוֶה
Anschlag מְזִמָּה
sich anschliessen ספח I nif.
angeschlossen sein בחר III pu.
sich anschliessen an לוה I nif.
Anschluss הִתְחַבְּרוּת
anschmieren טפל
abgeschnitten werden כרת pu.
anschreien עיט

anschwellen צבה;בצק I
ansehen ראה
Ansehen שֵׁם;כָּבוֹד;חָזוּת I
Ansehen geniessen כבד nif.
anspannen צמד hif.
Anspruch דַּעַת* II; חֹק
Anspruch auf מִשְׁפָּט
anspucken רקק I
anstarren תמה
anstatt חֵלֶף II; תַּחַת I
anstelle תַּחַת I
anstellig חָכָם
anstiften סות hif.
Anstoss פּוּקָה;נֶגֶף;מִכְשׁוֹל
Anstössiges תִּפְלָה
anstrengen גבר pi.
Anstrengung מַאֲמָץ*
Ansturm מַשָּׁק*;מַרְהֵבָה*;כִּידוֹר
anstürmen שׁקק;הות* I
Anteil מִשְׁחָה;מְנָת*;מָנָה II; מָשְׁחָה II
s. Anteil erhalten חלק II
Anteil geben an חלק II
Antilope תְּאוֹ
antreffen פגשׁ
angetroffen werden מצא nif.
antreiben נדב
antun עשׂה;נמל I
angetan werden עלל I poal
Antwort נַב* II; מַעֲנֶה I
mit e. Antwort bedacht werden ענה I nif.
sich zu e. Antwort bewegen lassen ענה I nif.
Antwort geben ענה I hif.
antworten ענה I; שׁוב hif.
anverloben ארשׂ pi.
anweisen שׂים;פקד I
Anweisungen פִּקּוּדִים*
Anwohner שָׁכֵן
Anzahl מִסְפָּר I
anzeigen נגד hif.

anziehen כסה pi.; לבשׁ
angezogen עָרוֹם
anzünden אור hif.; בער I pi.; נשׂק;יצת hif.; צות hif.
angezündet sein בער I pu.
angezündet werden יקד hof.
Apfel(baum) תַּפּוּחַ I
Araber עַרְבִי
sesshaften Araber חָצוֹר II
Aramäer אֲרָם;אֲרַמִּי
Arbeit פֹּעַל;עֲבֹדָה;מַעֲשֶׂה;מְלָאכָה;יְגִיעַ*; פְּעֻלָּה
anstrengende Arbeit עֶצֶב II
gedrehte Arbeit מִקְשָׁה I
z. Arbeit treiben נגשׂ
getriebene Arbeit מִקְשָׁה I
arbeiten עשׂה;עבד I
arbeiten lassen עבד hif.
Arbeiter עָמֵל
Arbeitsertrag יָגָע;יְגִיעַ*
Arglist לוז nif. pt.; עָקְבָּה;נֵכֶל
arglistig נכל pt.
sich arglistig benehmen נכל hitp.
arglistig handeln נכל, pi.
arglos בטח I pt.
arm דַּל;אֶבְיוֹן II; עָנִי;מִסְכֵּן
arm machen רושׁ cj. hif.
arm sein רושׁ
sich arm stellen רושׁ hitpol.
Arm יָד;זְרוֹעַ;אֶזְרוֹעַ I
Armspange צָמִיד I; שֵׁר* I
Armut רֵישׁ;מִסְכֵּנֻת
Art זַן;דֶּרֶךְ;אֹפֶן*
Arten מִשְׁפָּחָה pl.
artfremd זָר
Artischocke חָרוּל
Arznei תְּרוּפָה
Asche אֵפֶר
Aschengrube אַשְׁפֹּת
Asseriten אָשֵׁרִי

Asphalt חֵמָר
Ast *עֲבוֹת; I
astreich *עָבוֹת II
belaubte Astwerk פֻּארָה
Asyl מִקְלָט
Atem יוֹם II; נֶפֶשׁ; נְשָׁמָה; רוּחַ
auch אַף I; גַּם; וְ
auf בְּ I; עַל II
auf! הַב I
auf . . . zu אֶל
auf wann מָתַי
aufatmen נפשׁ nif.
wieder aufbauen בנה
aufbewahren כמס; צפן; שׁמר I
aufbieten זעק, hif.; צעק hif.; שׁמע pi., hif.
aufgeboten werden זעק nif.; פקד nif., pu.; צעק nif.
aufblicken zu נשׂא
aufblitzen lassen בלג hif.
aufbrauchen כלה I pi.
aufbrausen עבר II hitp.
aufbrechen עור II nif.
aufgebrochen werden שׁחר nif.
aufbrechen lassen נסע hif.
Aufbrechen מַסָּע
aufbringen נשׂג hif.
aufdecken גלה, pi.
Aufenthaltsort בַּיִת I; *מָגוֹר II; מוֹשָׁב; נָוֶה
Aufenthaltszeit מוֹשָׁב
auferlegen נטל
auferlegt werden שׁית hof.
auffahren נתר II
auffahren machen נתר II hif.
auffressen לחך
Aufgang *מַעֲלֶה
aufgeben לאה I; נטשׁ; נפל hif.; עזב I
etw. aufgeben חדל I
Aufgebot קָהָל
aufgehen זרח I
Aufgeld תַּרְבִּית

jmd. aufhalten אחר pi.
aufhämmern lassen רדד hif.
aufhängen תלא; תלה, pi.
aufhäufen סלל
aufheben נטל pi.; פרר I hif.; צפן; רום hif.
aufgehoben sein רום hof.
aufgehoben werden כפר I pu.; סור hof.; פרר I hof.
aufhelfen עוד I pol.; קום hif.
einander aufhelfen עוד I hitpol.
aufhören חדל I; כלה I; סור; שׁבת; תמם
aufhören mit כלה I pi.
Aufhören בְּלִי; *הֲפֻגָה; מִשְׁבָּת; סָרָה I
zum Aufhören bringen שׁבת hif.
zum Aufhören gebracht werden שׁבת nif.
aufjagen נגשׂ
Aufkäufer סחר pt.
Aufkäuferschaft *סְחֹרָה
aufladen נשׂא hif.; עמס
Auflager *אָחוּז
auflauern ארב; צפה I
aufleben חיה
auflecken לחך pi.; לקק
auflegen עמס hif.
sich auflehnen מרד
auflehnen gegen קום hitp.
Auflehnung מֶרֶד I; מַרְדּוּת I
auflesen לקט; קשׁשׁ pol.
aufgelesen werden לקט pu.
aufleuchten lassen זרח I
auflösen נגד hif.
aufgelöst sein שׁית hitpal.
ausgelöst werden פדה nif.
sich auflösen מוג hitpol.
sich aufgelöst zeigen שׁית hitpal.
aufmerken חושׁ II
aufmerksam *קַשֻּׁב; *קַשָּׁב
aufmerksam hinhören קשׁב hif.
scharf aufmerksam sein קשׁב
Aufmerksamkeit לֵב; קֶשֶׁב

aufnehmen אסף; לקח I; כול hif.; קבל pi.
freundlich aufnehmen נשׂא
ins Haus aufnehmen אסף pi.
in sich aufnehmen כול pilp.
sich aufraffen עור II hitpol.
aufräumen פנה pi.
aufrecht erhalten סעד
in aufrechter Haltung קוֹמְמִיּוּת
aufregen חמר II hif.
aufgeregt sein בוך nif.
aufgeregt umherirren בוך nif.
Aufregung רָגְזָה; רֹגֶז
aufgerieben werden חמם
aufreissen נחס
aufreizen סוך I pilp.; סות hif.
aufrichten זקף; נצב I hif.; עמד hif.; קום pi., pil., hif.; רום hif.
sich aufrichten קום
Aufrichtigkeit מֵישָׁרִים
aufrufen קרא I
aufgerührt werden עכר nif.
aufrütteln נוע hif.
aufschauen zu שׁעה
aufschlagen ישׁב pi.
aufschlitzen בקע pi.
aufschrecken בעת pi.; חרד hif.
aufschreiben ספר I
aufschreien צעק
Aufschrift מִכְתָּם
aufschütten שׁפך
e. Strasse aufschütten סלל
sich aufschwingen אבר II hif.
Aufseher פָּקִיד
Aufsicht פְּקֻדָּה; פְּקֻדֹּת
die Aufsicht haben über שׂרר I
aufsparen צפן
aufsperren פער
aufgespeichert werden חסן nif.
sich aufspielen ליץ hitpol.
aufspüren חפשׂ pi.
aufstehen קום
aufstehen lassen קום hif.
Aufstehen *קִימָה
aufsteigen lassen עלה hif.
Aufsteigen גֵּאוּת
aufstellen עמד hif.; קום hif.; שׂים I
sich aufstellen כון hitpol.
Aufstieg *מַעֲלֶה
aufstören המם I; עור II pol.; פרר II po.; רגז hif.
aufstreichen מרח
sich aufgestützt legen שׁען nif.
aufsuchen בקשׁ pi.
auftischen צפה II pi.
Auftrag מִצְוָה
auftreiben צבה I hif.
aufgetrieben *צָבֶה
auftreten יצא; קום pil.
auftun פתח I
die Augen auftun פקח
Mund auftun פצה
Auftun *פִּתָּחוֹן
aufwachen יקץ; קיץ I hif.
Aufwallen נַאֲוָה
Aufwallung עֶבְרָה
Aufwand הָמוֹן; שָׂכָר I
Aufwartung מַעֲמָד
aufwecken עור II hif.
aufweichen מוג pil.
aufwirbeln אבך hitp.
aufgewühlt sein גרשׁ II nif.
aufzählen ספר I pi.
aufgezeichnet רשׁם pt.
aufgezeichnet werden חקק hof.
Aufzubewahrende מִשְׁמֶרֶת
Aufzug הָמוֹן
Augapfel *בָּבָה
Auge(n) עַיִן; עַפְעַפַּיִם
sich verhalten als wären die Augen blind שׁעע I hitpalp.

mit einem (weissen) Fleck im Auge תְּבַלֻּל
aus d. Augen gehen לוז hif.
aus d. Augen kommen לוז
Augenblick פֶּתַע
augenblicklich פֶּתַע
Augenbrauen גַּב I
Augenlid *שְׁמֻרָה
Augenschminke פּוּךְ
Augenweide *מַחְמָד
aus . . . heraus בַּעַד I
ausarten פרע
Ausbauchung בֶּטֶן I
ausbauen בנה
ausbessern בדק; חזק pi.
Ausbesserung אֲרוּכָה
ausbeuten עשק I
ausbleiben חדל I; חשׂך, nif.
ausboren נקר pi.
ausbrechen פרה I; פרץ
ausgebrannt cj. *חַר
ausgebrochen werden נקר pu.
sich ausbreiten פוץ; פשׂה; פשׂט
ausbreiten טפח pi.; נטה hif.; פרשׂ, pi.; פשׂט; רפד, pi.; רקע, hif.; שׁטח, pi.
Ausbreiten cj. *מִתְחָה
ausgedehnt רָחָב I
Ausdehnung מְל(וֹ)א; מֶרְחָב
ausdorren יבשׁ pi.
Ausdruck od. Teil d. Persönlichkeit *פָּנֶה
ausgedrückt werden זרר I
ausdruckslos werden כהה I
auseinander bringen פרד hif.
auseinandergehen הלך hitp.
auseinanderjagen נדח I hif.
auseinanderklaffen קוץ II hif.
sich auseinandersetzen יכח nif., hitp.
auseinandergesetzt werden פרשׁ pu.
auseinanderstreuen שׁטח
auserlesen בָּרוּר
sich ausersehen ראה
ausfallen כרת hof.
ausführen מלא pi.; עבד; עשׂה I; קום hif.; שׁלם hif.
ausgeführt werden קום hof.
Ausgang אַחֲרִית; מוֹצָא I
Ausgänge תּוֹצָאוֹת
Ausgangsort מוֹצָא I
Ausgangspunkt רֵאשִׁית
ausgedehnt (räumlich) *אָרֹךְ
ausgedorrt *צִחֶה
Ausgedörrtheit תַּלְאֻבוֹת
Ausgehen מוֹצָא I
ausgemergelt sein ענה II
ausgezeichnet behandeln פלה hif.
ausgezeichnet werden פלה nif.
ausgiessen יצק; נסך I; שׁכב hif.; שׁפך
ausgegossen werden ערה nif.
ausgleichen שׁוה I pi.
Ausguss שֶׁפֶךְ
aushacken נקר
aushalten כול hif.
Aushauchen מַפָּח
aushauen חצב I; חקק
ausheben פקד
ausgehoben werden מסר nif.
aushöhlen כרה I
ausklopfen חבט
auskundschaften חפר I; חקר; רגל, pi.; תור
auskundschaften lassen תור hif.
Ausland נֵכָר
Ausländer נָכְרִי; נֵכָר
ausländisch נָכְרִי
Ausläufer תּוֹצָאוֹת
ausleeren יצק hif.; ערה pi.; ריק hif.
auslegen פתר
ausleihen נשׁא I; עבט I hif.
ausleihen an לוה II hif.
Auslese מִבְחָר; מִבְחוֹר I
auslesen ברר I

ausliefern מכר I; מגן I pi.; סגר I hif., pi.; סכר II pi.
auslöschen כבה pi.
ausgelöscht sein זעך nif.
auslösen גאל I; פדה
Auslösung פְּדוּיִם*; פְּדְיוֹם; פִּדְי(וֹ)ן*
ausmessen מדד pi.
ausgenommen (dass) זוּלָה*
ausplündern חלץ pi.
auspressen מצה; שׂחט
Ausspruch פֶּה
ausrauben נצל pi.
ausgerieben werden מרק I pu.
ausreichen נשׂג hif.
das Ausreichende דַּי*
ausreissen נתק pi.; נתשׁ
ausgerissen werden נסח nif., cj. hof.; פרק hitp.
ausrichten גבר
ausrotten אבד I hif.; אסף; בער II pi.; כרת, hif.; פאה hif.; שׁמד hif.
ausgerottet werden שׁמד nif.
ausrücken בוא
ausrufen קרא I
ausrufen lassen זעק hif.
ausruhen נוח I
Ausrüstung אָזֵן*; עֵרֶךְ
abgezogene Ausrüstung חֲלִיצָה*
aussäen זרע
aussaugen המם II
Ausschälung מַחְשֹׂף
Ausschau halten צפה I
ausschauen צפה I pi.
ausscheiden ברר I; הגה II
Ausscheidung צֵאָה*; נִדָּה
schwärender Ausschlag גָּרָב
vom Ausschlag betroffen צרע pt., pu. pt.
ausschlagen בעט; צוץ I
ausgeschlagen werden נתע nif.
ausschliessen נדה I pi.
ausgeschlossen werden כרת nif.; סגר I nif.
ausschliessen von זנח II
ausgeschlossen werden aus בדל nif.
ausschlürfen מצה
ausschütteln נער II pi.
ausschütten זול; יצק; ערה hif.; ריק hif.
Aussehen מַרְאֶה; עַיִן
ausser בַּד I; בַּלְעֲדֵי*; בִּלְתִּי; זוּלָה*; חוּץ; כִּי II; כִּי־אִם
ausser wenn כִּי־אִם
ausser sich geraten הום nif.
äusserer חִיצוֹן
äusserste קִיצוֹן*
Äusserstes כָּנָף; קָצֶה; קָצָה (pl.); קְצָת*; רֹאשׁ I; תַּכְלִית
sich jauchzend äussern רוע hitpolal
Äusserung מוֹצָא I
glückliche Aussicht תִּקְוָה II
aussondern בדל hif.; נתק hif.; פרד hif.
ausgesondert מִבְדָּלוֹת; קָדוֹשׁ; קָדֹשׁ
ausgesondert werden בדל nif.; רום hof.
ausspannen cj. מזר I; מתח; נטה
ausgespannt נטה hof. pt.; פרד pt.
Ausspannung מִפְרָשׂ
aussprechen נשׂא
Ausspruch אִמְרָה*; מַשָּׂא II; נְאֻם; פֶּה
Ausstattung עֵרֶךְ; רְכוּשׁ; רְכֻשׁ; תְּכוּנָה
ausstechen נקר, pi.
ausstossen נרשׁ II
ausstrecken נטה, hif.; שׁלח I, pi.; שׂרע hitp.
ausgestreckt ישׁט hof.
ausgestreckt sein ננר nif.
sich ausstrecken נטה
ausstreuen בזר; פזר pi.
austilgen כלה I pi.
ausgetilgt werden מחה I nif.
austreiben נחשׁ
austrocknen חרב I; יבשׁ pi.; נשׁת; שׁדף
auswählen בדל hif.; בחר II; ראה
ausgewählt werden מסר nif.

auswischen מחה I
Auswurf תֹּפֶת I
ausgezählt werden פקד hitpāel
auszeichnen הדר
Auszeichnung כָּבוֹד
ausziehen חלץ; יצא; פשׁט, hif.
ausgezogen שׁוֹלָל
ausgezogen machen פשׁט pi.
(her-)ausziehen שׁלף
sich ausziehen פשׁט hitp.
vorbeihinken פסח
Axt כַּשִּׁיל; *מַגְזֵרָה; *קַרְדֹּם
Azkara אַזְכָּרָה

Bach אָבֵל II; נַחַל I
Bäche *נֹזֵל pl.
Bachrinne *אָפִיק I
Bachtal נַחַל I
Backe לְחִי I
backen אפה; עוג I
Backenzahn *טֹחֲנָה; מַכְתֵּשׁ
bäcker אֹפֶה
Backofen תַּנּוּר
Backpfanne מַרְחֶשֶׁת; מַשְׂרֵת
Backtrog *מִשְׁאֶרֶת
baden רחץ
gebadet werden רחץ pu.
sich baden רחץ hif.
ebene Bahn מֵישָׁרִים
Bahnen *הֲלִיכָה
Baka-Sträucher בָּכָא
bald . . . bald רֶגַע . . . רֶגַע
Balken כְּרֻת(וֹ)ת; קוֹרָה
mit Balken bauen קרה II pi.
Ball דּוּר; כַּדּוּר
Balm *סָעִיף I
Balsamöl בֹּשֶׂם
Balsamstrauch בֹּשֶׂם
Bande מֹשְׁכוֹת
Bänder מַעֲדַנּוֹת; קִשֻּׁרִים; תּוֹר I pl.; תֹּר pl.
gebändert עָקֹד
bange vor חָרֵד
Bangigkeit צַר I
Bann חֵרֶם I
m. d. Bann belegen חרם I hif.
durch d. Bann weihen חרם I
Banngut חֵרֶם I
Bannspruch חֶבֶר I
Bär(in) דֹּב
Barbier *גַּלָּב
barfuss יָחֵף; שׁוֹלָל
Backen- u. (spitzer) Kinnbart זָקָן
Base דּוֹד
Bat בַּת II
Bau מִבְנֶה
Bauch בֶּטֶן I; גָּחוֹן; חֹמֶשׁ II; *כָּרֵשׂ; *מֵעֶה; קֵבָה
(er)bauen בנה
Bauholz עֵץ
Baum אַלָּה; עֵץ; רִמּוֹן I
Baum (mächtiger) *אַיִל II; אֵלָה I
Bäume עֵץ
Baumart עֵץ
Baumaterial אֶבֶן; חֹמֶר II
baumeln דלה II; דלל II
Baumgarten כַּרְמֶל I
Bauplan תַּבְנִית
Bausch חֵיק
Bauwerk auf Terrasse מִלּוֹא
beabsichtigen אמר I
beachten שׁמר I
Beachtung לֵב
Beamter טִפְסָר; שַׂר
hoher politischer od. militärischer Beamter סָרִיס
beanspruchen גאל I

bearbeiten עבד
bearbeitet עָשׂוּת
Bearbeitung חֲרֹשֶׁת I
beaufsichtigen נצח I pi.
Beauftragter פָּקִיד
beben חיל I; פחד, pi.; רעד
bebend רַגָּז
beben machen חיל I hif.; רעשׁ hif.
Beben חַלְחָלָה; חֲרָדָה I; פַּחַד I; רַעַד; רְעָדָה; רְתֵת; רַעַשׁ
zum Beben gebracht werden חיל I polal
in Beben versetzen פחד hif.
Becher כּוֹס I; *קֻבַּעַת
Becherblume *סִירָה
Becken גֻּלָּה
fahrbare Becken כִּיּוֹר
klingende Becken צֶלְצְלִים
Bedarf *דַּי; *צֹרֶךְ
bedecken כסה, pi.; סכך III hif.; עשׂה III
bedeckt werden כסה pu.
bedeckt sein עלף pu.
sich bedecken כסה pi., hitp.
Bedeckung כְּסוּת
bedenken בקר I pi.; חשׁב pi.
bedacht sein דרשׁ; שׁקד
bedacht sein auf כון hif.
murmelnd bedenken הגה I
bedeutend sein גדל I
bedrängen אלץ pi.; דחק; זוע pilp.; לחץ; צוק I hif.; צור; צרר I hif.; רהב hif.
bedrängt werden נגשׂ nif.
Bedränger צרר II pt.
Bedrängnis לַחַץ; מְצוּקָה; מָצוֹר I; cj. *מְצוּרָה I; מֵצַר; צוֹק; צוּקָה
Bedrängung עָקָה; צָרָה I
bedrohen חרץ I
Bedrohung מִגְעֶרֶת
bedrücken ינה hif.; ענה II pi.; עשׁק I
bedrückt קשׁה I nif. pt.
bedrückt sein צרר I (qal II)
Bedrücker *חָמוֹץ; עָשׁוֹק

Bedrückung *עֲוָתָה; עֹצֶר; עֲשׁוּקִים; עֹשֶׁק; שֹׁד II; תֹּךְ; תּוֹךְ;
sich beeilen בהל hif.; דחף nif.; מהר I pi.
beendigen בצע pi.
beengt sein צרר I (qal II)
beerben ירשׁ I
abgefallene Beeren פֶּרֶט
saure, unreife Beeren *בְּאֻשִׁים
sich befallen zeigen שׁמם hitpo.
befehden צרר II
Befehl טַעַם; *מַאֲמָר; פֶּה
e. Befehl erhalten צוה pu.
e. Befehl geben צוה pi.
befehlen אמר I; דבר II pi.; צוה pi.
(an)befehlen פקד
Befehlshaber שַׂר
befeinden איב; שׂטם; שׂטן
befestigt עַז I
Befestigung מָצוֹר II
sich zufällig befinden קרה I nif.
Befinden שָׁלוֹם
beflecken גאל II hif.
Befleckung *גֹּאַל II; נִדָּה
befolgen נצר I
befördern נהל pi.
befragen בקשׁ pi.; דרשׁ; שׁאל
befreien פצה; פרק; פתח I pi.
befreit werden פתח I nif.
Befreiung רֶוַח; יֵשַׁע
befremdlich זָר
sich befreunden רעה II hitp.
sich befreunden mit רצה I
befriedigen נוח I hif.
begatten ידע I
begattet werden בעל I nif.
sich begatten רבע I
sich begeben היה nif.
begegnen פגשׁ; קדם pi.; קרא II; קרה I, nif.
begegnen lassen קרה I hif.
sich begegnen פגשׁ nif.
Begegnung *קְרִי

begehen פעל
Begehr *מִשְׁאָלָה
begehren אוה pi.; חמד
heftig begehren חמד pi.
Begehren *אַוָּה; אֲרֶשֶׁת; בַּקָּשָׁה; תַּאֲוָה I; תְּשׁוּקָה
begehrenswert חמד nif. pt.
Begehrenswertes חֶמְדָּה
mit Wasser begiessen רחץ
begleiten לוה I
beglücken חדה I pi.
begraben קבר, pi.
Begräbnis קְבוּרָה
begrenzen גבל I
begütert עָשִׁיר
behaart שָׂעִיר I; שָׂעָר
Behaarung שֵׂעָר
behacken עדר I nif.
Behagen תַּעֲנוּג
behaglich sein für טוב
Behälter בַּיִת I; *cj. דַּן; חָרִ(י)ט; *מִיכָל
besonders behandeln פלה hif.
besonders behandelt werden פלה nif.
Behandlung (kosmetische) *מְרוּקִים
besonderer Behandlung unterworfen sein קדשׁ
behauen חצב I; פסל
behemmt sein צרר I (qal II)
behend קַל
beherrschen בעל I
behüten נצר I; עיר; שׁמר I
behütet werden שׁמר I nif.
bei אַחַר II; אֵת II; בְּ I; *עִמָּד
beichten ידה II hitp.
beide כִּלְאַיִם
Beil גַּרְזֶן
Beilager מִשְׁכָּב
Bein רֶגֶל
beinahe מְעַט
Beinschienen *מִצְחָה
Beisasse תּוֹשָׁב
beissen נשׁך I, pi.
Beistand עֵזֶר I; עֶזְרָה I
beistehen גרה hitp.; לחם I; עזר I; צור
einander bekämpfen חרב II nif.
bekannt machen בשׂר pi.; זכר I hif.; ספר I pi.
Bekannter ידע I pu. pt.
Bekanntes ידע I pu. pt.
bekennen זכר I hif.; ידה II hitp.
sich beklagen אנן hitpo.
sich selber beklagen נוד hitpol.
bekleiden לבשׁ, hif.
bekleidet לָבוּשׁ; לבשׁ pu. pt.
sich bekleiden לבשׁ
Bekleidung תִּלְבֹּשֶׁת
beklemmt sein צרר I (qal II)
Beklemmung קְפָדָה
bekränzen עטר pi.
bekümmert יגה I nif. pt.
bekümmert sein יָלָה; עצב II nif., hitp.; צרר I (qal II)
beladen טען II
belagern צור I
Belagerung מָצוֹר I
Belagerungsturm *בַּחוּן
Belagerungswall דָּיֵק
belasten טרח hif.
Belästigung נֵזֶק
neu beleben חיה hif.
belegen רבץ hif.
belehren lassen יסר I nif.
beliebt טוֹב I
es beliebt כשׁר
was beliebt רָצוֹן
beliebt sein טוב; יטב
Beliebtheit חֵן
bellen נבח
bemessen חכן, pi.
Bemessung תֹּכֶן I

bemühen (jmd.) ינע pi.
Bemühung עָמָל I
beneiden קנא pi.
benennen אמר I
Benjaminit יְמִינִי
beobachten פלס II pi.; שמר I
beordert יעד hof. pt.
es sich bequem machen שׁען nif.
beraten יעץ
sich beraten יעץ nif., hitp.
sich beraten lassen יעץ nif.
Berater עֶבֶד
berauben גזל
der Kinder (Söhne) berauben שׁכל pi.
sich berauschen lassen שׁכר hif.
Berauschendes Getränk שֵׁכָר
berechnen חשׁב pi.; שׁער I
Berechnung חֶשְׁבּוֹן I
beregnet werden מטר nif.; גשׁם cj. pu.
Bereich יָד I
bereit עָתִיד; עָתוּד
bereiten כון pol.; פעל; רבד
bereitet werden כון polal
(zu)bereiten עשׂה I
sich bereithalten כון nif.
bereitstehend עִתִּי
bereitstellen כון hif.; ערך
bereitgestellt sein כון hof.
bereuen נחם nif.
Berg צוּר I; גְּבוּל; הַר
bergen כחד hif.
Bergfeste מָעוֹז; מָצוֹד* II; מְצוּדָה II
Berghang מוֹרָד
Berghang-lehne כָּתֵף
Bergkristall גָּבִישׁ
Bergrücken שְׁכֶם I
Bergstrasse מַדְרֵגָה
berichten נגד hif.; ספר I pi.
bersten רֹעָה
Berufene(r) קרא I pu. pt.; קָרִיא*

beruhigen דמם I po.; שׁלה hif.
Beruhigung מְנוּחָה
berühren נגע, hif.
berühren lassen נגע hif.
sich berühren חבר II; נשׁק II hif.
Berührung נֶגַע
in Berührung mit דָּבֵק
Beryll בָּרֶקֶת; בָּרְקַת; אֶקְדָּח
besäen זרע
besänftigen חלה I pi.; שׁבח II hif.; שׁוה I pi.
Besatz מִלֻּאָה*; מִלֻּאִים
beschaffen קום hif.
schlechte Beschaffenheit רֹעַ
beschämt sein חפר II; כלם hof.
beschämt dastehen בושׁ I hif.
sich beschämt fühlen חפר II hif.
Beschämung בּוּשָׁה; חָנָא
Bescheid פִּתְגָם; תּוֹרָה
genau Bescheid geben פרשׁ
beschelten זבד; זעם; מגן I pi.; שׁחד
beschimpft sein כלם nif.
beschirmen חפף I
beschlafen גלה pi.; שׁגל
beschlafen werden טחן cj. nif.; שׁכב nif., pu.
beschleunigen חושׁ I hif.
beschliessen חרץ I; יעץ, nif.
beschlossen sein כלה I; גזר I nif.
Beschlossenes חרץ I nif. pt.
beschmutzen טנף pi.
beschneiden מול I; מלל II
sich beschneiden lassen מול I nif.; מלל II
Beschneidung מוּלָה*
beschreiten עדה I; צעד
Beschützer עֵר I
beschützt werden שׂגב pu.
Beschwer מַשָּׂא I; כְּבֵדֻת
Beschwerde עֹצֶב II; עִצָּבוֹן; תְּלָאָה
beschwichtigen הסה hif.; כפה; נוח I hif.; שׁבח II pi.

Beschwichtigung נִיחֹ(וֹ)חַ
Beschwichtigungsgeruch נִיחֹ(וֹ)חַ
beschwören חבר II
Beschwörer אַשָּׁף; *כַּשָּׁף; לחשׁ pi. pt.
Beschwörung חֶבֶר I; לַחַשׁ
beseitigen שׁבת hif.
beseitigt werden כרת nif.; שׁרה I cj. nif.
Besen מַטְאֲטֵא
besetzen מלא pi.
besetzt מלא pu. pt.
besiedeln ישׁב hif.
besiegen חלשׁ II
besingen שׁיר pol.; תנה pi.
andächtige Besinnung שִׂיחָה
Besitz הוֹן; טוּב; *יְגִיעַ; יָד I; יְרֻשָּׁה; יְרֵשָׁה; יֵשׁ; כָּבוֹד; מוֹרָשׁ I; מוֹרָשָׁה; cj. *מָנוֹל; מִקְנֶה; קִנְיָן; רְכוּשׁ; רְכֻשׁ
ohne Besitz רֵיקָם
als Besitz erhalten נחל
in Besitz nehmen ירשׁ I, pi., hif.; נחל
in jmds. Besitz übergehen סבב nif.
Besitzanteil חֵלֶק II
Besitzer בַּעַל I
Besitzer werden von נחל hof.
Besitzerin בַּעֲלָה I
Besonnenheit מְזִמָּה
besorgen עתד pi.
besorgt *יָגִיעַ
besorgt sein ילה
Besorgtheit דְּאָגָה
sich besprechen דבר II nif.
vertrauliche Besprechung סוֹד
besprengen נוף II; נזה hif.; רסס I
bespucken רקק I
Bestabgabe רֵאשִׁית
Bestand יְקוּם
Bestand geben כון pol.
Bestand haben אמן I nif.; כון nif.; קום
beständig אֵיתָן I; תָּמִיד
beständig sein *יתן I

Beständigkeit אֱמֶת
bestätigen חתם
Bestätigung תְּעוּדָה
das Beste דֶּמַע; חֵלֶב I; טוּב; מִבְחוֹר; מִבְחָר I; מֵיטָב; רֹאשׁ I
bestechen סכר III
Bestechung שֹׁחַד
Bestechungsgeld כֹּפֶר IV
Bestechungsgeschenk שֹׁחַד; שַׁלְמֹנִים
bestehen lassen נוח I hif.; עמד hif.
besteigen רכב
bestellen יעד hif.; עבד; עמד hif.; פקד hif.; קום hif.; שׁית
bestellt מנה pu. pt.
bestellt werden עבד nif.; פקד hof.
bestimmen חקק, po.; חתך nif.; יכח hif.; יסד I, pi.; יעד; כון hif.; שׂים I
bestimmt sein עתד hitp.
Bestimmung חֹק
bestrafen שׁפט
bestreichen משׁח I
bestreut werden זרה I pu.
bestürmen רהב
Bestürzung מְהוּמָה
in Bestürzung versetzen בהל pi., hif.
besuchen ראה
Besucher הֵלֶךְ
besudelt גלל II poal pt., hitp. pt.
besudelt werden גאל nif.
betasten מושׁ I; משׁשׁ
betastet werden מעך pu.
betasten lassen מושׁ I hif.
betäubt שׁמם po. pt.
betäubt sein רדם nif.
Betäubung תַּרְדֵּמָה
beten עתר, hif.; פלל hitp.
betören הבל hif.
sich betören פתה I
betrachten ראה
sich betrachten שׁאה III hitp.

vorgebeugt betrachten שׁור I
Betrag מִכְסָה
betrauern אבל I
betraut werden פקד hof.
einen Verstorbenen betrauern ספד
Betrauung פְּקֻדָּה
betroffen werden נגע pu.
betreut werden אמן II nif.
betrüben יגה I pi., hif.; מרר I hif.
betrübt *אָנֵם
betrübt sein חוס; עגם
Betrübnis מְרִירוּת
Betrug בֶּגֶד I; תַּרְמִית
betrügen נשׂא II hif.; עקב I; רמה II pi.
betrunken שִׁכּוֹר
betrunken sein/werden שׁכר
Bett מִטָּה; מִשְׁכָּב
sich betten שׁכב hof.
Bettgestell עֶרֶשׂ
beugen כפף; נטה hif.; שׁחה hif.
gebeugt עָנָו; שַׁח
gebeugt sein שׁחח
gebeugt werden ענה II nif.
sich beugen כפף nif.; סגד; ענה II nif.; שׁחח
sich tief beugen חוה II eštaf. (הִשְׁתַּחֲוָה)
Beugung מֻטֶּה
Beulenpest דֶּבֶר I
beunruhigende Gedanken שְׂעִפִּים; *שַׂרְעַפִּים
Beute עַד II; שָׁלָל
zur Beute werden שׁלל II hitpol.
Beuteanteil חֵלֶק II
Beutel חָרִ(י)ט; כִּיס; צְרוֹר I
bevölkert sein ישׁב
bevor טֶרֶם
bewachen נטר; נצר I; שׁמר I
Bewachung מִשְׁמָר; מִשְׁמֶרֶת
bewahren נטר; נצר I; שׁמר I
bewässern שׁקה hif.
bewässert רָוֶה
bewegen נדד I
bewegt sein רחשׁ
bewegt werden סער I nif.
hin u. her bewegen נוף I hif.
sich bewegen שׁרץ
sich hin u. her bewegen הלך hitp.
sich nicht bewegen עמד
sich unruhig od. lebhaft bewegen עלס II
in Bewegung bringen המם I; מוג hitpol.;
עור II hif., pol.
in Bewegung geraten מוג hitpol.
in unruhige Bewegung geraten רגז
beweinen בכה, pi.
Beweinung *בְּכִית
Beweise *עֲצֻמוֹת
bewirken עשׂה I
Bewohner שָׁכֵן
Bewohner des offenen Landes פְּרָזִי
bewohnt sein ישׁב, nif.
bewohnt werden ישׁב hof.
z. Bewusstsein gebracht werden ידע I hof.
bezahlen רצה II
bezahlt סלא pu. pt.
bezahlt werden סלה II pu.
Bezahlung *אֲגוֹרָה; שִׁלּוּם
sich bezähmen חטם
bezeichnen נקב; תאה pi.
bezeichnet werden נקב nif.
bezeugen עוד II hif.
Bezeugung עֵדוּת; עֵדֻת; תְּעוּדָה
Bezirk גְּלִילָה; פֶּלֶךְ II
bezwungen רון hitpal.
Bier שֵׁכָר
Bild מַשְׂכִּית; סֶמֶל; צֶלֶם I; תַּבְנִית
bilden יצר; סכך II
Bilder צֶלֶם I
Bildner יֹצֵר
Bildsäule צֶלֶם I
Bildwerk מַשְׂכִּית
Bileam בִּלְעָם I
Billigkeit מִישׁוֹר

Binde אֲפֵר; חִתּוּל
binden אלם II pi.; חבשׁ; צור I; קשׁר pi.
sich binden קשׁר nif.
Binden כֶּסֶת*
Binder מְחַבְּרוֹת
Binnenwand חַיִץ
Binse עָרָה*
bis gegen hin אֶל
bis hierher הֵנָּה I
bis jetzt הֵנָּה I
bis wann? מָתַי
bis zu לְ I; עַד III
ein bischen שֶׁמֶץ
bisher עֶדֶן
Bissen פַּת
Bitte שְׁאֵלָה; שֵׁלָה* I
eine Bitte gewähren שׁאל hif.
bitten בקשׁ pi.; עתר, hif.
jmdn. bittend angehen פגע
bitter לַעֲנָה; מַר I; מְרִירִי; מָרֹר
bitter klagen מרר I hif.
bitter machen מרר I pi.
bitter sein מרר I
es steht bitter מרר I
Bitterheit לַעֲנָה; מַר I; מֹרָה*; מְרִירוּת;
תַּמְרוּר* I
Bitternis מֶמֶר; מַמְּרֹרִים
blank צַח; קָלָל
blank gefegt מרט pu. pt.
Blankheit נִקָּי(וֹ)ן
Blasbalg מַפֻּחַ
blasen נפח; נשׁף
Blasen אֲבַעְבֻּעֹת
Blässe יֵרָקוֹן
Blatt עָלֶה
Blech רֶקַע*
Blei אֲנָךְ; עֹפֶרֶת
bleiben אמן I nif.; לין; שׁאר nif.
etw. bleiben lassen חדל I
wer etwas bleiben lässt חָדֵל

Bleiglätte סִיג
Bleischeibe כִּכָּר
blenden עור I pi.
Blendung סַנְוֵרִים
blicken נבט hif.; צוץ II hif.; שׁגח hif.; שׁעה
blicken auf נבט pi.
geradeaus blicken ישׁר hif.
um sich blicken שׁעה hitp.
blind עִוֵּר
blind sein שׁעע I
Blindheit עִוֶּרֶת
Blitz בָּרָק I; בָּזָק; לַפִּיד
blitzen ברק
Block מַהְפֶּכֶת
Blösse מַעַר; עֵירֹם; עֶרְוָה; עֶרְיָה
blosslegen ערה pi.; ערר po.
Blosslegen מַחְשֹׂף
blühen צוץ I, hif.; נצץ hif.
zum Blühen bringen פרח I hif.
(künstliche) Blume(n) צִיץ I
Blut דָּם
Blüte נִצָּה; פֶּרַח; צִיץ I
Blutegel עֲלוּקָה
Blüten treiben צוץ I hif.
Blütenknospe גִּבְעֹל
Blütenknospe d. Rebe סְמָדַר
Blütenstand נֵץ I; נִצָּה
Blutfluss זוֹב
Blutgang נִדָּה
Bluträcher גֹּאֵל
Zustand des Bluträchers גְּאוּלִים
Blutsverwandter אָח II
Bluttat, -schuld דָּם
Bocksdämon שָׂעִיר III
Bocksdorn אָטָד
Boden אֹרַח; מִמְשָׁק*; קַרְקַע I
ebener Boden מִישׁוֹר
z. Boden fallen בטח II
Bogen קֶשֶׁת
Bogenschiessen קֹשֶׁט

Bogenschussweite טחה pil. pt.
Bogenschütze קַשָּׁת
Bogensehne יֶתֶר II; מֵיתָר
Bollwerke עֹז I
borstig סָמָר
bös handeln חבל III
bösartig מאר hif. pt.; רַע; רָע
böse רַע; רָע
Böses/das Böse *מֵרַע; רַע; רָע; רָעָה
Böses planen זמם
Bosheit עַוְלָה; רֹעַ; רָעָה
Bosra בָּצְרָה
Bote צִיר II; מַלְאָךְ
Botenauftrag *מַלְאָכוּת
Botenlohn בְּשֹׂרָה
Botschaft קְרִיאָה; בְּשֹׂרָה
Botschaft bringen בשׂר pi.
brach liegen lassen נטשׁ
Brand בְּעֵרָה; יְקֹד; רֶשֶׁף I; שְׂרֵפָה; שְׁדֵפָה; שִׁדָּפוֹן
durch Brand Gehärtetes שְׂרֵפָה
in Brand setzen דלק, hif.
in Brand stecken יצת hif.
Gebranntes שְׂרֵפָה
Brandmal כִּי I; כְּוִיָּה
Brandopferaltar אֲרִיאֵל I
Brandpfeile זִיקוֹת; *זֵק II
Brandschutt שְׂרֵפָה
Brandstätte שְׂרֵפָה
Brandung *מִשְׁבָּר
Brandwunde מִכְוָה
braten בשׁל pi.; צלה
Gebratenes צָלִי
Brauch דֶּרֶךְ
brauchbar טוֹב I
bräunen שׁזף
brausen געשׁ hitpo.; המה; רעם I; שׁאה II nif.
Brausen חֹמֶר I
Braut כַּלָּה
Brautgeld מֹהַר
Brautgemach חֻפָּה I
Bräutigam חָתָן
Brautstand *כְּלוּלֹת
Brautzeit *כְּלוּלֹת
brechen חצב I; פּוּר hif.; פּרס; פּרר I hif.; שׁבר I
brechen mit פּשׁע
in d. Knie brechen כרע
Brechen שֶׁבֶר I; שֵׁבֶר
Brechstange *כֵּילָף
breit רָחָב I
breit hämmern רקע pi.
breit gehämmert רקע pu. pt.
Breite רֹחַב
brennen בער I; דלק; חמר III poalal; יקד; כוה cj. qal; להט I
brennen machen חמר III hif.
Brennessel סִרְפָּד
Bresche פֶּרֶץ I
eine Bresche in e. Mauer legen פרץ
Brett קֶרֶשׁ; לוּחַ
Bretter קֶרֶשׁ
Brief סֵפֶר I; נִשְׁתְּוָן; אִגֶּרֶת
bringen אתה hif.; בּוֹא בְּ; הלך hif.; יבל I hif.; לקח I; מצא hif.; נדח II hif.; נשׂא; קרב hif.
an etw. gebracht werden נגשׁ hof.
rasch bringen רוץ hif.
Brocken פַּת; *פְּתוֹת
Bronze נְחוּשָׁה
Bronzesachen *חַשְׁמַן
Brot לֶחֶם
dünnes Brot רָקִיק
Brotfladen עֻגָה
die zu mahlende Brotfrucht קֶמַח
Brotkorn לֶחֶם
Brotstab מִשְׁעָן
Bruch שֶׁבֶר I; שָׁבוּר; שֵׁבֶר
Bruchsteine מַסָּע; מַחְצֵב
Bruchstücke *מְכִתָּה; *רָסִיס II

Bruder אָח II
Bruder des Ehemanns יָבָם
Bruderschaft אַחֲוָה I
Brühe מָרָק
brüllen שׁאג; נעה; ניח; נוח
Brüllen שְׁאָגָה
Brunst תַּאֲנָה*
in Brunst sein יזן I; יחם pi.
brünstig machen יחם pi.
brünstig sein יחם
Brunstzeit חֹדֶשׁ I
Brust חָזֶה; לֵבָב; שַׁד*
Brustbeerbaum צֶאֱלִים
Brustbinden קִשֻּׁרִים
Brüste דַּד*
sich brüsten אמר II hitp.; הדר hitp.
Brustkern חָזֶה
Brustschild חֹשֶׁן
Brusttasche חֹשֶׁן
Brut פִּרְחַח; תַּרְבּוּת*
brüten דגר
Bube עֲוִיל
Buch סִפְרָה
Buchrolle סֵפֶר I
Bucht מִפְרָץ*
sich bücken שׁחח
gebückt שַׁח
bucklig גִּבֵּן
Buhle רֵעַ II
buhlen זנה I
Buhlerei זְנוּנִים; זְנוּת
Bund בְּרִית; הֵשֶׁב
Bündel כִּנְעָה*
Bundeslade אֲרוֹן
bunt Gewirktes רִקְמָה
bunte Polster טלא pt.
Buntsticker רקם pt.
Buntwirker רקם pt.
Buntwirkerkei רִקְמָה
Bürger אֱוִיל II; בַּעַל I
Burgheiligtum מָעוֹז
Bürgschaft עֲרֻבָּה
Bürgschaft leisten für ערב I
Bursche נַעַר
Busen חֹצֶן
Busenfreund מֵרֵעַ I
gebüsst werden ענשׁ nif.
büssen lassen אשׁם hif.
büssen müssen ענשׁ nif.
Bussübung תַּעֲנִית*
Byssus בּוּץ

Ch/Hethiter חִתִּי
Chaldäer כַּשְׂדִּים
Chanukka חֲנֻכָּה
Cherub כְּרוּב I
Chiwwiter חִוִּי
Chrysorrhoas אֲמָנָה II
Convolvulus סָבָא*

da שָׁם; זֶה; הֵא
Dach צֹהַר
durchlässiges Dach דֶּלֶף
Dächsel קַרְדֹּם*
Dachsparren רָהִיט*
dafür לָכֵן

daher kommt es, dass עַל־כֵּן
daherstürmen שׁטף
dahinfegen סעה
dahingegeben werden נתן nif.
dahingehen הלך, nif.
dahinraffen ספה
dahinschwinden אמל I pul.; חלשׁ I; ספה
dahinstürmen סעה
dahinter אַחַר
daliegen רבע I; רבץ; שׁוה II pi.
hingeschüttet daliegen שׁפך hitp.
damals אָז
Damhirsch אַיָּל
Damhirschkuh אַיָּלָה
damit מַעַן; *עֲבוּר; עֵבֶר
damit nicht פֶּן־; מָה
Damm נֵד; אֹרַח
Dämmerung נֶשֶׁף
Dämon *שֵׁד
gedämpft tönen שׁחח nif.
Daniten דָּנִי
Dank מִנְחָה
Dank/Loblied תּוֹדָה; הֻיְּדוֹת
Dank anstimmen ידה II hif.
dann אָז; אֲזַי; וְ; כַּאֲשֶׁר; כֵּן II; שָׁם
darben lassen ריק hif.
darbringen בוא hif.; נגשׁ hif.; עלה hif.; ערב IV; רום hif.; קרב hif.
dargebracht werden נגשׁ hof.
schwingend darbringen נוף I hif.
Darbringung קָרְבָּן
Darike אֲדַרְכֹּנִים
Darlegung *אַחֲוָה II
Darlehen *מַשֶּׁה
darob עַל־כֵּן
darreichen פוק II hif.
falsch darstellen נכר I pi.
darüberstreichen טוח
darum עַל־כֵּן; לָכֵן
darwägen זול
darwägend *נָטִיל
darzählen ספר I
dass nicht פֶּן־; מָה
dass אֲשֶׁר I; כִּי II
dastehen נצב I nif.; עמד
Dattelkuchen אֶשְׁפָּר
Dattelpalme נַחַל II; תָּמָר I
Dattelrispe *סַנְסִנָּה
Dauer אֹבֶד; אֱמֶת; נֵצַח I; עוֹד; עוֹלָם
dauernd zürnen נטר
Daumen *בֹּהֶן; *בְּהוֹן
sich davon machen סוג I nif.
davonbringen מלט I hif.; נדל I pi.; פלט pi.
davonlaufen פרץ hitp.; שׂרד I
davonspringen נתר II
Decke *כָּסוּי; מַכְבֵּר; מִכְסֶה; מְכַסֶּה; מָסָךְ; *מְסֻכָּה; מַסֵּכָה II; *מַרְבַד; סְפֶן; שְׂמִיכָה; שַׂק
Deckel דֶּלֶת
decken ספן
Deckplatte גָּג
Defizit חֶסְרוֹן
sich dehnen שׂרע hitp.
dementsprechend dass כַּאֲשֶׁר
Demut עֲנָוָה
demütig שָׁפָל
demütig sein שׁבר I nif.
demütigen בצר II; כנע hif.; ענה II pi., hif.; שׁפל hif.
gedemütigt werden כנע nif.; ענה II pu.
sich demütigen כנע nif.; מעט pi.
denken אמר I
Denkmal יָד I; פֶּגֶר
denn אֵפוֹא; כִּי II
dennoch עַתָּה
Depot מִסְכְּנוֹת
der, die, das הַ; הוּא
der da, die da הַלָּז; הַלָּזֶה; cj. לָאז
derselbe, dasselbe הוּא
deuten בין hif.; נגד hif.; פתר

deutlich בָּרוּר; צַח
deutlich machen באר pi.
Deutung פֵּשֶׁר; *פִּתָּרוֹן; *פִּתְרוֹן
Diadem נֵזֶר; עֲטָרָה I
dicht an *עֻמָּה
Dichtigkeit עָב II
dick werden חדל II; עבה
Dickbohne פּוֹל
Dicke *עֲבִי
Dickicht יַעַר I; *סֹךְ; סֻכָּה
Dickmilch חֶמְאָה
Dieb גַּנָּב
dienen עבד; שׁרת pi.
dienen als היה
die Diener צָעִיר I pl.
treuer Diener כֶּלֶב
Dienerin נַעֲרָה I
Dienst מְלָאכָה; מִשְׁמֶרֶת; עֲבֹדָה; פְּקֻדָּה
Dienst tun עבד; צבא
im Dienste Gottes stehen שׁרת pi.
Dienstabteilung מִשְׁמָר
dienstbar machen כבשׁ; עבד hif.
Dienstzimmer תָּא
dieser זֶה
diese זֶה; זוֹ; זוּ; זֹה
dies זֶה; זוֹ; זֹה
diese (pl.) אֵל VI; אֵלֶּה
dingen שׂכר
Dingung שְׂכִירָה
Dirne זֹנָה; נַעֲרָה I
Distelart דַּרְדַּר
doch בַּל II; גַּם; נָא I; רַק II
Docht פִּשְׁתָּה
Dolch חֶרֶב; *פְּתִיחָה
Dolmetscher מֵלִיץ
Domäne רְכוּשׁ; רְכֻשׁ
Donner רַעַם
unter Donner entladen זרם II po.
donnern רעם I hif.
donnern lassen רעם I hif.
Donnerschlag הֵד; *חֲזִיז
Donnerstimme רֵעַ I
Doppel כֶּפֶל
doppelt legen כפל
Doppeltes כֶּפֶל; מִשְׁנֶה
offenes Dorf *כָּפָר; כֹּפֶר I
Dorn דֶּבֶר II; חוֹחַ I; חָח; cj. *סֵךְ; סַלּוֹן; שַׁיִם II
Dornen קוֹץ I
Dorngebüsch חֵדֶק
Dorngestrüpp קוֹץ I
Dornhecke מְסוּכָה; *מְשׂוּכָה; *מְשֻׂכָה
dorniges Gewächs *בַּרְקֹן
Dornschwanzeidechse צָב II
Dornstrauch חוֹחַ I; סְנֶה
dort שָׁם
dorthin הָלְאָה
Drache תַּנִּין
Drachme דַּרְכְּמֹ(וֹ)נִים
Drachmen אֲדַרְכֹּנִים
drängen אוץ; דחק; לחץ; נגשׂ; צוק I hif.
einander drängen דפק hitp.
drängen nach שׁאף
sich drängen נגשׂ nif.
Dränger רַהַב pl.
Drangsal מוּעָקָה; מוּצָק II; מָצוֹק
Draussen חוּץ
drehbar *גָּלִיל I
drehen חבשׁ
sich drehen סבב
z. Drehen gebracht werden סבב hof.
drei שָׁלֹשׁ
vor drei Tagen שִׁלְשׁוֹם; שִׁלְשֹׁם
am 3. Tag tun, sein שׁלשׁ pi.
in drei Teile teilen שׁלשׁ pi.
dreijährig שׁלשׁ pu. pt.
Dreimass שָׁלִישׁ I
dreinschlagen חצב I
dreissig שָׁלֹשׁ pl.
dreschen דושׁ

Dreschplatz גֹּרֶן
Dreschschlitten מוֹרַג
Dreschwagen חָרוּץ III; עֲגָלָה
Dreschzeit דַּיִשׁ
dringen אוץ hif.; פגע hif.
in jmdn. dringen פצר; פרץ II
drinnen פְּנִימָה
der Dritte שְׁלִ(י)שִׁי
Drittel שָׁלִישׁ I
Dritter Mann שָׁלִישׁ III
droben מַעַל II
Dröhnen רַעַשׁ
Drohung גְּעָרָה
Drohungen הַוָּה II
Druck עֹצֶר
sich drücken לחץ nif.
drückend כָּבֵד I
drunten מַטָּה
du אַתְּ
sich ducken מכך hof.; ענה II; שחח
geduckt tönen שחח nif.
sich ducken müssen כנע nif.; שחח nif.
Duft *עָתָר II; רֵיחַ
sich dumm erweisen בער IV nif.
dumm sein בער IV
Dummheit כֶּסֶל II; נְבָלָה
Dummkopf אֱוִיל I
Dünger דֹּמֶן
dunkel אָפֵל
dunkel sein/werden חשך
Dunkel אֹפֶל; אֲפֵלָה; נֶשֶׁף; קַדְרוּת
im Dunkel טְחוֹת
dünn דַּק; *רַק I

durch בְּ I; בְּמוֹ
durch . . . hindurch בַּעַד I
sich rudernd durcharbeiten חתר
Durchblick מֶחֱזָה
durchbohren דקר; חלל II pol.; נקב; פלח pi.
durchbohrt חָלָל; טען I pu. pt.
durchbrechen חתר; פרץ
durchbrechen lassen שבר I hif.
durchduftet קטר I pu. pt.
durchflechten סכך II po.
durchlässig sein דלף I
durchlaufend ברח I hif. pt.
durchräuchert קטר I pu. pt.
durchsäuert sein חמץ I
sich durchschlagen בקע hif.
durchschneiden חלף II
durchstechen רצע
durchstöbert werden בעה I nif.
durchstreifen סבב, po.
durchsuchen חפש; פאר I pi.
durchwehen פוח I hif.
durchziehen סחר; עבר I
dürfen יכל
dürr יָבֵשׁ I
dürre Gegenden צַחְצָחוֹת
Dürre בַּצָּרָה; חֹרֶב; תַּלְאֻבוֹת
Durst צִמְאָה; צָמָא
Durst haben צמא
dürsten צמא
dürstendes Gebiet צִמָּאוֹן
durstig צָמֵא
Dynastie בַּיִת I

eben יָשָׁר
eben sein ישר
Ebene מִישׁוֹר
Ebenholz הָבְנִים

ebenso כֵּן II; יַחְדָּו
ebensoviel wie כְּ
ebnen ישר hif., pi.; נחת pi.; שוה I pi.
Ecke *זָוִית; מִקְצֹ(וֹ)עַ; פֵּאָה I; פִּנָּה; קָצָה (pl.)

zu Ecken gemacht קצע II pu. pt.
mit vier Ecken versehen רבע II pt.
Eckräume מְהֻקְצָעוֹת
edel שׁוֹעַ I; יָקָר
Edelrebe שֹׂרֵקָה
Edelstein כַּדְכֹּד; יָקָר; אֹדֶם; אֶבֶן
der Edle נָדִיב
Edle (pl) פַּרְתְּמִים
Edles נְדִיבָה
Edomiter אֲדוֹמִי*
edomitisch אֲדוֹמִי*
ehe טֶרֶם
ehebrecherisches Treiben נִאוּפִים
Ehebruch treiben נאף, pi.
Ehebruchsmale נַאֲפוּפִים*
Ehefrau אִשָּׁה
Eheherr בַּעַל I
ehern נָחוּשׁ
eherne Meer יָם
Ehre תִּפְאֶרֶת; כָּבוֹד
zu Ehren bringen כבד hif.
in Ehren halten כבד pi.
in Ehren gehalten werden ירא I
ehren כבד pi.
geehrt sein כבד; יקר
geehrt werden הדר nif.; כבד nif., pu., hitp.
Ehrengabe כָּבוֹד
Ehrennamen geben כנה pi.
Ehrensitz כִּסֵּא
ehrerbietig stehen vor עמד
Ehrfurcht מוֹרָא
m. Ehrfurcht behandeln נזר nif.
Ehrung כָּבוֹד; יְקָר
ehrwürdig כבד pu. pt.; עָתִיק
ei! הֶאָח
Eid שְׁבֻעָה; שְׁבוּעָה
Eidechsenart כֹּחַ II
eifernd קַנּוֹא
Eigenbesitz רְכֻשׁ; רְכוּשׁ
Eigentum סְגֻלָּה; אֲחֻזָּה
Eigentumsdelikt פֶּשַׁע
Eile מְהֵרָה
eilen חושׁ I, hif.; מהר I pi.
eilend דחף pt.
eilends מְהֵרָה
eilends fortlaufen חפז nif.
es eilig haben אוץ
eilig fortschaffen בהל hif.
Eimer מַחְתָּה
(Schöpf-)Eimer דְּלִי
einander חַד II
einander antreffen פגשׁ nif.
einander stossen רצץ hitpo.
einäschern בער I hif.
einbalsamieren חנט II
Einbalsamierung חֲנֻטִים
eingebaut אָחוּז*
einberufen קהל hif.; קרא I
Einberufung מִקְרָא
Einbildung מַשְׂכִּית
einbrechen פרץ
einbringen אגר II; אסף; בוא hif.; קצר I
Einbruch מַחְתֶּרֶת
eindämmen חסם hif.
eindringen טבע; צלח
eindringen in נחת nif.
tief eindringen חדר I; נחת
einer, eine, eines אֶחָד; חַד II
Einfalt פֶּתִי II
einfangen צוד pil.
einfassen מלא pi.
eingefasst מלא pu. pt.; שׁבץ I pu. pt.
eingefasst werden סבב hof.
Einfassung עֲזָרָה; כַּרְכֹּב
sich einfetten סוך II
sich einfinden יעד nif.; יצב hitp.
einfordern דרשׁ
einfriedigen גנן
eingefügt שׁלב pu. pt.
einfüllen יצק hif.

Eingang בִּאָה; מָבוֹא; *מוֹבָא
eingedenk זָכוּר
auf d. Gesagte eingehen ענה I
Eingeweide *מֵעֶה; קֶרֶב
eingraben חרשׁ I
eingegraben חרת pt.
eingravieren כתב; פתח II pi.
einhaldeln כרה II
einhalten כול pilp.
einherfluten שׁטף
einhersprengen פושׁ
einherstiefeln סאן
einherziehen עבר I
einholen דבק hif.; נשׂג hif.
Einholen מַשֶּׂגֶת
einhüllen עטה hif.
eingehüllt כרבל pu. pt.
sich einhüllen כנס hitp.; עטה; עטף I
einkaufen שׁבר II
einkerkern חבשׁ
Einkerkerung אֲסֵפָה
einknicken רצץ nif.
einkommen בוא
einladen קרא I
sich einlassen צמד nif.
sich einlassen mit רעה II
sich einlassen mit jmd. ערב II hitp.
eingelegt רצף I qal. pt.
noch einmal tun שׁנה II
sich einmischen ערב II hitp.
eingenommen werden חפשׂ nif.
einnicken נום
sich einnisten קנן hif.
eingenistet קנן pu. pt.
einpflanzen שׁחל
einreissen קרע nif.; שׁסע pi.
Einrichtung תְּכוּנָה
eingerissen פרץ pu. pt.
eingerissen werden נתץ nif.
einritzen חקק
eingeritzt חקה pu. pt.
sich einritzen חקה hitp.
einrücken בוא
eingerührt רבך hof. pt.
einsam יָחִיד
Einsammeln אֹסֶף; *קְבֻצָה
einschätzen ערך hif.
einschlafen ישׁן I
einschlafen lassen ישׁן I pi.
einschlagen נטע; תקע
e. Richtung einschlagen פנה
sich einschleichen זרק II
einschliessen סגר I; צור I
sich einschliessen סגר I nif.
einschlürfen lassen ינק hif.
einschmeichelnd חָלָק
einschneidend חָרוּץ III
Einschnitte *גְּדוּדָה; שֶׂרֶט; *שָׂרֶטֶת
sich Einschnitte machen שׂרט
einschüchtern ירא I pi.
einsehen בין; שׂכל I hif.
einsetzen יסד I pi.; כון hif.; שׂים I
sich für jmdn. einsetzen ערב I
einsetzen über פקד hif.
Einsicht בִּינָה; דַּעַת I; לֶקַח; שֶׂכֶל; תְּבוּנָה
Einsicht haben בין hif.; ידע I; שׂכל I hif.
zur Einsicht bringen בין hif.
Einsicht gewinnen בין hif.
zur Einsicht kommen ידע I nif.
einsichtig machen שׂכל I hif.
einsichtig sein בין nif.
sich einsichtig verhalten בין hitpol.
einsinken טבע
tief eingesunken שָׁפָל
einsperren צרר I
einstürmen שׂער II hitp.
zum Einsturz bringen נפל hif.
einstürzen נפל
eintauchen טבל I
Eintracht חֹבְלִים

eintreffen נגע hif.; קום hif.
eintreiben נגשׂ
eintreten היה; פלל
eintreten für jmdn. פגע hif.
fürbittend eintreten פלל hitp.
Eintreten מָבוֹא
d. Eintritt in e. Land erzwingen בקע
eintrocknen יבשׁ; עבשׁ
einüben נסה pi.
einwandfrei תָּמִים
einweihen חנך
Einweihung חֲנֻכָּה; מִלֻּאִים
einwickeln לוט; צרר I
einzeichnen חקק
Einzelgrab בּוֹר
einzig יָחִיד
Eis קֶרַח
Eisen בַּרְזֶל
Eisenhaue *חָרִיץ II
Eisenstange *מְטִיל
Eiskraut אֲהָלִים II
Eiter עָשׁ II
Eiterwunde מָזוֹר I
Ekel empfinden קוט, nif., hitpo.; קוץ I
elend *אֻמְלָל; דַּךְ; עָנִי
elend sein ענה II
Elend עֳנִי
elf עַשְׁתֵּי
Elfenbein שֵׁן I; שֶׁנְהַבִּים
elfter עַשְׁתֵּי
Elle אַמָּה I
Emmer כֻּסֶּמֶת
in Empfang nehmen קבל pi.
empfangen הרה; לקח I
Empfängnis הֵרָיוֹן
Empfindung טַעַם
empören מרד
emporwachsen שׂגג hitpilp.
Ende אַחֲרֵי II; אַחֲרִית; אֶפֶס; סוֹף; עֵקֶב; קֵץ;
קָצֶה; קָצָה (pl); *קָצוּ; *קְצָת; cj. *תֶּכֶל;
תַּכְלִית

beschlossenes Ende חרץ I nif. pt.
das Ende bringen קצה I
e. Ende finden סוף
zu Ende kommen שׁבת
ein Ende machen mit שׁבת hif.
dem Leben e. Ende machen זרם I
ein Ende nehmen תמם
zu Ende sein אפס; גמר
enden דמה II; כלה I; תמם
Endpunkt תּוֹצָאוֹת
Endzeit עֵת
eng צַר I
eng sein צרר I (qal II)
zu eng sein für אוץ
Enge מוּצָק II
in die Enge treiben צוק I hif.
Engel מַלְאָךְ; גִּבּוֹר; גִּבֹּר
Engigkeit צַר I
Enkel בֵּן I
entbehren חסר
entbieten מנה pi.
entblössen חשׂף I; ערה pi., hif.
entblösst werden גלה nif.; cj. חשׂף I nif.;
sich entblössen גלה nif., hitp.; ערה, hitp.;
ערר
Entblössung עֶרְיָה
entbrennen בער I
entbrennen lassen חרה I hif.
entdecken ראה
entehren טמא pi.
enteignen ירשׁ I, hif.
Enteignung *גְּרֻשָׁה
entfernen הנה II; מושׁ II hif.; סור hif.; פנה
pi.; רחק hif.
entfernt רָחוֹק
entfernt sein רחק
entfernt werden סור hof.; רחק nif.
ganz entfernen רחק pi.
sich entfernen נוץ; עלה nif.; רחק hif., hitp.
entfesselt werden פתח I nif.
entfremdet זור II hof.

entgegen עַל II
zitternd jmdm. entgegengehen פחד
Entgegennahme *מִקָּח
entgegennehmen קבל pi.
entgegenstrecken ישט hif.
entgegentreten נצב I nif.
Entgegnung תּוֹכַחַת; תֹּכַחַת
Entgelt שִׁלּוּם
als Entgelt für חֵלֶף II
Enthaltungsgelübde אִסָּר
sich Enthaltungsgelübde auferlegen אסר
enthäuten פשט hif.
enthüllen גלה pi.
entjungfert חָלָל
entkleiden פשט hif.
entkommen שׂרד I
entkräftet *מָזֶה
entkräftet sein חלשׁ I
entlassen שׁלח I pi.
Entlassung מִשְׁלַחַת; שִׁלּוּחִים
Entlassungsgabe שִׁלּוּחִים
entlaufen ברח I
entlausen עטה II
sich einer Sache entledigen נצל hitp.
entlegen רָחוֹק
entlehnen עבט I
entleert sein נקה nif.
für sich entleihen לוה II
entmutigen חתת pi.; רפה pi.
sich entpuppen יפע I hif.
entreissen נצל hif.
entrinden פצל pi.
Entrinnen פְּלֵיטָה
entrissen werden נצל hof.
Entronnener פָּלִיט; פְּלֵיטָה; שָׂרִיד I
Entronnene *פָּלֵ(י)ט
Entronnenes פְּלֵיטָה
entrücken לקח I
Entschädigung אָשָׁם
ohne Entschädigung חִנָּם
entscheiden יכח hif.; גזר I; שׁפט
entschieden כלה I
entschieden werden פרשׁ pu.
Entscheidung חָרוּץ V; קֶסֶם
Entschlafene יָשֵׁן I
sich entschliessen יאל II hif.
Entschlossenheit לֵב
entschwinden רדף nif.
sich entsetzen שׁמם; תמה, hitp.
entsetzt sein בהל nif.
Entsetzen בֶּהָלָה; מְשַׁמָּה; שַׁמָּה I; תִּמָּהוֹן
Entsetzliches שַׁמָּה I
sich entsinnen עשׁת I hitp.
entsprechend כְּ; נֶגֶד; *עֻמָּה
Entsprechung נֶגֶד
entstellen נכר I pi.; שׁנה I pi.
entsühnen כפר I pi.
entsündigen חטא hitp., pi.
Entsündigung חַטָּאת
enttäuschen חרף III pi.
Enttäuschung מִרְמָה I
entweichen vor פטר
entweihen חנף I hif.; חלל I pi.; טמא pi.
entweiht חלל I pu. pt.
entweiht sein חנף I
entweihen lassen חלל I hif.
entweiht werden חלל I nif.
entwenden גנב
entwöhnen גמל
entwöhnt *עַתִּיק
entwurzelt werden עקר nif.; שׁרשׁ pi., pu.
entziehen אסף; נצל hif.; רום hif.
sich entziehen חלץ
entzogen sein שׁמם
entzünden קדח
sich entzünden יצת nif.; נשׂק nif.; קדח
entzündete Stelle שְׁחִין
Entzündung קַדַּחַת
entzweigerissen werden נתק nif.
Epha (Getreidemass) אֵיפָה
Ephod אֵפֹד I
er, sie, es הוּא

Erbarmen חֲנִינָא; רַחֲמִים; תְּחִנָּה I
sich jmds. erbarmen רחם pi.
Erbarmen finden חנן I hof.; רחם pu.
Erbarmen haben mit חנן I po.
als Erbbesitz anweisen נחל pi.
Erbbesitz erhalten נחל hitp.
(als) Erbbesitz geben נחל, hif.
unveräusserlicher Erbbesitz נַחֲלָה I
erbeben חרד; פלץ hitp.; רגז; רעשׁ, nif.
Erbeben פַּלָּצוּת; רַעַשׁ
erbeuten שׁלל II
Erbgut מוֹרָשׁ I
erbitten שׁאל
sich erbitten lassen עתר nif.
sich von jmdm. erbitten lassen שׁאל hif.
erbleichen חור I
erblicken חזה; נבט hif.; שׁזף
Erblindung עִוָּרוֹן
erbrechen קיא hif.
sich erbrechen ספק II
sich geräuschvoll erbrechen נעשׁ hitpo.
Erbrochenes *קֵא; קִיא
Erdbeben רַעַשׁ
Erdboden אָדָם IV; אֲדָמָה I; אֶרֶץ
Erde אֵפֶר
lose Erde עָפָר
erdenken בדא
Erdgiesserei *מַעֲבֶה
Erdhaufe cj. אַרְגָּב
Erdpech חֵמָר; כֹּפֶר II
Erdstoff עָפָר
sich ereifern חרה I hitp.; עבר II hitp.; רגז
erfahren ידע I; מָהִיר
erfahren lassen ראה hif.
wohl erfahren חכם pu. pt.
Erfahrung חָכְמָה
erfassen כול
erfinden חשׁב
Erfindung *חִשָּׁבוֹן; מַחֲשָׁבָה
Erfolg שֶׂכֶל; תּוּשִׁיָּה; תֻּשִׁיָּה
ohne Erfolg רֵיקָם
Erfolg haben חדל II; שׂכל I, hif.
erfolgreich נֵצַח I
erforschen חקר; תור
Erforschung *מֶחְקָר
erfreuen שׂמח pi.; שׁעע II pilp.
erfreulich sein נעם I
erfrischen סמך pi.
erfüllen בצע pi.; מלא pi.
sich erfüllen בוא
Ergebnis חֶשְׁבּוֹן I; יִתְרוֹן; עֵקֶב
Ergebung heucheln כחשׁ nif., pi., hitp.
sich ergehen הלך hitp.
Ergehen דֶּרֶךְ; מַעֲשֶׂה; מִקְרֶה
Ergehen (d. Frau) אֹרַח
sich ergiesen גלל I nif.; יצק; נגר nif.; נתך, nif.; צוק II ?
ergossen sein שׁפך hitp.
sich ergötzen שׁעע II, pilp. hitpalp.
ergreifen חזק hif.; לקח I; צבט; תמך; תפשׂ
ergrimmen מרר I hitpalp.
erhaben יָרוּם ?; שַׂגִּיא
erhaben sein גבה; עלה nif.; רום; שׂגב nif.
sich als erhaben erweisen שׂגב hif.
Erhabenheit גֵּאוּת; *הֲדָרָה
erhalten שׁמר I
Erhaltung d. Lebens מִחְיָה
sich erhängen חנק nif.
erheben זבל; סלל; רום hif.
erhoben werden רום polal
sich erheben נשׂא nif.; עלה nif.; קום hitp., pil.; רום; רמם II, nif.
Gesicht/Hand/Stimme erheben נשׂא
Erheben שְׂאֵת I
Erhebung מֹעַל; מַשָּׂאָה; מַשְׂאֵת; רוֹמַם; שְׂאֵת I
erhellen אור hif.
erhitzen דלק hif.
sich erhitzen זיד hif.
erhöhen רום hif.; שׁנה III pi.
erhöht werden רום polal

sich erholen נפשׁ nif.
erhören ענה I; שׁמע
sich erinnern זכר I
Erinnerung זִכָּרוֹן
erkalten פוג
erkaufen סכר III
erkennen ידע I; נכר I hif.
erkannt werden נכר I nif.
sich zu erkennen geben ידע I hitp.
sich erkennen lassen נכר I hitp.
Erkenntnis דַּעַת I
Erklärung פֵּשֶׁר
als gültige Erklärung nehmen חלט
erkranken חלא
erkunden תור
Erkundung der Zukunft קֶסֶם
erlangen דרך hif.; מצא; פוק II hif.
erlangen lassen פוק II hif.
Erlass טַעַם
e. Enthaltungsgebot erlassen נזר hif.
Erlassjahr יוֹבֵל I
erlauben נתן
erleichtern קלל hif.
Erleichterung רְוָחָה
Erlesene חֵלֶב I
erlöschen דעך; כבה
erlösen גאל I
Erlösung פְּדוּת; גְּאֻלָּה
Ermächtigung רִשְׁיוֹן*
ermahnen עוד II hif.
sich ermannen אפק II hitp.
ermöglichen קטר I hof.
ermordert werden רצח nif.
häufig ermorden רצח pi.
ermüden יגע hif.
ermüdet יָעֵף
Ermüdung יְגִיעָה*
Ermutigung נֶחָמָה*
sich erneuen חדשׁ hitp.
erneuern חדשׁ pi.
erniedrigen שׁפל hif.
erniedrigt werden כבשׁ nif.; ענה II pu.
sich erniedrigen קלל nif.
Ernteertrag קָצִיר I
ernten קצר I
erobern תפשׂ
auf etwas erpicht sein יאל II hif.
erpressen עשׁק I
Erpressung מַעֲשַׁקּוֹת; מְרוּצָה II; עֹשֶׁק
Erprobung מַסָּה* I
erquicken דשׁן pi.; רעה I; רפד pi.
sich erquicken ענג hitp.
erregen עור II hif., pol.
erregt רַגָּז
erregt sein רחשׁ
erregt werden חמם; כמר I nif.; עור II nif.
sich erregen עור II hitpol.; רגז hitp.
Erregendes שַׁמָּה I
Erregung רְגְשָׁה*; הָמוֹן; חֵמָה; עִיר II; רֹגֶז
jmdm. Erregung bereiten רגז hif.
in Erregung bringen שׂער I hif.
in Erregung versetzen רגז hif.
erreichen מצא; נגע hif.; נשׂג hif.; פוק II hif.
errichten כון hif.; קום hif.
Ersatz חֲלִיפָה
Ersatz leisten שׁלם pi.
erschaffen עשׂה I
erschauern סמר
erschauert machen סמר pi.
erscheinen חדה II nif.; ראה nif.
Erscheinung מַרְאָה; מַרְאֶה; תֹּאַר; תְּמוּנָה
in Erscheinung treten lassen ענן pi.
erschlaffen פוג
erschlafft sein פוג nif.
Erschlaffung רִפְיוֹן*
erschlagen חָלָל; נכה pu.
erschlagen werden נכה hof.
erschöpfen כלה I pi.
erschöpft יָגִיעַ*; עָיֵף
erschöpft sein חלה I nif.

die erschöpfte נצב II nif. pt.
erschrecken בעת pi.; ערץ, hif.; פחד
erschreckt sein חתת nif.
erschreckt zurückweichen כאה nif.
erschüttern מוג pol.; נוף I hif.; רעשׁ hif.
ersehen ידע I; רצה II pi.
ersetzen חלף hif.; שׁלם pi.
ersetzen müssen חטא pi.
ersetzt bekommen רצה II, hif.
ersinnen cj. המס; חמס II; חקר pi.; חשׁב, pi.
erst עוֹד
erstarken lassen חלם hif.
Erstarkung *חֶזְקָה
erstarren תמה
Erstaunen שַׁמָּה I
das Erste und Beste רֵאשִׁית
erster אֶחָד
Erster sein יתר hif.
Erstgabe רֵאשִׁית
Erstgebärende בכר hif. pt.
erstgeboren בְּכֹר
als erstgeboren gehören בכר pu.
als Erstgeborenen behandeln בכר pi.
Stellung als Erstgeborener בְּכֹרָה
Erstgeburt בְּכֹר; פֶּטֶר; *פִּטְרָה
Erstickung מַחֲנָק
Erstlinge בִּכּוּרִים
erstürmt werden בקע pu.
durch Erstürmen an sich bringen בקע hif.
ertappt werden מצא nif.
ertasten לפת
ertönen שׁיר pol.
Ertrag בּוּל III; גֶּרֶשׂ; יְבוּל; *עֲבוּר; עֲבֻר; פְּרִי; תְּבוּאָה; תְּנוּבָה
Ertrag an Früchten מֶגֶד
voller Ertrag מְלֵאָה
ertragen יכל; כול hif.; נשׂא
erträglich sein für טוב
Erträgnisse תְּנוּבָה
Erübrigtes *יִתְרָה

erwägen דמה I pi.
Erwägungen תַּחְבֻּלוֹת
erwählen בחר II
Erwählter *בָּחִיר
erwähnen אמר I; זכר I hif.
erwähnt werden קרא I nif.
Erwähnung זֵכֶר; תּוֹחֶלֶת; תִּקְוָה II
erweisen גמל
Erwerb *יְגִיעַ; מוֹרָשָׁה; מִקְנָה
erwerben בוא בְּ hif.; לקח I; עשׂה I; קנה; רכשׁ
erwidern ענה I
Erwiderung *גַּב II
die Erwiderung der Gegenpartei aussagen ענה
Erwiderungen *תְּשׁוּבָה pl.
Erworbenes עָמָל I
erwünscht טוֹב I
erwürgen חנק pi.
erzählen ספר I pi.
erzählt werden ספר I pu.
Erzählung מִסְפָּר I
erzeugen ילד, hif.
Erzeugnis תְּבוּאָה
erziehen יסר I pi.; מצא
erzürnen קצף I hif.
sich erzürnt zeigen עבר II hitp.
Esel חֲמוֹר I
Eselin אָתוֹן
Eselsfüllen *עַיִר III
Esschüssel טֶנֶא
essen אכל; ברה I, pi.; טעם; לחם II
zu essen geben אכל hif.
sich satt essen שׂבע
Essig חֹמֶץ
Esstisch שֻׁלְחָן
etwas דָּבָר
(irgend) etwas מְאוּמָה
Eunuch סָרִיס
Extremität אֶפֶס

Fächer קֵן
Fackel לַפִּיד
Faden חוּט; פְּתִיל
dünne Fäden *קוּר
aus zweierlei Fäden שַׁעַטְנֵז
Fadenrest דַּלָּה I
Fades תָּפֵל I; תִּפְלָה
fähig עָתִיד
Fähigkeit כֹּחַ; חַיִל I
fahl יְרַקְרַק
Fähnlein דגל II nif. pt.
dahin fahren חלף I
Fahren u. Lenken מִנְהָג
Fahrer רַכָּב
Fahrgerät רֶכֶב
Fahrgestell מְכוֹנָה
Fahrpreis שָׂכָר I
Fahrzeug *רְכוּב
Falke נֵץ II; נִצָּה II
Fall כִּשָּׁלוֹן; מַפֶּלֶת; צֶלַע
z. Fall bringen הוה I pi.; נפל hif.;
סלף pi.
z. Fall gebracht כשׁל hof. pt.
z. Fall kommen לבט nif.
Falle מוֹקֵשׁ
fallen הוה I; כרת
unabsichtlich fallen נפל
fallen lassen נוף II hif.; נפל hif.
sich fallen lassen נפל
Fallen stellen נקשׁ hitp.
Fallgrube בּוֹר
falls כִּי II
Falltür *לוּל
falsch עִקֵּשׁ I
falsch sein חלק I
fälschen עות pi.
Falschheit חֲלָק; סֶלֶף; סָרָה II; *עִקְּשׁוּת
Familie בַּיִת I
ohne Familie רֵיקָם
sich in d. Familienverzeichnisse eintragen
ילד hitp.
Familiengruppe *מִפְלַגָּה
Familienoberhaupt נָגִיד
Fang *לֶכֶד
fangen לכד
gefangen יקשׁ pu. pt.
gefangen halten אסר
gefangen sein פחח hif.
gefangen werden תפשׂ nif.
(kriegs-)gefangen fortführen שׁבה
sich fangen נקשׁ nif.
Vogel fangen יקשׁ
Fanggrube פַּחַת; שׁוּחָה I; שִׁיחָה; שַׁחַת
Fangnetz רֶשֶׁת
Fangseil *מָצוֹד I
unbestimmte Farbe חוּם
färben שׂ/סמם hif.
Färber צבע cj. qal pt.
farblos כֵּהֶה
farblos werden כהה I pi.
Färse עֶגְלָה I
Fass *cj. דַּן
fassen אחז I; יכל; כול hif.; לקח I;
נשׂא
Menschen aus der Fassung bringen
שׁמם hif.
Fassungen מִשְׁבְּצוֹת
fasten נזר nif.; צום
Fasten צוֹם
Fastenzeit צוֹם
faul עָצֵל
(ver)faulen מקק nif.
faulen machen מקק hif.
arge Faulheit עֲצַלְתַּיִם
Fäulnis רָקָב
Faust אֶגְרֹף
fechten שׂחק pi.
fegen מרט
fehl gehen שׁגה
fehlen חטא hif.; פקד nif.

fehlen lassen עדר II pi.; שׁבת hif.
Fehlendes חֶסְרוֹן
Fehler *מָשְׁחָת
fehlerfrei תָּמִים
fehlgebärend שׁכל hif. pt.
Fehlgeburt נֵפֶל; יוֹצֵאת
eine Fehlgeburt haben שׁכל pi.
zu Fehlgeburten führen שׁכל pi.
fehltragen שׁכל pi.
Feier עֲצָרָה
feierlich einherschreiten צעד
feiern שׁבת
gefeiert werden הלל II pu.
Feiertag עֲצָרָה
Feige תְּאֵנָה
Feigenkuchen דְּבֵלָה
feilschen כרה II
fein דַּק
Feind אֹ(וֹ)יֵב; *עָר II; צַר II; צרר II pt.; שׂנא pt., pi. pt.; *שׁוֹרֵר; שֹׁרֵר
Feinde רַהַב pl.
feindliche Annäherung קְרָב
feindlich entgegentreten קבל hif.
feindlich gesinnt sein שׂטן; שׂטם
Feindschaft אֵיבָה; צָרָה II; שִׂנְאָה
feingemahlen sein דקק
Feingold פַּז
Feinschmiede צֹרְפִי
Feiste *מִשְׁמָן
Feld שְׂדֵמָה
freies Feld *בַּר IV; שָׂדֶה; שָׂדַי
kahles Feld *מְעָרָה II
Stück Feld חֶבֶל II
Feldgeschrei erheben זעק
Feldstück חֶלְקָה II; שָׂדֶה
Feldzeichen נֵס; דֶּגֶל
Felge גַּב I
Felkleid אַדֶּרֶת
Fellflecken *חֲבַרְבֻּרוֹת
Fels *כֵּף; סֶלַע; צוּר I
Felsblock צוּר I
Felsboden צוּר I
Felsen סֶלַע
Felsenziege יָעֵל I
Felsklüfte *חָגוּ
Felsspalt *חוֹחַ II
Felsstufe מַדְרֵגָה
Felswand *בַּתָּה; צוּר I
Felszahn שֵׁן I
Fenster אֶשְׁנָב
fern sein רחק
ganz fern sein רחק pi.
es sei fern von *חָלִילָ II
fern halten רחק hif.
sich fern halten רחק hif.
fernbleiben שׁבת
ferne treten רחק hitp.
Ferne מֶרְחָק
fernerhin הָלְאָה
fernhalten מנע
sich fernhalten von סור
Ferse עָקֵב
fertig machen תמם hif.
fertig sein תמם
fertig gestellt sein כון nif.
fertig werden כלה I; שׁלם; תמם
Fessel אֵסוּר; *זֵק I; כֶּבֶל; מֹשְׁכוֹת
Fesseln חֶבֶל II; *חַרְצֻב; מוֹסֵר; מוֹסֵרָה I
fesseln אסר
gefesselt צעה pt.
gefesselt sein פחח hif.; רתק pu.
fest חָזָק; סמך pt.
fest anlegen אפר
fest gegründet עֹז I
fest hinstellen כון pol.
fest machen חזק pi.
fest sein כון nif.
zu fest sein für שׂגב
festbinden צרר I
festgedreht *אָרוּז

festgründen יסד I
festhalten אחז I; חזק, hif.; עצר
festgehalten werden תמך nif.
festhalten an דבק
festgesetzt sein זמן pu.
feste Stadt מִבְצָר I
fester Grund מָעֳמָד
festigen כון hif.
festgelegt רשׁם pt.
festnehmen סגר I hif.
festsetzen חקק; חרץ I; כון hif.; שׂים I
feststehen כון nif.
festgestellt תכן pu. pt.
festgestellt werden פקד pu.
festtreten דרך hif.
festgewurzelt sein שׁרשׁ poʿal
Fest חַג; מוֹעֵד
Festigkeit אֱמוּנָה
Festjubel הִלּוּלִים
Festkleider מַחֲלָצוֹת
Festland יַבָּשָׁה; תֵּבֵל
Festmahl כֵּרָה
Festmahl geben כרה III
Festspeisen מַשְׁמַנִּים
Festversammlung עֲצָרָה
Festzeit מוֹעֵד
Festzug תַּהֲלֻכָה*
fett בָּרִיא; דָּשֵׁן; שָׁמֵן
fett machen שׁמן I hif.
fett gemacht werden דשׁן pu.
fett sein שׁמן I
fett werden דשׁן; חדל II; עבה; שׁמן I
Fett דֶּשֶׁן; חֵלֶב I; פִּימָה
Fett ansetzen machen שׁמן I hif.
Fettasche דֶּשֶׁן
Fettheit מִשְׁמָן*
Fettmagen קֵבָה
Fettschafe מֵחַ*
Fettschwanz אַלְיָה
noch feucht לַח
Feuer אוּר I; אֵשׁ I
Feuer legen יצת hif.
Feuer unterhalten בער I pi.
Feueropfer אִשֶּׁה
Feuerschaufel יָע*
Feuerstelle יָקוּד; מוֹקֵד
Fibel חָח
Fieber קַדַּחַת
Fieberglut דַּלֶּקֶת
fieberheiss אמל qal pt.
Fieberhitze חַרְחֻר
Figur ציר IV
Figuren צֶלֶם I
Gesuchtes finden מצא
finden lassen פוק II hif.
sich finden lassen מצא nif.
gefunden werden מצא nif.
Finger אֶצְבַּע
finster sein חשׁך
finstere Stelle מַחְשָׁךְ
Finsternis חֹשֶׁךְ; חֲשֵׁכָה; מַאֲפֵל, מַאְפֵּלְיָה;
צַלְמָוֶת; עֵיפָה I; עֲלָטָה
Fisch דָּג; דָּגָה
Fischer דַּוָּג*; דַּיָּג*
Fischerei דּוּגָה
Fischernetz מִכְמֶרֶת
Flachdach גָּג
Flachs פִּשְׁתָּה
Fladen רָקִיק
Flamme לֶבָה*; לַהַב; לֶהָבָה; רֶשֶׁף I; שַׁלְהֶבֶת
in Flammen setzen צות hif.
Flasche בַּקְבֻּק
flattern טושׂ
flechten נסך II; עצב I pi.
ungeflochtene Haupthaar פֶּרַע I
Flechtwerk שְׂבָכָה
Flecken מוּם
gefleckt טלא pt.
Fledermaus עֲטַלֵּף
Flehen תְּחִנָּה I; תַּחֲנוּן*

Fleisch בָּשָׂר; *לְחוּם; שְׁאֵר
Fleischesnahrung שְׁאֵר
Fleischgabel מַזְלֵג
fleischlos werden שׁפה I pu.
fleissig חָרוּץ VI
geflickt טלא pu. pt.
fliegen דאה; עוף I pol., hitpol.
alles, was fliegt עוֹף
fliegen lassen עוף I hif.
fliegen machen עוף I pol.
Fliegen זְבוּב
fliehen ברח I; נדד I; נוס, hif.; פנה hif.
Fliese לְבֵנָה
fliessen זוב; נזל
fliessen von הלך
fliessen lassen זוב hif.; נטף hif.; ריר; שׁפך
Fliessen הֵלֶךְ
flimmernd צַח
Floh פַּרְעֹשׁ I
Flor דֹּק
Flosse סְנַפִּיר
Flösse רַפְסֹדוֹת
Flossfeder סְנַפִּיר
Flöte חָלִיל I; עוּגָב
Flöte blasen חלל III pi.
Flötentöne *שְׁרִקָה
Fluch אָלָה; cj. לְחִי III; קְלָלָה; *תַּאֲלָה
mit e. Fluch belegen ארר, pi.
mit einem Fluchwort belegt werden קלל pu.
Fluchformel אָלָה
Flucht נָיס
in d. Flucht treiben נוס hif.
flüchten נדד I, po.
Flüchtling בָּרִחַ; *מִבְרָח
Flug *יְעָף
Flügel אֵבֶר; אֶבְרָה; כָּנָף
was Flügel hat צִפּוֹר I
Flunkerei *בַּד IV
Flur שָׂדֶה; שָׂדַי
Fluss נָהָר
an Fluss leiden זוב
Flüssigkeit *מִשְׁרָה
flüstern צפף I pilp.
miteinander flüstern לחשׁ hitp.
Flüstern שֶׁמֶץ
Flut שֶׁטֶף; שֵׁטֶף; תְּהוֹם
fluten צוף; שׁטף
Fluten *שֶׁצֶף
aufeinander folgen חלף I
willig folgen ענה I
folgend אַחֵר I
Folgezeit אַחֲרִית
fordern בקשׁ pi.; שׁאל
fordern (für sich) נאל I
formen יצר; סכך II; צור III
geformt sein נסך II nif.
Formloses גֹּלֶם
forschen תור
Forschen חֵקֶר
Forst פַּרְדֵּס
fort von מִלִּפְנֵי (*פָּנֶה); עִם
fortbegleiten שׁלח I pi.
Fortdauer שֵׁם I
fortdrängen פוץ hif.
fortfahren יסף hif.
fortfahren zu tun יסף
fortführen נהג I pi.
fortgeführt נהג I cj. pu. pt.
fortgehen גלה
forthasten חפז
fortlocken נתק, hif.; סות hif.
sich fortlocken lassen נתק nif.
fortrücken עתק
fortschaffen סבב hif.
fortschicken רחק pi.; שׁלח I pi.
fortgeschickt werden שׁלח I pu.
fortschleppen גרר; סחב
fortschwemmen בזא; סחף; שׁטף
fortstossen נדח I hif.

Fötus חֵבֶל
Frachtschiff cj. *בַּר VI
fragen בעה I; שׁאל
fragen nach דעה
(Ehe)frau בּוֹר
junge Frau עַלְמָה
Frau d. Vaterbruders *דּוֹדָה
als Frau erwerben מהר II
vornehme Frau *שָׂרָה I
Frauen נָשִׁים
frech יעז ;זֵד nif. pt.; כְּסִיל I; מָנוֹן ;עָתָק; פחז pt.; קָשֶׁה
frech auftreten עזז hif.
frech handeln זיד
Frechheit כְּסִילוּת
frei נָקִי ;חָפְשִׁי
frei lassen פרע
frei machen פרע hif.
frei sein נקה nif.
frei umherschweifen רוד
Freie *חֹר I
freier Antrieb נְדָבָה
freien Lauf lassen שׁלח I
freigeben שׁמט
freigeben lassen שׁמט hif.
freigelassen חָפְשִׁי
freigelassen werden חפשׁ pu.
Freilassung דְּרוֹר III; חֻפְשָׁה; פְּקַח־קוֹחַ
sich freilich entschliessen נדב hitp.
freisprechen זכה pi.
freiwillig spenden נדב hitp.
Freiwuchs נָזִיר
fremd נָכְרִי ;זָר
sich fremd stellen נכר I hitp.
fremde Frau זָר
Fremde נֵכָר
Fremdling גֵּר
fressen נזר II; אכל
Freude חֵפֶץ ;חֶדְוָה; מָשׂוֹשׂ I; שִׂבְחָה; שָׂשׂוֹן
von Freude erfüllt שָׂמֵחַ

sich freuen חדה I; שׂושׂ; שׂישׂ; שׂמח
sich freuen lassen שׂמח hif.
Freund רֵעַ II; רֵעֶה I
Freundin *רֵעָה; *רַעְיָה
freundlich טוֹב I; חַנּוּן
freundlich aufnehmen נשׂא
freundlich gesinnt sein רצה I
freundlich handeln an יטב hif.
freundlich stimmen כפר I pi.
Freundlichkeit שָׁלוֹם ;נֹעַם
Freundschaft מִנְחָה
Frevel רָעָה ;פֶּשַׁע ;אָוֶן
Frevler רָשָׁע ;עַוָּל
Frieden שָׁלוֹם
Frieden halten שׁלם
Frieden machen שׁלם hif.
im Frieden sein שׁלם hof.
frisch טָרָף ;*טָרִי ;חָדָשׁ
noch frisch לַח
Frische *לֵחַ
Frischmost תִּירֹשׁ ;תִּירוֹשׁ
froh sein שׂחק pi.
fröhlich טוֹב I; שָׂמֵחַ
fröhlich machen שׂמח pi.
fröhlich sein טוב; יטב; פצח I; שׂמח
fröhlich sein lassen שׂמח pi.
fröhlich werden בלג hif.; יטב
Fröhlichkeit טוּב
frohlocken עלז; עלץ; שׂושׂ; שׂישׂ
frohlockend עָלֵז; *עַלִּיז
fromm צַדִּיק ;תָּם ;תָּמִים
Fromme חָסִיד
Fronarbeit עֲבֹדָה
Fronarbeiten *סִבְלוֹת
Frondienst מַס ;צָבָא
Frösche צְפַרְדֵּעַ
Frost קֶרַח
Frucht נִיב ;פְּרִי ;רִמּוֹן I
Frucht tragen בכר pi.; פרה
unreife Frucht *פַּג

unreife Früchte בֹּסֶר
welke Frucht נְבֶלֶת
fruchtbar gedeihen פרא hif.
fruchtbar machen פרה hif.
fruchtbar sein פרה
früh tun שׁכם hif.
früher אָז; קֶדֶם; קַדְמוֹנִיי; קַדְמֹנִ I
Frühere *פָּנֶה
Frühfeige בִּכּוּרָה
Frühlingsregen/schauer רְבִיבִים
Frühregen יוֹרֶה II
fügen קרה I hif.
sich fügen נשׁק II
Fügung סִבָּה; נְסִבָּה
fühllos sein טפשׁ
führen אשׁר I pi.; נחה I, hif.
Führer חקק po. pt.; נָגִיד; פֶּרַע I; רֹאשׁ I
Führerstab חקק po. pt.
Führungskunst תַּחְבֻּלוֹת
Fülle מְלֹ(וֹ)א; רֹב; *שֶׂבַע II; שֹׁד I
füllen מלא pi.
das, was füllt מְלֹ(וֹ)א
Fundament מוֹסָד; מוֹסָדָה; מַסָּד; שֵׁת I
fundamentiert werden יסד I pu., hof.
fünf חָמֵשׁ
Fünftel חֹמֶשׁ I; חֲמִישִׁי
fünfter חֲמִישִׁי
fünfzig חֲמִשִּׁים
Funke נִיצוֹץ; *שָׁבִיב
Funken *כִּידוֹד
funkeln נצץ, cj. hitpo.
funkelnd * חַכְלִיל
Funkeln חַכְלִלוּת
für בַּעַד I
Fürbitte tun פלל hitp.
furchen פלג pi.
Furchenrand גְּדוּד I
Furcht מוֹרָא; יִרְאָה
Furcht einjagen קוץ I hif.
in Furcht sein פחד pi.
in Furcht vor יָרֵא
furchtbar ירא I nif. pt.
fürchten ירא I; ערץ hif.
gefürchtet ערץ nif. pt.
sich fürchten גור III; יגר; ירא I; ערץ, hif.; שׁתע
fürchtenswert ירא I nif. pt.
furchterregend אָיֹם; ירא I nif. pt.; קָדוֹשׁ; קָדֹשׁ
furchtsam יָרֵא
Fürsorge *פְּקֻדָּה; בַּקָּרָה
als Fürsprecher auftreten פלל hitp.
Fürst נָגִיד; נָזִיר; פֶּרַע I
Fürstin *שָׂרָה I
gefürstet werden נסך I nif.
Furt *מַעְבָּרָה; מַעֲבָר; *עֲבָרָה
fürwahr אָכֵן I; כִּי II; כִּי־אִם; לָכֵן
Fuss פַּעַם; רֶגֶל
mit den Füssen zertreten רמס
Fussangel מָזוֹר II
Fussblock סַד
Fussboden קַרְקַע I
Fussbreite *מִדְרָךְ
Fussende *מַרְגְּלוֹת
Fussgänger רַגְלִי
Fussgelenk קַרְסֹל
Fussgestell *אֶדֶן
Fussohle רֶגֶל
Fusspange עֶכֶס
Fusspur אָשֻׁר; עָקֵב
Futter מִסְפּוֹא; צַיִד II
Futtertrog אֵבוּס

Gabe מִנְחָה; מַתָּן I; *מַתַּת; נְדָבָה; קָרְבָּן; שַׁי
Gabelweihe דָּאָה
Galbanum חֶלְבְּנָה
galiläische Meer יָם
Gallenblase *מְרֵרָה; *מְרֹרָה
Gang נֶקֶב
gängeln ששׁא pi.
Gangweg מַהֲלָךְ
Gans *בַּרְבֻּר
ganz כָּלִיל; שָׁלֵם I; תָּם; תָּמִים
ganz wie כַּאֲשֶׁר
wieder ganz machen רפא I pi.
ganz gemacht werden רפא I nif.
ganze כֹּל
das Ganze כֹּל
Ganzheit כָּלִיל
Ganzopfer כָּלִיל
Ganzopfer, das verbrant wird יוֹלָה; עֹלָה
Garbe *אֲלֻמָּה
Garbenhauf גָּדִישׁ I
gären נבע hif.
Garizim גְּרִזִּים
Garnitur חֲלִיפָה
Garten גַּן; גַּנָּה; פַּרְדֵּס
Gasse חוּץ; שׁוּק
Gassen חוּץ
Gastlehen גֵּרוּת
Gastmahl מִשְׁתֶּה
Gau אֶלֶף III; מְדִינָה
Gaumen חֵךְ; מַלְקוֹחַיִם
Gazelle צְבִי II
Gazellenart *זֶמֶר
Geäst שׂוֹבֶךְ
Gebäck חֹרִי I; *לְשָׁד; *מַאֲפֶה
flaches Gebäck צַפִּיחִת
herzförmiges Gebäck *לְבִבָה
kleines Gebäck נִקֻּדִים
Gebälk מְקָרֶה; קוֹרָה
Gebanntes חֵרֶם I
sich rasend gebärden שׁנע hitp.
gebären ילד; מלט I hif.; נפל hif.: פלח pi.
gebären helfen ילד pi.
gesunde Kinder gebären טפח II pi.
Gebären לֵדָה
gebären lassen ילד hif.
Gebäude בִּנְיָה; בִּנְיָן
Gebein עֶצֶם I; עֹצֶם II
geben נתן
es gibt יֵשׁ
(reichlich) geben פזר pi.
Gebet תְּפִלָּה
gebeugt sein עוה nif.; ענה II, nif.
Gebiet אֶרֶץ; גְּבוּל; *גְּבוּלָה; שָׂדֶה
menschenleeres Gebiet שְׁמָמָה
Gebieter אָדוֹן; גְּבִיר
Gebilde יֵצֶר I; מַשְׂכִּית; תַּבְנִית
Gebirge הַר
geboren יִלּוֹד
geboren werden ילד nif., pu., hof.; נפל
geborgen sein חבא nif.
geborsten בקע pu.
Gebot מִצְוָה
in Gebrauch nehmen חלל I pi.
dem gewöhnlichen Gebrauch entzogen sein
קדשׁ
gebrauchen תפשׂ
Gebühr חֻקָּה
zukommende Gebühr חֹק
gebühren יאה
Geburtswehen חִיל
Gecko אֲנָקָה II; לְטָאָה; שְׂמָמִית
Gedanke מַחֲשָׁבָה; *רֵעַ III
Gedanken מַדָּע
Gedärm *מֵעֶה
gedeihen נוב
gedeihen lassen נוב pol.
Gedeihen שָׁלוֹם
gedenken זכר I

gedenken an עשׁת I hitp.
gediegen טָהוֹר
Gedränge מִלְחָמָה
gedrückt sein שׁבר I nif.
gedrückte Lage עֱנִי
geduckt sein ענה II
Geduld haben חכה pi.
Geduld haben mit כתר I pi.
Gefahr פַּחַד I
in Gefahr kommen סכן I nif.
Gefährte אָח II; חָבֵר; *כְּנָת; רֵעַ II
Gefährtin *רֵעָה; *רְעוּת I; *רַעְיָה
(Ehe-) Gefährtin *חֲבֶרֶת
gefallen יטב; ישׁר; ערב III; שׁפר
Gefallen חֵפֶץ; חָפֵץ
Gefallen finden an חמד
Gefallen haben an חפץ I; רצה I
sich gefällig machen bei רצה I hitp.
Gefangener אָסִיר; אַסִּיר I; שִׁבְיָה
Gefangenschaft שְׁבִית; שִׁבְיָה
Gefängnis כֶּלֶא; מַסְגֵּר I; מִסְגֶּרֶת
Gefäss כְּלִי
tönernes Gefäss עֶצֶב I
Gefieder נוֹצָה
Gefilde שְׁדֵמָה
Geflecht *כָּבִיר
Geflunker *פַּחֲזוּת
Geflüster שֶׁמֶץ
Gefolgsmann *חָנִיךְ; נַעַר
gefühlvoll *רַחֲמָנִי
gegen נֶגֶד; עַל II
Gegend מָקוֹם
trockene Gegend צִיָּה
gegenhin מוּל
sich gegenseitig ansehen ראה hitp.
Gegenstand שִׁקּוּץ; שֶׁקֶץ
Gegenteil הֶפֶךְ
gegenüber מוּל; נֶגֶד; נֹכַח; עַל II
gegenüber von נֶגֶד; *קִדְמָה
Gegenüber נֶגֶד; נֹכַח
gegenüberstellen ערך, hif.
Gegenwert מְחִיר
Gegner שָׂטָן
Gehänge תּוֹר I pl.; תֹּר pl.
geheime Künste *לְהָטִים; לָט pl.
Geheimes סָתוּם
geheimhalten סתם
geheim gehalten סתר pu.
Geheimnis סוֹד; תַּעֲלֻמָה
geheimnisvoll עָמֹק
geheimnisvoll sein עמק I
gehen הלך, pi.
geradeaus gehen ישׁר pi.
gehen lassen דרך hif.; עזב I; שׁלח I pi.
Geheul יְלֵל; יְלָלָה
Gehöft חָצֵר
Gehölz יַעַר I; עֵץ
gehorchen שׁמע
jmdm. gehören קום
Gehorsam *יְקָהָה
gehorsam sein/werden שׁמע nif.
Geier נֶשֶׁר
Geifer רִיר
geifern נטף hif.
Geiseln *תַּעֲרוּבָה
Gekautes גֵּרָה I
Gekeif מָדוֹן I
Gelächter מִשְׂחָק; צְחֹק
Gelage מִשְׁתֶּה
unebenes, höcheriges Gelände עָקֹב
Geländer מִסְעָד; מַעֲקֶה
gelangen zu נגע hif.
Gelassenheit מַרְפֵּא II; נַחַת II
Geld כֶּסֶף I; מְחִיר
Geldbusse עֹנֶשׁ
eine Geldbusse auferlegen ענשׁ
Geldlade אֲרוֹן
Geldverleiher נשׁא I pt.
gelehrt *לִמֻּד; לִמּוּד
Geleise מַעְגָּל II

geleiten הלך hif.; נהל pi.; שׁלח I pi.
Gelenk *אַצִּיל
Geliebte *רַעְיָה
Geliebter דּוֹד
gelinde sein רכך
gelingen צלח
gelingen lassen צלח hif.
Gelingen כִּשְׁרוֹן; תּוּשִׁיָּה; תֻּשִׁיָּה
Gelingen haben צלח, hif.; שׂכל I hif.
gellen צלל I
gellend rufen רנן; צרח
geloben נדר
gelten als חשׁב nif.
Gelübde נֶדֶר
e. Gelübde tun נדר
gelüsten nach אוה hitp.
gemäss בְּ I; כְּ; עַל II
gemäss sein שׁוה I
Gemässheit מִשְׁפָּט
Gemeinde קְהִלָּה
Gemeinheit זֻלּוּת
Gemeinschaft גֵּו II; חֶבֶר I; יַחַד; *עָמִית
Gemeinschaft halten רעה II hitp.
enge Gemeinschaft pflegen מתק hif.
in Gemeinschaft von עִם
Gemeinschaftsopfer זֶבַח I; תּוֹדָה
Gemeinschaftspflicht חֶסֶד II
Gemeinschaftstreue צֶדֶק; צְדָקָה
Gemetzel cj. בַּתּוֹק
Gemüse יָרָק; זֵרְעֹנִים
genau betrachten נכר I pi.
genehm sein יטב
jmdm. geneigt sein רצה I
Generation דּוֹר II
genesen חיה
Genesung רִפְאוּת
Genick *מַפְרֶקֶת
geniessbar machen רפא I pi.
geniessen בלה pi.; עלס I
geniessen lassen טרף I hif.

Genosse רֵעַ II
genug דַּי*; הוֹן
genug bekommen von שׂבע
Genüge שָׂבָע
genügen für שׂפק II
Gepränge הָמוֹן
gerade יָשָׁר
gerade deshalb אֹדוֹת
gerade machen תקן pi.
gerade gemacht werden תקן cj. nif.
gerade sein ישׁר
geradeaus liegend *נָכֹחַ
nicht mehr geradeaus gehen können שׁנה
Geradheit מֵישָׁרִים; מִישׁוֹר; יֹשֶׁר
Gerät כְּלִי
geraten lassen מצא hif.
geräumig רוח pu. pt. pl.; רחב nif. pt.
geräumig machen רחב hif.
Geräusch קוֹל
gerecht צַדִּיק; יָשָׁר
gerecht sein צדק
als gerecht erscheinen lassen צדק pi.
sich als gerecht erweisen צדק pi.
gerecht sprechen זכה pi.
Gerechtigkeit מִישׁוֹר; צְדָקָה
Gerechtigkeitstaten צְדָקָה
Gerede הִגָּיוֹן; דִּבָּה
Gericht נָזִיד
ins Gericht gehen שׁפט nif.
Gericht halten דין; פלל
Gericht halten über שׁפט
sich vor Gericht stellen שׁפט nif.
vor Gericht ziehen בוא בְמִשְׁפָּט hif.
Gerichtsdoxologie תּוֹדָה
Gerichtsverfahren רִיב
Gerichtszeit עֵת
gering דַּל II; *חָשֹׁךְ; מִצְעָר; צָעִיר I
gering sein דלל I; צער; קטן; קלל
gering werden דלל I; צער
als gering behandeln קלל hif.

gering in der Geltung שָׁפָל
sich gering wissen קלל nif.
an Zahl gering werden חרה II
die Geringen דַּלָּה II
geringschätzen בזה; בוז
Geringschätzung בּוּז I; בּוּזָה; בִּזָּיוֹן
Geringschätzung zeigen בוז
gerinnen קפא
gerinnen machen קפא hif.
gerinnen lassen קפא hif.
gern haben אהב; חפץ I
Gerste שְׂעֹרָה
Gertel מַעֲצָד
Geruch רֵיחַ
Gerücht cj. טִבָּה; *מִשְׁמָע I; *שֹׁמַע
Gerüchte שְׁמוּעָה pl.
Gesalbter מָשִׁיחַ
Gesamtheit כֹּל; *מְנַמָּה
Gesang זָמִיר I; זָמִיר II
Gesäss שֵׁת I
Gesässgegend מִפְשָׂעָה
Gesäuertes חָמֵץ
Geschäft דֶּרֶךְ; חֵפֶץ; מְלָאכָה; עִנְיָן
Geschäftsreise מְלָאכָה
gescheckt אָמֹץ
geschehen היה, nif.
Geschenk אֶתְנָה; אֶתְנַן; זֵבֶד; *מֶגֶן; מִנְחָה;
מַתָּן I; מַתָּנָה I; נֵדֶה; *נָדָן II; שֹׁחַד; שַׁי
kostbare Geschenke מֶגֶד
Geschick גּוֹרָל; חָכְמָה; מָנָה; מִקְרֶה; תְּבוּנָה
geschickt חָכָם; cj. *כַּשִּׁיר; מָהִיר; נכל pt.
Geschirr כְּלִי
Geschlachtete טִבְחָה
Geschlecht דּוֹר II
sich in d. Geschlechtsregister eintragen lassen יחשׂ hitp.
sich geschlechtlich nahen קרב
Geschlechtsteil כֶּסֶל I
Geschmack טַעַם
Geschöpf בְּרִיאָה

Geschoss מַטֶּה
Geschosse *רַב III
Geschrei זְעָקָה; *צַעַק; צְעָקָה; רֵעַ I
Geschrei um Hilfe שׁוּעַ I; שַׁוְעָה
Geschwätz *בַּד IV
grosstuerisches Geschwätz לָצוֹן
Geschwür מָזוֹר I; שְׁחִין
Geschwüre אֲבַעְבֻּעֹת; טְחֹרִים
sich gesellen zu אצל III nif.
Gesetz דָּת; חֹק
Gesetze עֵדוּת; עֵדֻת
Gesetzesbestimmungen עֵדוּת; עֵדֻת
gesichert sein כון nif.
Gesicht אַף II; חָזוֹן; חִזָּיוֹן; מַחֲזֶה; מַרְאָה;
מַרְאֶה; רֹאֶה II
e. anderes Gesicht geben סבב pi.
Gesichte sehen ראה
Gesinnung רוּחַ
gesittet תָּם
gesonnen sein דמה I pi.
gesotten בָּשֵׁל
Gespann צֶמֶד
Gespanne רֶכֶשׁ
Gespei קִיא
ekles Gespei צֹאָה
Gespinst מַטְוֶה
Gespött קַלָּסָה; שְׂחוֹק; תַּעְתֻּעִים pl.
zum Gespött machen הלל III po.
Gestalt דְּמוּת; צִיר IV; קֶצֶב; תֹּאַר; תַּבְנִית;
תְּמוּנָה
Gestammel לַעַג
Gestank בְּאֹשׁ
jmdm. gestatten שׁלט hif.
Gestein אֶבֶן
Gestell כִּיּוֹר; כֵּן III; מְלוּנָה
gestern אֶתְמוֹל; תְּמוֹל; תְּמֹל
gestern abend אֶמֶשׁ
Gestirne מַזָּרוֹת
Gestöhn *נְאָקָה
Gestrüpp סְבַךְ; *סְבֹךְ

gesund תָּם
gesund machen רפא I pi.
Gesundheit טִפֻּחִים
Getier בְּהֵמָה; בּוּל III; חַיָּה I
kleines Getier שֶׁרֶץ
Getöse הָמוֹן; רַעַם
getragen אמן I pt.
Getränk מַשְׁקֶה; מִשְׁתֶּה; שִׁקּוּי
Getreide בַּר III; דָּגָן; שֶׁבֶר II
Getreide einkaufen שבר II
das auf dem Halm stehende Getreide קָמָה
Getreideernte קָצִיר I
Getreidegrube מָגוֹר* III; מְגוּרָה; מַמְּגוּרָה*
Getreidehaufen עֲרֵמָה
Getreidekrankheit יֵרָקוֹן
Getreidepacht erheben בשס; cj. שבס*
Getümmel הָמוֹן
Gewahrsam מִשְׁמָר
Gewalt זְרוֹעַ; חָזְקָה; יָד I; עֱזוּז; תֹּקֶף
Gewalt antun ענה II pi.; שדד pi.
Gewalt berühren נגע
Gewalthaber אַיִל I; נגשׂ pt.; עָרִיץ
gewaltig אָבִיר*; אַבִּיר; אַדִּיר; חָזָק; כַּבִּיר; עָרִיץ
Gewaltiger עִזּוּז
Gewalttat חָמָס; כֹּחַ I; נֶגַע
gewalttätig עָרִיץ; פָּרִיץ
gewalttätig behandeln חמס I
gewalttätig handeln גבר hitp.
gewalttätig sein ינה
Gewalttätigkeit זְרוֹעַ; עֹשֶׁק; פֶּרֶךְ; שֹׁד II; תֹּךְ; תּוֹךְ
Gewand בֶּגֶד II; מַד*; מָדוּ*; סוּת*; מַלְבּוּשׁ
Gewänder שַׂלְמָה I
Gewebe cj. אָרִג
zusammengewirkte Gewebe שַׁעַטְנֵז
zweifarbiges Gewebe בְּרֹמִים
Gewicht אֶבֶן; מִשְׁקוֹל; מִשְׁקָל; שֶׁקֶל
Gewicht haben יקר; שקל
nach Gewicht bestimmen תכן
gewichtig כָּבֵד I
gewichtig sein כבד
Gewichtigkeit כָּבוֹד
Gewieher מִצְהָלוֹת*
Gewimmel שֶׁרֶץ
Gewinde צְפִרָה; צְפִירָה
Gewinn בֶּצַע; יִתְרוֹן; כִּשְׁרוֹן; מוֹתָר; שָׁלָל
Gewinn machen בצע
gewiss אָמֵן; אָמְנָם; כֵּן I
Gewissen לֵב; לֵבָב
d. Gewohnheit haben סכן I hif.
Gewölbe אֲגֻדָּה; חָנוּת*; צְרִיחַ
Gewölk עָב II; עָנָן I
Gewürzmischung רֶקַח
Gewürzpulver אֲבָקָה*
Gewürzrohr קָנֶה
Gezellenweibchen צְבִיָּה
Gezweig עָנָף; שׂוֹךְ
Gezweige קָצִיר II
Gier הַוָּה I; חַיָּה II; תַּאֲוָה I
gierig lecken לעע II cj. pilp.
giessen יצק; נסך I; צוק II ?; צור III; שׁפך
Gegossenes צַעֲצֻעִים
Giesser יוֹצֵר; יֹצֵר
Gift חֵמָה; מְרֹרָה*; רֹאשׁ II
Giftpflanze רֹאשׁ II
Giftwasser מַיִם
Gileadit גִּלְעָדִי
Ginster רֹתֶם
Gipfel רֹאשׁ I
Gitter שְׂבָכָה
Gitterfenster חָרָךְ*
Gitterwerk מִכְבָּר
Glanz זֹהַר; נֹגַהּ I; נֵצַח I; תִּפְאֶרֶת
strahlender Glanz יִפְעָה*
glänzen זהר I hif.; נגה; צוץ I hif.; צחח
glänzend צַח
glänzen machen צהל II hif.
Glas זְכוֹכִית

Glasur cj. סַפְסִיג*
glatt חָלָק; חֲלַק*; חֲלַקְלַק*; מרט pu. pt.; קָלָל
glatt schlagen חלק I hif.
glatt sein חלק I
Glätte חָלָק; חֶלְקָה* I
Glatze קָרְחָה
sich eine Glatze scheren קרח, nif., hif.
glauben אמן I hif.
gleich machen wie שׁוה I pi.
gleich sein שׁוה I
als gleich seiend behandeln שׁוה I hif.
gleich werden משׁל I nif.; שׁוה I
etw. gleich werden משׁל I hitp.
gleich nach מִן
gleichen דמה I
sich gleichen שׁוה I nif.
gleichkommen בוא עַד/אֶל
Gleichnis machen משׁל I
gleichgesetzt sein משׁל I nif.
gleichstellen דמה I pi., hitp.; שׁוה I hif.
gleichwie כְּמוֹ; עִם
gleichzeitig mit עִם
gleiten ברח I; מלץ nif.
Glied בֵּן I
Glieder בַּד I
m. gebrochenen Gliedern aussetzen יקע hif.
Glück אֶשֶׁר*; אֹשֶׁר*; גַּד II; טוֹבָה; יָמִין; יֵשַׁע; כּוֹשָׁרָה*; נָעִים
glücklich nennen אשׁר II
sich glücklich preisen ברך II hitp.
glücklich wer אַשְׁרֵי
glühen חרר I; חמר III poalal; להט I
glühend אנם I pt.
zum Glühen bringen רתח hif.
Glühkohle רֶצֶף* I
Glut חַמָּה; חֲרִי*; רֶשֶׁף I
in Glut bringen חרר I pilp.
in Glut versetzt sein חרר I nif.

Gnade תְּחִנָּה I
um Gnade flehen חנן I hitp.
Gnadenerweise חֶסֶד II
gnädig חַנּוּן
gnädig annehmen נבט hif.
jmd. gnädig bedenken mit חנן I
gnädig sein חנן I
Gōlā גּוֹלָה
Gold זָהָב; חָרוּץ I; כֶּתֶם
gediegenes Gold פַּז
mit gediegenem Gold belegt פזז I hof.
Golderz בֶּצֶר I
Goldscheibe כִּכָּר
Gott, Göttin אָדוֹן אֵל; אֱלוֹהַּ; אֱלֹהִים II
Götter אֱלֹהִים II; אֵלִים
Götterberg צָפוֹן I
Götterbild נָסִיךְ* I; סֶמֶל; צֶלֶם I
Götterbilder צִיר IV
Gottesbild פָּסִיל*; פֶּסֶל
Gottesdienst עֲבֹדָה
Gottesfurcht יִרְאָה
der gottesfürchtige Weise חָכָם
Gottesgarten גַּן
Gotteswort דִּבֵּר
Gottheit אֱלֹהִים II
Gottleugner נָבָל I
gottlos חָנֵף; נָבָל I
gottlos sein חנף I
Gottlosigkeit חֹנֶף; חֲנֻפָּה; מִרְשַׁעַת
Götze עֹצֶב I
Götzen הֶבֶל I; עָצָב*
Götzen(bilder) גִּלּוּלִים; גִּלֻּלִים
Götzenbild עָצָב*
Götzendienst treiben נאף
Grab קְבוּרָה; קֶבֶר; שַׁחַת
Grab u. Totenwelt עָפָר
graben חפר I; כרה I
Grabhügel גָּדִישׁ II
Grabkammer צְרִיחַ
Grabmal צִיּוּן

Grabstätte בָּמָה
Gram *מֹרָה
sich grämen עצב II nif.
Granatapfel רִמּוֹן I
Gras חָצִיר I
dürres Gras חֲשַׁשׁ
junge frische Gras דֶּשֶׁא
Grassliches *שַׁעֲרוּר; *שַׁעֲרוּרִי
grau sein שׂיב
Grauen מָגוֹר I; *מְגוֹרָה; שִׁמָּמוֹן
Grauen einjagen קוץ I hif.
Grauen empfinden קוץ I
Grauköpfigkeit *שֵׂיב
grausam אַכְזָר; אַכְזָרִי
Grausamkeit אַכְזְרִיּוּת
sich grausen קוט hitpo.
Grausen מְשַׁמָּה
graviert פתח II pu. pt.
Gravierung פִּתּוּחַ
greifen משׁשׁ hif.; חפשׂ pi.
Greisenalter זְקֻנִים
Grenze גְּבוּל; *גְּבוּלָה; קֵץ
Grenze festsetzen גבל I
grenzen an גבל I
als Grenzmarke nehmen תאה pi.
Greuel שִׁקּוּץ; שֶׁקֶץ; תּוֹעֵבָה; תֹּעֵבָה
Griff נִצָּב II
Griffel חֶרֶט; עֵט
gross רַב; גָּדֵל; גָּדוֹל I
sich gross erweisen גדל I hitp.
gross machen רבה I hif.; שׂגא hif.
sich gross machen גדל I hif.; שׂגב pi., hif.
gross nennen שׂגא hif.
gross sein גדל I; רבב I; רבה I
gross tun כבד hitp.
gross werden גדל I; רבה I; שׂגה
gross werden lassen שׂגג pilp.
Grösse גֹּדֶל; גְּדוּלָּה; *שַׁחַץ
Grösse geben שׂגא hif.
grösser machen גדל I pi.

Grosses גְּדוּלָּה
Grossfamilie מִשְׁפָּחָה
Grossteil מַרְבִּית
grosstun גדל I hitp.
grossziehen גדל I pi.; רבה I pi.; שׂגג pilp.
grossgezogen גדל I pu. pt.
Grube גּוּמָּץ; *מִכְרֶה; פַּחַת; *שְׁחוּת; *שְׁחִית; שַׁחַת
Grund קַרְקַע I
ohne Grund חִנָּם
Grundbesitz אֲדָמָה I; מִקְנֶה
ohne Grundbesitz עָנִי
Grundbesitzer בַּעַל I
Grundbesitzer sein ישׁב hof.
Grundeigentum אֲחֻזָּה
gründen יסד I pi.; כון pol.
gegründet werden יסד I nif.
fest gegründet sein כון hitpol.
Grundlage שֵׁת; שֹׁרֶשׁ I
Grundmauer יְסוֹד; מוּסָד; מוּסָדָה; מוֹסָדָה
Grundriss *צוּרָה
Grundsteinlegung מוּסָד
Grundstück אֶרֶץ
Gründung מוּסָד; *יְסוּדָה
Grundwasserbrunnen בְּאֵר I
grünen דשׁא
Grünes יֶרֶק
grünlichgelb יְרַקְרַק
Grünzeug יָרָק
Gruppe *פְּלֻגָּה
Gruppe von zehn עֶשֶׂר; עֲשָׂרָה
Grussformeln שָׁלוֹם
Grütze גֶּרֶשׂ
Gunst חֵן; חֶסֶד II
Gurkenfeld מִקְשָׁה II
gurren הגה I
Gurt חֵשֶׁב
Gürtel *חֲגוֹר; חֲגוֹרָה; מֵזַח II; *מָזִיחַ
gürten חגר; חזק pi.; שׁנס pi.
gegürtet *חָגוֹר

sich gürten חגר
gürten mit קִשֵּׁר pi.
Guss יְצֻקָה*; מוּצָק I; מוּצָקָה*; צַעֲצֻעִים
Gussbild מַסֵּכָה I; נָסִיךְ* I; נֶסֶךְ* II
Gussregen cj. סְחִיפָה
gut טוֹב I
gut gehen יטב
gut gehen lassen יטב hif.
gut handeln יטב hif.
gut machen יטב hif.; כפר I pi.
gut sein טוב
hinterlegtes Gut פִּקָּדוֹן; תְּשׂוּמֶת
Güte חֶסֶד II; טוֹבָה
Gutes טוֹבָה
Gutes erweisen יטב hif.
gütig טוֹב I
gütig handeln an יטב hif.
Guttat תַּגְמוּל*

ha! הֶאָח; הוֹי
das einzelne Haar שַׂעֲרָה
das graue Haar שֵׂיבָה
offene Haare דַּלָּה I
Haarbesatz שֵׂעָר
Haarflechte מַחֲלָפָה*
Haargekräusel מִקְשֶׁה
Haariger שָׂעִיר III
Haarsträuben שַׂעַר I
Habe חַיִל; קִנְיָן; רְכוּשׁ; רְכֻשׁ
wertvolle Habe כְּבוּדָּה
haben היה
Hacke מִגְרָף*; מַעְדֵּר
Häcksel תֶּבֶן
Hader רִיב
hadern דין nif.; ריב
Hafen מָחוֹז
Haft כֶּלֶא
sich haften an, zu דבק
haften lassen an דבק hif.
Hagel אֶלְגָּבִישׁ; בָּרָד
hageln ברד I
Hahn זַרְזִיר*; שֶׂכְוִי
Hai cj. עַמְלָץ*
Haken חָח; סִירָה*; קֶרֶס*
Halbedelstein נֹפֶךְ
halbgar נָא II
Halbschekel בֶּקַע
Hälfte דְּמִי; חֲצִי; מֶחֱצָה; מַחֲצִית*
Halle לִשְׁכָּה; נִשְׁכָּה
Halleluja הַלְלוּיָהּ
das Halleluja anstimmen הלל II pi.
Halm קָנֶה
zerdroschene Halme תֶּבֶן
Halme herausziehen שׁלל I
Hals גָּרוֹן; נֶפֶשׁ; צַוָּאר
Halseisen צִינֹק
Halsholz/-eisen סוּגַר
Halskette עֲנָק I; צַוָּרוֹן*; רָבִיד
Halsstarrigkeit קְשִׁי
halten קום hif.; תמך
an sich halten אפק II hitp.
halten für חשׁב
halten werden כול hif.
sich halten an שׁמר
sich halten zu נהה I nif.
Halter יָד I
haltlos רֵיק; רֵק; שָׁוְא
Hammer הַלְמוּת; מַפֵּץ; מַקֶּבֶת
Gehämmertes רִקֻּעַ*
Hämorrhoiden טְחֹרִים
Hand יָד I; כַּף; אֶכֶף*
Hand ausstrecken פרשׂ
d. Hände ausbreiten פרשׂ
d. Hand erheben נשׂא
hohle Hand שֹׁעַל*

beide hohlen Hände חֹפֶן*
mit leeren Händen רֵיקָם
s. Hand legen auf סמך
die linke Hand gebrauchen שׂמאל hif.
die Hand schlagen תקע
die Hände zusammenschlagen ספק I
Handbreite טֶפַח; טֹפַח; טְפָחָה* I
Handel מֶכֶר; רְכֻלָּה*
Handel treiben עמר hitp.
(Tausch-)Handel treiben ערב I
handeln עלל I poel; עשׂה I
gemeinschaftstreues Handeln צֶדֶק
Handelsgemeinschaft haben חבר II hitp.
Handelsgewinn סַחַר
Handelsgut רְכֻלָּה*
Handelsware עִזָּבוֹן*
Handfesseln אֲזִקִּים
handgemein werden לחם I nif.
Handgemenge מִלְחָמָה
in ein Handgemenge geraten ריב
handhaben תפשׂ
Händler כְּנַעַן*; כְּנַעֲנִי; סחר pt.; רכל I pt.
Händlerschaft מַרְכֹּלֶת*
Handlung עֲלִילָה
Handmühle טְחוֹן; רֵחַיִם*
Handpauke תֹּף
mit Handschlag sich verbürgen תקע nif.
Handvoll קֹמֶץ*; שֹׁעַל*
eine Handvoll nehmen קמץ
Handwerker אָמָּן; אָמוֹן I; חָרָשׁ
Hang אָשֵׁד*; עָרוּץ*
hangen an דבק
sich hängen צמד nif.
hängen lassen חפץ II
frei hängen lassen פרע
Hantierung מְלָאכָה
Harfe נֵבֶל II
Harn מַיִם
harnen שִׁין
Harnröhre שָׁפְכָה
Harnwasser שַׁיִן*
Harpune שֻׂכָּה*
harren קוה I, pi.
hart חָזָק; צָנֻם*; קָשֶׁה
hart behandeln קשׁח hif.
hart machen קשׁה I hif.
hart sein קשׁה I
Hase אַרְנֶבֶת
Hass שִׂנְאָה
hassen שׂנא
Hasser שׂנא pt.
Hässlichkeit רֹעַ
in Hast חִפָּזוֹן
hasten בהל nif., pi.
Hauch הֶבֶל I; רוּחַ
zurecht hauen פסל
Haufe אֲגֻדָּה; גַּל I; חֲמוֹר II; צִבֻּר*
auf einen Haufen schütten צבר
Haufen חֹמֶר III; עֲרֵמָה
Haupt רֹאשׁ I
Haupt eines Lebewesens פָּנֶה*
zu Häupten מְרַאֲשׁוֹת*
frei hängende Haupthaar פֶּרַע I
Haus בַּיִת I
Hausgemeinschaft בַּיִת I
Hausstand gründen lassen ישׁב hif.
Hausteine מַחְצֵב
Haut בָּשָׂר; גֶּלֶד*
Haut des Menschen עוֹר
Hautausschlag מִסְפַּחַת
Hautflechte יַלֶּפֶת
Hautfleck שְׂאֵת II
weisser Hautfleck בַּהֶרֶת
Hautkrankheit צָרַעַת
vom Hautkrankheit betroffen werden צרע pu. pt.
Hautmal שְׂאֵת II
Hebamme ילד pi. pt.
heben נשׂא
sich in die Höhe heben נשׂא nif.

sich geräuschvoll heben u. senken נעשׁ, hitp.
Hebräer עִבְרִי
Hebräerin עִבְרִי
hecheln שׂרק I cj. qal.
Heer הָמוֹן; *חַיָּה III; חַיִל; מַחֲנֶה
Heeresdienst צָבָא
Heeresmacht מֶמְשָׁלָה
Heerhaufen צָבָא
heftig חָזָק
hegen סלל pilp.
Heiden גּוֹי
Heidengötter אֱלִיל
Heil טוּב; טוֹבָה; יְשׁוּעָה; יֵשַׁע; צֶדֶק; שָׁלוֹם; תְּשׁוּעָה
heil dem der אַשְׁרֵי
heil bleiben שׁלם
heil werden רפא I nif.
heilen נהה; רפא I, pi.
geheilt werden רפא I nif.
sich heilen lassen רפא I hitp.
heilig קָדוֹשׁ; קָדֹשׁ
heilig sein קדשׁ
als heilig behandelt werden קדשׁ nif.
sich als heilig erweisen קדשׁ nif., hitp.
heiligen קדשׁ pi.
als geheiligt behandeln קדשׁ pi., hif.
als geheiligt bezeichnen/darbringen קדשׁ hif.
geheiligt sein קדשׁ pu.
sich als geheiligt verhalten קדשׁ hitp.
geheiligt werden קדשׁ hitp.
Heiliges קֹדֶשׁ
Heiligkeit קֹדֶשׁ
Heiligtum מִקְדָּשׁ
dem Heiligtum verfallen sein קדשׁ
für die Heilkosten aufkommen רפא I pi.
Heilkundiger רפא I pt.
Heillosigkeit בְּלִיַּעַל
Heilmittel מַרְפֵּא I; רִפְאוּת; תְּרוּפָה

Heilstaten יְשׁוּעָה pl.
Heilung אֲרוּכָה; גֵּהָה; מַרְפֵּא I; מַרְפֵּה
heimatlos machen נוד hif.
heimatlos sein/werden נוד
Heimatlose *מָרוּד
Heimatlosigkeit *מָרוּד
heimführen בוא hif.
heimkehren בוא
heimlich חֶרֶשׁ II
Heimlichkeit לָט; סֵתֶר
heimsuchen פקד
heimgesucht werden פקד nif.
Heimsuchung נֶגַע; נֶגֶף; פְּקֻדָּה
heimzahlen שׁוב pil.; שׁלם pi.
heiraten בעל I; ישׁב hif.
heiratsfähiges Mädchen יַלְדָּה
heiss חָם II
heiser sein חרה I; חרר nif.
heiss werden חרה I
geheissen werden צוה pu.
heissen zu tun צוה pi.
heiter sein פצח I
heiter werden בלג hif.
Heiterkeit אוֹרָה I
Held גִּבֹּר; גִּבּוֹר
helfen יעל hif.; ישׁע hif.; סמך; עדר III; עזר I
sich helfen lassen ישׁע nif.
Helfer מוֹשִׁיעַ
hell machen אור hif.
hell sein אור; זכך
hell sein lassen אור hif.
hell werden אור
heller Schein נֹגַהּ I
Helm כּוֹבַע; קוֹבַע
hemdartiger Leibrock כֻּתֹּנֶת
Hemdtasche *חֹב
hemmen בלם; עקב I pi.
gehemmt sein צרר I (qal II)
Hengst עַיִר

Henna כֹּפֶר III
herabbringen ירד hif.
herabdrücken נחת pi.
herabführen נחת hif.
herabhangend סָרוּחַ
herabkommen צנח
herabsteigen צנח
herabwälzen גלל I pilp.
heranbringen קרב pi., hif.
herankommen קרב
sich heranmachen נגשׁ hitp.
herantreten קרב, nif.
herantreten an קרב, pi.
herantreten lassen קרב hif.
heranwachsen גדל I; רבה I
sich heranwälzen גלל I hitpalp.
heraufbringen עלה hif.
heraufführen עלה hif.
heraufsteigen lassen עלה hif.
heraus חוּץ
herausbrechen חלץ pi.
herausführen יצא hif.; עלה hif.
herausgehen יצא
herauskommen יצא
herausreissen נסח; נסע; נצל hif.; פרק
heraustreten בעה II nif.
herausziehen נחה; משׁה, hif.
herbeibringen נגשׁ hif.; קרב pi.
herbeiführen נוז hif.
herbeirufen קרא I
herbeiwünschen אוה hitp.
kleiner Herd כִּיר*
Herde עֵדֶר I
herfallen הוה I
herfallen über נפל hitp.; פגע
sich hergeben zu מכר I hitp.
Herkunft מְכוּרָה; זֶרַע
hernach כֵּן; אַחַר II
Herniederfahren נַחַת I
Herr אָדוֹן; גְּבִיר
z. Herrn machen משׁל II hif.
Herrin גְּבִירָה
herrisch begegnen שׁלט
herrlich אדר nif. pt.
als herrlich erweisen אדר hif.
Herrlichkeit כָּבוֹד; צְבִי I; תִּפְאֶרֶת
Gottes Herrlichkeit u. Erhabenheit הָדָר
seine Herrlichkeit zeigen פאר II hitp.
sich in s. Herrlichkeit zeigen כבד nif.
Herrschaft מִמְשָׁל; מֶמְשָׁלָה; מֹשֶׁל II; מִשְׂרָה
Herrschaftsbereich מַמְלָכָה
Herrschaftsgebiet מֶמְשָׁלָה
herrschen חבשׁ; מלך I; משׁל II; רדה; שׁפט; שׂרר I
hersagen קרא I
Hin הִין
hinter jmdm. hersetzen רדף
wieder hergestellt werden שׁוב po.
herübernehmen עתק hif.
herumgehen um סבב
herumgehen lassen סבב hif.
herumlenken שׁוב pil.
herumstreunen טעה cj. qal
herunterblicken שׁקף nif., hif.
herunterbringen שׁפל hif.
heruntergehen שׁכך
hervorbrechen בקע nif.; נוח; גיח; זרח I
hervorbringen יצא hif.; צמח pi.
hervorgebracht werden חיל I polal
hervorgegangen יָצִיא*
hervorkommen יצא
Hervorkommen מוֹצָא I
hervorragend דגל I pt.
hervorspringen זנק I pi.
hervorsprühen מלט I hitp.
Herz לֵב; לֵבָב; מָגוֹר* III
d. Herz wegnehmen לבב I pi.
herzutreten נגשׁ, nif.; קרב nif.
hetzen פוץ hif.
heulen דמם II; ילל hif.

Heulen *הֶמְיָת
Heuschrecke גָּזָם; חָסִיל; יֶלֶק; סָלְעָם
Heuschreckenart חָגָב I; חַרְגֹּל
Heuschreckenschwarm גֹּבַי
heute יוֹם I
Hieb *מַעֲבָר
hier זֶה; הֵנָּה I; הֲלֹם; כֹּה; פֹּה
hierher הֲלֹם; הֵנָּה I; פֹּה
mit Hilfe von אֵת II
Hilfe זְרוֹעַ; יְשׁוּעָה; יֵשַׁע; *יֶשַׁע; מָעוֹן I; עֵזֶר I;
עֶזְרָה I; תְּשׁוּעָה
Hilfe empfangen ישׁע nif.
Hilfe erfahren עזר I nif.
zu Hilfe kommen ישׁע hif.; עזר I
um Hilfe rufen זעק; שׁוע I pi.
Hilfeleistung *מוֹשָׁעָה
Hilferuf זְעָקָה; *שֶׁוַע; שַׁוְעָה
hilflos דַּל II
Hilfsgeschrei צְעָקָה
Himmel מָרוֹם; שָׁמַיִם
Himmelsdecke שָׁמַיִם
Himmelskörper צָבָא
Himmelsozean מַבּוּל
hin/hineinbringen בוא hif.
hin u. her schwanken פרר II hitpo.
hin zu עַל II
hinabbringen ירד hif.
hinabfahren נחת
hinabgehen ירד
hinabsinken שׁוח
hinabstürzen ירד hif.
hinabwerfen נפל hif.
hinabziehen נחת
hinaufführen עלה hif.
hinaufgehen ירד; עלה
hinaufsteigen סלק; עלה
hinaufsteigen lassen עלה hif.
hinaufziehen עלה
Hinaufzug מַעֲלָה
hinaus חוּץ
hinausgehen יצא
hinausgepeitscht werden נכא II nif.
Hindernis מִכְשׁוֹל; מַעֲצוֹר
hindrehen כפן
hinein פְּנִימָה
hineingehen בוא; *מוֹבָא
hineinstecken עלל II po.
hineinstossen מעך
hinfallen lassen נפל hif.
hinfällig אֻמְלַל
hingegen אוּלָם I
über jmd. hingehen עבר I
hingehen lassen über עבר I hif.
hingeräkelt סָרוּחַ
hingiessen נתך hif.
hingehalten משׁך pu. pt.
hinhören אזן I hif.
hinken cj. חנף II; פסח; צלע I
einen Hinktanz vollführen פסח pi.
hinlegen יצג; שׂים I; שׁוה II pi.; שׁכב hif.
sich hinlegen צעה
was sich hinlegt *שִׁכְבָה
hinlegen lassen נפל hif.
hinlenken נטה hif.
Hinnomtal גֵּי(א)בֶן־הִנֹּם
hinrichten lassen מות hif.
hinschwinden עפל; רזה nif.
hinschwinden lassen רזה cj. pi.
sich hinsetzen ישׁב
in Hinsicht auf עַל II
sich hinstehlen גנב pu.
hinstellen cj. *ידע II hif.; כון pol.; נצב I
hif.; עמד, hif.; קום pi., hif.; שׂים I
hingestellt werden/sein עמד hof.
sich hinstellen יצב hitp.; כון nif.; נצב I nif.
fest hinstellen תכן pi.
fest hingestellt sein כון hof.
sich hinstrecken über מדד hitpo.
hinströmen נהר I
hinten אָחוֹר; אַחֲרוֹן

hinter אַחַר; אַחֲרֵי II; בַּעַד I
hintergehen חלל II hif.
Hinterhalt אֹרֶב; *אֶרֶב; מַאֲרָב
e. Hinterhalt legen ארב hif.
in Hinterhalt legen ארב pi.
im Hinterhalt liegen ארב
hinterlassen נוח I hif.
hinterlegt werden יצג hof.; פקד hof.
Hinterlist מִרְמָה I; עָרְמָה
Hinterseite *יְרֵכָה
das Hinterste עֵקֶב
Hinterteil אַחֲרִית; *יְרֵכָה
hintreten עמד
hintreten vor קדם pi.
hinübergehen עבר I
hinunter מַטָּה
hinunterschlucken בלע I
hinwälzen גלל I hif.
sich hinwegheben רמם II nif.
hinwerfen נטשׁ
hingeworfen werden/sein שׁלך I hof.
sich hinwerfen נפל
hinziehen משׁך
sich hinziehen משׁך nif.
sich lang hinziehen נטה nif.
hinzu (mit) עַל II
hinzufügen יסף, hif.
Hirse דֹּחַן
Hirt(in) רֹעֶה (רעה I)
als Hirte hüten רעה I
Hirtentasche יַלְקוּט
Hitze חֹם; חָמָה; חֹרֶב
trockene Hitze *חֲרָבוֹן
hitzig verfolgen דלק
hoch *גָּבֵהַּ; גָּבֹהַּ; מָרוֹם; רום pt.
hoch ansetzen רבה I pi.
hoch heben נשׂא pi.; רום hif.
hoch machen גבה hif.; שׂגב pi.
hoch sein גאה; גבה; רום; שׂגב nif.
zu hoch sein שׂגב nif.
zu hoch sein für שׂגב
hoch werden גאה
hochbetagt יָשִׁישׁ
hochgebracht sein נשׂא nif.
hochfahrend גֵּא; מָנוֹן
sich hochfahrend benehmen סלל hitpol.
hochfahrend sein גבה
hochgemut sein גבה
Hochgestellte שׂנה III pt.
hochgewachsen מִדָּה I
hochhalten סלל pilp.
hochheben נשׂא
d. Kopf hochheben נשׂא
Hochmut גֵּאָה; גַּאֲוָה; גַּבְהוּת; גֵּוָה
hochmütig גֵּאֶה; *גַּאֲיוֹן
hochragen ראם
hochragend תָּלוּל
Hochstätte רָמָה I
d. Kopf hochtragen נשׂא
Hochzeit *חֲתֻנָּה
(Kamel-)Höcker דַּבֶּשֶׁת I
Hode *אֶשֶׁךְ
Hoden zeigend שׂכה hif.
Hof חָצֵר
Hofbeamte נָגִיד
hoffen קוה I, pi.; שׂבר pi.
hoffen lassen יחל pi.
Hoffnung מַבָּט; מִקְוֶא; *שֵׂבֶר; תּוֹחֶלֶת; תִּקְוָה II
sich falschen Hoffnungen hingeben נשׁא II nif.
(falsche) Hoffnung machen שׁלה hif.
Höfling *מְנֻזָּר
Höhe גָּאוֹן; גֹּבַהּ; נוֹף; עַל I; קוֹמָה; רוּם; רֻם
halbe Höhe חֲצִי
in die Höhe bringen נשׂא pi.; רום hif., polel
Hoheit גָּאוֹן; גַּאֲוָה; הוֹד I; שְׂאֵת I
Höhenmass קוֹמָה
hohl נָבוּב
Höhle חֹר II; חֻר; *מְחִלָּה; מְעָרָה I

Hohlmass מְשׂוּרָה; לֶתֶךְ
Höhlung מַקֶּבֶת
Hohlweg מִשְׁעוֹל
höhnen מוק
Höhnen חֶרְפָּה
hold נָעִים
einem hold sein נעם I
holen לקח I; חתה
rasch holen מהר I pi.; רוץ hif.
Holz עֵץ; עֵצָה III
Holzart עֵץ
Holzgerüst מִגְדָּל
Holzklotz בּוּל II
Holzscheit אוּד
Holzstoss מְדוּרָה
Holzstücke עֵץ
Homer חֹמֶר III
Honig דְּבַשׁ
Honigbiene דְּבוֹרָה
Honigseim צוּף I; נֹפֶת
Honigwabe יַעַר II, *יַעֲרָה I
Hor/Churriter חֹרִי III
hören שׁמע
gehört werden שׁמע nif.
sich hören lassen שׁמע hif.
hören auf אזן I hif.; שׁמע
Hörensagen שֵׁמַע
Horn קֶרֶן
Horn (als Blasinstrument) שׁוֹפָר
Hörner קֶרֶן
Hörner tragen קרן hif.
Hornviper שְׁפִיפֹן; פֶּתֶן; עַכְשׁוּב
Huf פַּרְסָה
Hufe עָקֵב
sich auf die Hüffe schlagen ספק I
Hüfte צַד
Hüften u. Kreuz מָתְנַיִם
Hüfthüllen *מִכְנָסַיִם
Hüftner נָשֶׁה
Hüftschurz אֵזוֹר
Hügel גִּבְעָה I; *נֶפֶת
Hühner (junge) *בַּרְבֻּר
Huld חֶסֶד II
Huldigung מִנְחָה
Hülle *חֶבְיוֹן; לוֹט I; מִכְסֶה; מַסְוֶה; *מַעֲטֶה;
צָעִיף; סֵתֶר
Hund כֶּלֶב
Hundeopfer כֶּלֶב
hundert מֵאָה
Hunger רְעָבוֹן; רָעָב; כָּפָן
Hunger haben רעב
hungern lassen רעב hif.
Hungerqualen זַלְעָפָה
Hungersnot leiden רעב
hungrig רָעֵב
hüpfen נתר II pi.; סלד pi.; פושׁ; דוץ; גלשׁ
קפץ II pi.; רקד
Hürde מִכְלָא
Hure זֹנָה
hüten שׁמר I
sich hüten שׁמר I nif.
Hütte סֻכָּה; *סֹךְ
Hyäne צָבוּעַ

ich אֲנִי
Idol תְּרָפִים
ihr אַתֶּם; אַתֵּן
nicht mehr imstande sein לאה I nif.
in בְּ I; בְּמוֹ; תָּוֶךְ
in . . . hinein בְּ I; אֶל
indessen רַק II
Individuum רֹאשׁ I
inmitten תָּוֶךְ
innehalten ישׁר pi.

Inneres בֶּטֶן I; בַּיִת I; לֵב; *מֵעֶה; cj. *נַו II; קֶרֶב
im Inneren טֻחוֹת
innerhalb בְּ I
Innerste u. Geheimste d. Menschen *כִּלְיָה
Inschrift סֵפֶר I
Insel אִי I
insgesamt כֹּל; יַחְדָּו; יַחַד
e. Instrument spielen זמר I pi.
inwendig פְּנִימָה
irgend ein כֹּל

in die Irre gehen שׁגג
irreführen טעה hif.; סלף pi.; שׁגה hif.; תעה hif.
irregeführt werden תעה nif.
Irriges תּוֹעָה
Irrtum תָּהֳלָה
sich auf dem Irrweg befinden תעה
Ismaëlit יִשְׁמְעֵאלִי
Nichtisraelit זָר
Ituräer יְטוּר

ja כִּי II
ja, fürwahr אַךְ
Jagd צַיִד I
Jagd machen צוד
Jagdbeute מְצוּדָה I; צַיִד I
Jagdnetz מְצוּדָה I
jagen דהר; צוד
gejagt werden רדף nif., pu.
Jagen *דַּהֲרָה
Jäger *צַיָּד
Jah יָהּ; יָה
jählings רֶגַע
Jahr יוֹם I; שָׁנָה
Jahreswoche שָׁבוּעַ
Jahrsiebent שָׁבוּעַ
Jaspis אַחְלָמָה; יָשְׁפֵה
jappen הדה
jäten עקר
jauchzen רנן pi.; צהל I; עלץ; גִּיל
jauchzen machen עלץ hif.
es wird gejauchzt רוע polal.
Jauchzen גִּיל II; גִּילָה; רְנָנָה
das Jauchzen anstimmen רנן hif.
zum Jauchzen anstimmen רנן pi.
Jauchzer הֵידָד
je einer אִישׁ I

je mehr . . . desto mehr כַּאֲשֶׁר . . . כֵּן
Jebusiter יְבוּסִי
jeder אִישׁ I; כֹּל
jedermann נֶפֶשׁ
jedoch אָכֵן I; אַךְ; אֲבָל; כִּי־אִם
jemand אִישׁ I
jener, jene הוּא
Jerachmeeliter יְרַחְמְאֵלִי
jetzt עַתָּה; כֹּה
Joch מוֹטָה; נָפָה II; עֹל
Jubel רִנָּה I; שִׂמְחָה; שָׂשׂוֹן; תְּרוּעָה
Jubeljahr יוֹבֵל I
jubeln רנן
Jubelruf רִנָּה I
Vorland am Westrand von Juda שְׁפֵלָה
Judäer יְהוּדִי I
judäisch יְהוּדִי I
Jude יְהוּדִי I
sich als Jude ausgeben יהד hitp.
judisch יְהוּדִי I
Jugend חֹרֶף; *נְעֻרוֹת; צְעִירָה
Jugendalter *עֲלוּמִים
Jugendfrische *עֲלוּמִים
Jugendzeit נְעוּרִים
jung צָעִיר I; קָטָן; קָטֹן
die Jungen צָעִיר I pl.

der Jungen entbehrend שַׁכּוּל
junger פֶּתִי
jünger צָעִיר I
Jungfrau בְּתוּלָה
Jungfrauschaft בְּתוּלִים
Jungkorn כַּרְמֶל IV
Jungkuh עֶגְלָה I

Jungleu כְּפִיר
Jüngling נַעַר
Jungmannschaft יַלְדוּת
Jungrind עֵגֶל
der jüngste צָעִיר I; קָטֹן
Jungstier בֵּן I; נוּר I; עֵגֶל
Jungverheiratete כַּלָּה; נַעֲרָה I

Kab קַב
kahl gefegt שׁפה I nif. pt.
kahl fressen לחך pi.
kahl sein מלט II hitp.
kahl werden מרט nif.; שׁפה I pu.
kahle Stelle קָרַחַת
Kahlkopf קֵרֵחַ
Kahnbartgras טוֹב II
Kalk שִׂיד; גִּר
Kalk Mörtel cj. *סִיד
mit Kalk überstreichen שׂיד
kalt קַר
Kälte *צִנָּה I; קֹר; קָרָה; cj. קָרוּת
Kamel גָּמָל
(Kamel-)Höcker דַּבֶּשֶׁת I
Kameldorn נַעֲצוּץ
junger Kamelhengst *בֵּכֶר
junge Kamelstute בִּכְרָה
kämmen שׂרק I cj. qal.
dunkle Kammer חֶדֶר
Kampf קְרָב; מִלְחָמָה; כִּידוֹר
Kämpfe *נַפְתּוּלִים
kämpfen לחם I nif.; שׂחק pi.
kämpfen gegen צבא
kampftüchtig *קָר(וֹ)ב II
Kanaanäer כְּנַעֲנִי
Kanal אֻבָל; אַמָּה II; יוּבַל I; פֶּלֶג I; *שֶׁלַח III; תְּעָלָה I
Kanne *קַשְׂוָה
Kaperfrucht אֲבִיּוֹנָה

Kapitäl צֶפֶת
Kapitulation בְּרָכָה I
Karawane *אֹרְחָה; *הֲלִיכָה; cj. *שְׁיָרָה
Karer כָּרִי
Karmesin תּוֹלָע; כַּרְמִיל I
Karmesinrot(en) שָׁנִי; תּוֹלֵעָה; תּוֹלַעַת; תּוֹלָעַת
Karneol שֹׁהַם I
Käse גְּבִינָה
Kassia *קְצִיעָה I
Kästchen תֵּבָה
Kasteiung *תַּעֲנִית
Kasten תֵּבָה
Kasten f. Bogen u. Pfeile שֶׁלֶט
Kastenleier כִּנּוֹר
kaufen נכר II ?; כרה II; קנה
gekochtes נָזִיד
(zurück)gekauft werden כרה II cj. nif.
Kaufmann *מַכָּר
Kaufpreis מֶכֶר; מְחִיר
kaum בַּל I
Kehle נֶפֶשׁ; לֹעַ; גָּרוֹן
kehren פנה hif.
Kehrickt סְחִי
Kelch גָּבִיעַ
Kelter גַּת I
Kelteranlage יֶקֶב
keltern דרך; ירשׁ II
Keltertrog פּוּרָה
Keniter קֵינִי
kennen ידע I; נכר I hif.

in Kenntnis setzen חוה I pi.; ידע I hif.
Kern זָג
Kessel קַלַּחַת
Kesselwagen מְכוֹנָה
Kettchen שַׁרְשֶׁרֶת*
Kette דַּלָּה I; שַׁרְשֶׁרֶת*
Ketten מִגְבָּלוֹת
Kettenfäden מַסֶּכֶת*
keuchen נפח
Keule תּוֹתָח ;שׁוֹק ;פַּחַד* II
Kies חָצָץ
Kiesel חַלָּמִישׁ ;חָצָץ ;צֹר I
Kimmerier גֹּמֶר I
Kind עוֹלָל ;עוֹ(ו)לֵל ;יוֹנֵק ;וָלָד
Kinder טַף I
der Kinder beraubt שַׁכּוּל ;שָׁכוּל*
e. Kind tragen זרע hif.
kinderlos עֲרִירִי
kinderlos werden שׁכל
Kinderlosigkeit שְׁכוֹל
Kindheit יַלְדוּת
Kinn לְחִי I
Kinnlade מְתַלְּעוֹת ;מַלְתָּעוֹת* ;לְחִי I
Kittäer כִּתִּיִּים
Klage שִׂיחַ II
Klagegeschrei צְוָחָה ;זְעָקָה
Klagegeschrei erheben זעק hif.
klagen ספד ;יבב ;אנה I
Klageruf רִנָּה I
Klammern מְחַבְּרוֹת
Klang שֶׁמַע* I ;זִמְרָה I ;הֶמְיָת*
Klänge hervorbringen שׁמע hif.
Klappnetz פַּח I
klar צַח ;זַךְ
klares Wasser מִשְׁקָע*
Klarheit טֹהַר
klatschen מחא I
in die Hände klatschen שׂפק I, hif.
Klatschen דֳּכִי
Klaue פַּרְסָה
was gespaltene Klauen hat פרס hif. pt.
kleben an דבק
Kleid לְבוּשׁ ;בֶּגֶד II
gewobenes Kleid cj. בַּת III
in Trauer kleiden קדר hif.
Kleider שִׂמְלָה ;שַׂלְמָה I ;כְּלִי
zerschliessene Kleider סְחָבוֹת
Kleiderbausch חֹצֶן
Kleiderfetzen מֶלַח* I
Kleiderkammer מֶלְתָּחָה
Kleidermotte עָשׁ ;סָס I
Kleidung שִׂמְלָה ;שִׁית ;כְּסוּת
klein קָטֹן ;קָטָן ;קֹט ;צָעִיר I ;צָעוֹר*
klein machen קטן hif.
klein sein קלל ;קטן ;דלל I
zu klein sein מעט
klein schlagen כתת
klein werden דלל I
kleiner קָצוּר* ;צָעִיר I
Kleinhändler רכל I pt.
Kleinheit צְעִירָה
Kleinigkeit מְעַט ;מִזְעָר ;אִשׁ II
Kleinod חֵפֶץ
der kleinste צָעִיר I
Kleinvieh צֹנֶה ;צֹאן
ein Stück Kleinvieh שֶׂה
Klinge לַהַט ;לֶהָבָה ;לַהַב
klingen צלל I
Klippdachs שָׁפָן I
Klippschliefer שָׁפָן I
klirren עכס pi.; רנה I
klug עָרוּם
klug machen שׂכל I hif.
klug sein/werden ערם II
Klugheit תְּבוּנָה ;עָרְמָה ;מְזִמָּה ;חָכְמָה
Klumpenmyrrhe מֹר
Knabe עֲוִיל ;נַעַר ;יֶלֶד
Knäuel כַּדּוּר
Knauf d. Leuchters כַּפְתּוֹר II
Knecht נַעַר

Knechtschaft עַבְדוּת*
kneten לוש
geknickt werden רצץ nif.
Knie בֶּרֶךְ
d. Knie beugen כרע
in d. Knie zwingen כרע hif.
knirschen חרק
knisternd חספס pu'alal pt.
Knoblauch שׁוּמִים
Knöchel קַרְסֹל; אֹפֶס*
Knochen עֶצֶם I; גֶּרֶם
Knochen abnagen עצם II pi.
Knospe פֶּרַח
knüpfen קשׁר pi.
Knüppel תּוֹתָח
knurren הגה I; נהם
Knurren נְהָמָה; נַהַם
Koch טַבָּח
kochen בשׁל, pi.; זיד hif.
Köcher אַשְׁפָּה
Köchin טַבָּחָה*
Kochkessel כִּיּוֹר
Kochplätze-herde מְבַשְּׁלוֹת
Kochtopf פָּרוּר; סִיר; דּוּד
Kohlen נַחַל*
Kohlenbecken אַח*
Kohlenglut גַּחֶלֶת
Kohlenpfanne מַחְתָּה
kohlenschwarz שָׁחֹר
Koloquinte פַּקֻּעֹת
kommandiert werden זכר I nif.
kommen אתה
(hin-)kommen בוא
kommen an jmd. בוא אֶל/אַל
kommen lassen בוא hif.; קום hif.; שׁית
kommen über סמך
kommen über jmd. בוא אֶל/אַל
König מֶלֶךְ I; מַמְלָכָה
als König einsetzen מלך I hif.
König sein מלך I

König werden מלך I hof.
Königin שֵׁגַל; מַלְכָּה
Königinmutter גְּבִירָה
königlich מַלְכוּת; אֲחַשְׁתְּרָן*
Königreich מַלְכוּת; מַמְלָכוּת*
Königsfrau מַלְכָּה
Königsherrschaft מַלְכוּת; מַמְלָכָה; מַמְלָכוּת*
Königsschloss בַּיִת I
Königsweih אַיָּה I
Königswürde מַלְכוּת; מַמְלָכָה
Königtum מְלוּכָה; מַמְלָכָה
können יכל; נכר I hif.
Können דַּעַת I
konzentrieren יחד pi.
Kopf רֹאשׁ I
d. Kopf hochheben/tragen נשׂא
Kopfbedeckung מִסְפָּחָה*
Kopfbinde פְּאֵר
Kopfbund טְבוּלִים; מִגְבָּעָה*; צָנִיף
Kopfhaar רֹאשׁ I
Kopfschmuck כֶּתֶר
als Kopfschmuck tragen כתר III hif.
Kopfschütteln מָנוֹד*; נִיד; נִידָה
Kopfstütze מְרַאֲשׁוֹת*
Kopftuch רְדִיד*
Kopie מִשְׁנֶה
Kor כֹּר
Korallen(perlen) פְּנִינִים
Korb דּוּד; טֶנֶא; כְּלוּב I; סַל
Koriander גַּד I
Korn דָּגָן
(Sand-)Korn מָעָה*
die haarige Körnerfrucht שְׂעֹרָה
Kornmass עֹמֶר II
Körper לְחוּם*; cj. מָבְנִית; נַף* II
Körperkraft אוֹן I
Körperteil בָּשָׂר
mit einem zu stark entwickelten Körpertiel
שׂרע
kosen צחק pi.

kostbar יָקָר
kostbar sein יקר
Kostbares חֶמְדָּה
Kostbarkeit מַחְמֹד; *מַחְמָד; יְקָר
Kostbarkeiten חֲמֻדוֹת
kosten טעם; לחם II
köstlich חֶמְדָּה
Kot *צֹאָה; צֵאָה*; יֶשַׁח; חֲרָאִים*
Kotballen גָּלָל I
Krachen *תְּשֻׁאָה
krächzen שׁיר pol.
Kraft אֱיָל; *אֱיָלוּת; אֵל IV; גְּבוּרָה; חַיִל; יָד I; כֹּחַ I; לֵב; מְאֹד; עֹז; עֹז I; *עֵזֶר III; תֹּקֶף
Kraftfülle תַּעֲצֻמוֹת
kräftig werden חלם
Kräftigkeit תַּעֲצֻמוֹת
kraftlos halten לאה I hif.
kraftlos sein עטף II; פוג nif.
kraftlos werden עטף II
kraftvoll גִּבֹּר; גִּבּוֹר
Krämpfe *צִיר III
krank דַּוָּי; דָּוֶה
krank machen חלה I hif.
krank sein חלה I
sich krank stellen חלה I hitp.
krank werden חלה I, hitp.
kränkeln אנשׁ I nif.
kränken כעס hif.; עצב II pi., hif.; קנא hif.
gekränkt sein כלם nif.
Krankenkost בִּרְיָה
Krankenkost entgegennehmen ברה I
Krankenkost geben ברה I hif.
Krankheit חֳלִי; *מַדְוֶה II; *מַחֲלֶה; מַחֲלָה; מַחֲלֻיִים; תַּחֲלֻאִים
v. Krankheit befallen werden חלה I nif.
Krankheitsbefall נֶגַע
Krankheitszustände תַּחֲלֻאִים
Kränkung כַּעַס; עֶצֶב II
Kranz *לִוְיָה; נֵזֶר; עֲטָרָה I; צְפִירָה; צְפִרָה
Kränze *לֹיָה

e. Kranz flechten עטר pi.
Krätze *חֶרֶס I
Kraut/Kräuter עֵשֶׂב
Kreis חוּג
Kreis(lauf) סָבִיב
Kreis beschreiben חוג
Kreis von Vertrauten סוֹד
kreisen נקף II
Kreislauf תְּקוּפָה
kreissen חיל I
kreissen machen חיל I pol.
(kreissend) hervorbringen חיל I pol.
Kreter *כְּרֵתִי; כַּפְתֹּרִי
übers Kreuz legen שׂכל II pi.
kriechen זחל I; רמשׂ; שׁרץ
Krieg מִלְחָמָה
Krieger אֲרִאֵל
Kriegsbeute מַלְקוֹחַ
zum Kriegsdienst ausheben צבא hif.
was als Kriegsgefangene weggeführt wird שְׁבִי
Kriegsgeschrei הֵידָד; cj. *צְרַח; תְּרוּעָה
Kriegsgeschrei erheben רוע hif.
Kriegslager aufschlagen חנה I
Kriegsleute צָבָא
Kriegsmaschinen *חִשָּׁבוֹן
kriegsmässig gegliedert חמשׁ I
den Kriegsruf erheben צרח hif.; רוע
Kriegsschar גְּדוּד II
Kriegszug צָבָא
Kristall קֶרַח
kritzeln תוה I pi.
Krokodil בְּהֵמוֹת; *עֶמְשָׁךְ; תַּנִּין
Krone עֲטָרָה I
Kropf *מֻרְאָה
Krücken סְעִפִּים
Krug אָסוּךְ; נֵבֶל I; צַפַּחַת
grosser Krug כַּד
kleiner Krug פַּךְ
Krümeln נִקֻּדִים

krumm עות pu. pt., cj. nif. pt.; *עֲקַלְקַל; צעה pt.
für krumm erklären עקשׁ hif.
krümmen עות pi.
sich krümmen עות hitp.; קרס
Kruste גּוּשׁ
Kuchen aus getrockneten Trauben צִמּוּקִים; צִמֻּקִים
Kuchen backen לבב II pi.
Kuckuck *בַּרְבֻּר
Kufe פּוּרָה
Küffer sein צעה
Kuh פָּרָה I
Kühe בָּקָר
kühl קַר; מְקֵרָה
kühl halten קרר II hif.
Kult (falscher, abgöttischer) אָוֶן
Kult leisten עבד
Kultbeamte נָגִיד
Kultdienst שָׁרֵת; צָבָא; מְלָאכָה
Kultfeier *מַרְזֵחַ
Kultgemeinde עֵדָה I
Kulthöhe בָּמָה
Kultprostituierte(r) קָדֵשׁ I
Kulttisch שֻׁלְחָן
Kümmell כַּמֹּן
Kummer יָגוֹן; כַּעַשׂ; עַצֶּבֶת; שִׂיחַ II; תּוּגָה

sich kümmern ראה
sich kümmern um בקר I pi.; דרשׁ; ידע I; שׁעה
kund werden ידע I nif.
sich kund tun ידע I nif.
Kunde אֹמֶר; קוֹל; שְׁמוּעָה; *שֹׁמַע; שֵׁמַע
künden מלל III pi.
kundig sein למד pu.
Kundschafter רגל pi. pt.
kundtun ידע I hif.
künftig אַחֲרוֹן; מָחָר
Künftiges עָתִיד
künsteln חבר I hif.
kunstfertig חָכָם
Kupfer נְחוּשָׁה
kurz *קָצֵר
sich kurz fassen קצר II hitp.
kurz sein קצר II
zu kurz sein קצר II
Kürze קֹצֶר
Kurzweil treiben שׂחק pi.
Kuschit כּוּשִׁי I
Kuss *נְשִׁיקָה
küssen נשׁק I, pi.
einander küssen נשׁק I cj. nif.
Küste אִי I

sich laben רוה
Labmagen קֵבָה
Labsal מַעֲדַנִּים
lachen צחק; שׂחק
Lachen שְׂחוֹק
Ladanumharz נְכֹאת
Lage דֶּרֶךְ; טוּר; מוֹשָׁב
frühere Lage *קַדְמָה
Lager מַצַּע; מִטָּה
Lager(statt) מִשְׁכָּב

sich d. Lager aufschlagen יצע
Lager beziehen חנה I
verstecktes Lager מָעוֹן II
lagern רבץ
sich lagern lassen נוח I hif.; רבץ hif.
sich schützend lagern חנה I
Lagerplatz מַחֲנֶה; רֵבֶץ
Lagerstadt *יָצוּעַ I
Lagerstatt מְעֹנָה
Lagerstätte מַרְבֵּץ; רֵבֶץ

lahm an d. Beinen פִּסֵּחַ
lahm werden cj. כשׁח; פסח nif.
lahmen פסח; צלע I
gelähmt *נָכֶה
Lamm *אִמֵּר I; טָלֶה; *נקד III
Lampe נִיר I
Lampenständer מְנוֹרָה
Land אֶרֶץ
bestellbares Land שָׂדֶה
offene Land פְּרָזוֹת
salzhaltiges unfruchtbares Land מְלֵחָה
trockenes Land חָרָבָה
Land an 1 Tag umzupflügen צֶמֶד
Landschaft שָׂדֶה
Landstrich חֶבֶל II
fette Landstriche *מִשְׁמָן
lang dauernd *אָרֵךְ
lang machen ארך I hif.
lang sein ארך I, hif.
lang werden ארך I
Länge אֹרֶךְ
in d. Länge ziehen משׁך
Längenmass גֹּמֶד
langgestreckt משׁך pu. pt.
langmütig *אָרֵךְ
längst כְּבָר I
Lanze *קַיִן I; רֹמַח
Lapislazuli סַפִּיר
Lappen קְרָעִים
läppern לקק, pi.
Lärm הָמוֹן; קוֹל; *קִר; שָׁאוֹן II; *תְּשֻׁאָה
lärmen המה
Lärmen cj. הֶמֶה; *תְּשֻׁאָה
lärmende Orte *הֶמְיָת
lässig betreiben רְמִיָּה
sich lässig zeigen רפה hitp.
Last טֹרַח; יְהָב; כָּבוֹד; מַשָּׂא I; נֵטֶל; סֵבֶל; *סֹבֶל
lasten lassen כבד hif.
Lasten *נְשׂוּאָה
lästern גדף pi.; נקב
gelästert werden נאץ hitpo.
Lastkarren עֲגָלָה
Lasttragen *סִבְלוֹת
Lastträger סַבָּל
Laub עָלֶה; חֲשַׁשׁ
dichtes Laub *עֳפִי
Laubhüttenfest סֻכָּה
laubreich רַעֲנָן
laubreich sein רען paʿlal.
Laubwerk *דָּלִית
Lauch חָצִיר II
lauern צפן, hif.; רבץ; שׁקד
lauernd beobachten רצד II pi.
freien Lauf lassen שׁלח I pi.
laufen רוץ
d. Art zu laufen *מְרוּצָה I
hin und her laufen/fahren רוץ pol.
Laufen מֵרוֹץ
zum Laufen bringen רוץ hif.
Lauge בֹּר II
Laugensalz בֹּרִית
laut rufen רנן
Laut geben המה
Laute hervorbringen שׁמע hif.
lauter בַּר II; זַךְ; טָהוֹר; כָּתִית
Läuterer צרף pi. pt.
Lauteres בָּרוּר
Lauterkeit *תֻּמָּה
läutern ברר I hif.; זקק I pi.; צרף
Lavafeld חֲרֵרִים
Lazurstein סַפִּיר
leben cj. חלד I
lebendes Wesen נֶפֶשׁ
Leben חַי I; חַיָּה II; נֶפֶשׁ
am Leben חַי II
z. Leben (zurück)bringen חיה pi.
am Leben erhalten חיה pi., hif.
am Leben lassen חיה hif.
am Leben sein/bleiben חיה

Lebendes מִחְיָה
lebendig חַי II
wieder lebendig werden חיה
Lebensdauer חַיִּים; חֶלֶד
lebenserfahren חָכָם
Lebensfaden cj. *נָוֶל
Lebensglück חַיִּים
Lebensgut חַיִּים
lebenskräftig *חָיֶה
Lebensmittel מִחְיָה
Lebensträger רוּחַ
Lebensunterhalt חַיִּים; מִחְיָה
Lebenszeit חַיִּים
Lebenszustand חַיִּים
Leber כָּבֵד II
Leberlappen יֹתֶרֶת
Leberschau כָּבֵד II
Lebewesen נְשָׁמָה
Lebzeit חַיּוּת
lechzen ערג
lechzen nach שׁאף
Leckerbissen להם hitp. pt.; *מַטְעָם; מַעֲדַנִּים; מַנְעַמִּים
Leder אָדָם II; אַהֲבָה II; עוֹר
Lederbeutel מֶשֶׁךְ I
ledig נָקִי
leer בַּר II; רִיק; רֵיק; רֵק
leer lassen ריק hif.
Leere בֹּהוּ; בּוּקָה; רִיק; תֹּהוּ
legen נוח I hif.; נתן; שׂים I; שׁית
gelegt sein שׁכב hof.
gelegt werden שׂים I
legen auf שׂים I
sich legen שׁכב
Lehm חֹמֶר II
Lehmanstrich תָּפֵל II
Lehmboden מַלְבֵּן; מֶלֶט
nasse Lehmerde טִיט
Lehmstrich טִיחַ
Lehre לֶקַח

lehren אלף I pi.; ידע I hif.; ירה III hif.; למד pi.
Lehrgabe לֶקַח
Lehrmeister מוֹרֶה III
Leib בָּשָׂר; גְּוִיָּה; *מֵעֶה; שְׁאֵר
unterer Teil des Leibes *שׁוּל
Leibesfrucht יֶלֶד; פְּרִי
Leibesinnere קֶרֶב
Leibwache *מִשְׁמַעַת
Leibwächter טַבָּח pl.
Leichenfeuer שְׂרֵפָה
Leichenlied קִינָה I
Leichnam גְּוִיָּה; *גּוּפָה; נְבֵלָה; פֶּגֶר
leicht עָרוֹם; קַל
leicht nehmen זלל I hif.
leichter machen קלל hif.
leichtfertig sein זלל I
Leichtsinn פְּתַיּוּת
es sich leid sein lassen נחם hitp.
Leiden מַכְאֹב; חֳלִי
leidend sein ענה II
Leinen כַּרְפַּס; שֵׁשׁ III
Flachs Leinen *פֵּשֶׁת
Leinwand *אֵטוּן
leise דַּק
Leiste מִסְגֶּרֶת
Leistung חֹק
Leistungen חֶסֶד II
leiten נהג I, pi.; נחה I, hif.
gerade leiten ישׁר pi.
Leiter שַׂר
Lende כֶּסֶל I
Lenden חֲלָצַיִם
seitwärts lenken נטה hif.
Lenkung תַּחְבֻּלוֹת
Leopard נָמֵר
lernen אלף I; למד
Lese אָסִיף
lesen קרא I
halblaut lesen הגה I

Lesung מִקְרָא
letzt אַחֲרוֹן
letzte *קִיצוֹן
die letzten שְׁאֵרִית
Leuchte מָאוֹר; נִיר I; נֵר I
leuchten אור hif.; הלל hif.; נגה
leuchten lassen הלל hif.; יפע I hif.
leuchten machen צהל II hif.
Leuchter מְנוֹרָה; מָאוֹר
leugnen כחשׁ pi.
Leute אָדָם I; גּוֹי; *מת; נֶפֶשׁ
fette, stattliche Leute *מִשְׁמָן
Levitenchor -chöre תּוֹדָה
Libation נֶסֶךְ
als Libation gespendet werden נסך I hof.
Libyer *לוּב
Licht אוֹר; אוֹרָה I; נְהָרָה
Lichtglanz נְגֹהוֹת
lichtlos כֵּהֶה
Lichtöffnung מֶחֱזָה; צֹהַר
Lichtort מָאוֹר
Lichtputzschere מֶלְקָחַיִם
Liebe אַהֲבָה I; cj. יָד II; יְדִידוּת
jmdm. mit Liebe begegnen רחם pi.
Liebe(sgenuss) דּוֹד
lieben אהב; חבב; חשׁק; רחם
es lieben zu אהב
Lieben אַהֲבָה I
liebenswert אהב nif. pt.
Liebesäpfelchen d. Alraune דּוּדָאִים
Liebesbrunst cj. אֲהַבְהָבִי; עֲגָבָה
Liebesfreuden *אֹהַב
Liebesgaben *אַהַב
Liebeslohn *נָדָן II
Liebeslust עֶדְנָה
liebevolles Empfinden רַחֲמִים
Liebhaber אהב pi. pt.; דּוֹד
lieblich נָעִים; נָאוֶה; יָדִיד
lieblich machen חנן I pi.
lieblich sein אוה nif.; נאה; נעם I
Liebling רֵעַ II; יָדִיד; יְדִדוּת
Liebreiz *אֹהַב; חֵן
Lied שִׁירָה
weltliches Lied מִזְמוֹר
Lieder שִׁיר
Lieferung *קָרְבָּן
liegen הוה II; שׁוה II pi.; שׁכב, hof.
zu liegen kommen נפל
unbeachtet liegen נטשׁ nif.
Liegen מִשְׁכָּב
Lilie שׁוֹשַׁן/שׁוֹ I
gelindert werden רכך pu.
Lindigkeit מַרְפֵּא II
links שְׂמָאלִי; שְׂמֹאול; שְׂמֹאל
nach links gehen שׂמאל hif.
die linke Hand gebrauchen שׂמאל hif.
linkshändig אִטֵּר
Linnen בַּד III
Linnentücher חוּר I
Linsen *עֲדָשָׁה
Lippe שָׂפָה
die Lippen öffnen פתה II
Lippenbart שָׂפָם
Lippenblech מַחְסוֹם
listig עָרוּם
Lob שִׂיחַ II
loben ברך II pi.; סלל; שׁבח
gelobt ברך II pt.
Lobgesänge תְּהִלָּה I pl.
Lobpreis תְּהִלָּה I
Lobpreis anstimmen ידה II hif.
Lobpreisung רוֹמַם
Loch *חוֹחַ II; חֹר II; חֻר
Löcher *מִנְהָרָה
Locken *קְוֻצּוֹת
locker רְמִיָּה
lockern רפה pi.
Log לֹג
Lohn מְחִיר; מַשְׂכֹּרֶת; נֵדָּה; עֵקֶב; פֹּעַל; פְּעֻלָּה; שֶׂכֶר

(Arbeits-)Lohn שָׂכָר I
um Lohn in Dienst nehmen שׂכר
Lohnarbeiter שָׂכִיר
Lorbeer אֹרֶן I
sich los/freischütteln נער II nif.
Los גּוֹרָל
Los werfen cj. גרל hif.
das durch d. Los Zugefallene גּוֹרָל
losbinden פתח I pi.
losbrechen ניח; נוח hif.; גלע hitp.
löschen כבה pi.
Lösegeld כֹּפֶר IV
lösen נתר; נשׂר I
gelöst werden פתח I nif.
losgekauft werden פדה nif.
loslassen רפה hif.; שׁלח I, pi.; שׂרה I
loslassen auf שׁלח I hif.
sich loslösen זוח nif.; נקע; נשׂר; נתק nif.
sich losreissen רוד hif.
losschirren פתח I pi.
sich losschütteln נער II hitp.
Losteil גּוֹרָל
stückweise lostrennen קצה I pi.
losgetrennt werden נתק nif.
Lötung דֶּבֶק
Löwe אֲרִי; אַרְיֵה I; לָבִיא*; לַיִשׁ I; שַׁחַל
Sternbild des Löwen עָשׁ III
Löwenjunges גּוּר*
Löwin לְבִיָּא; לָבִיא; לְבִאָה*
Loyalität חֶסֶד II
Lücke פֶּרֶץ I
Luft רוּחַ
Luftraum שָׁמַיִם
Lüge כָּזָב; כַּחַשׁ; שֶׁקֶר
lügen כזב I, pi.; כחשׁ pi.
Lügner שַׁקָּר*
sich als Lügner erweisen כזב I nif.
z. Lügner stempeln כזב I hif.
Luke אֲרֻבָּה
Lumpen בְּלוֹיֵ*; סְחָבוֹת
Lust חֵשֶׁק; עֹנֶג; שַׁעֲשׁוּעִים; שַׁעֲשֻׁעִים
Lust haben חפץ I
seine Lust haben an ענג hitp.
Lust haben zu חשׁק
sich lustig machen ענג hitp.; שׂחק hif.; תעע pilp.
sich lustig machen über קלס hitp.
Lyder לוּד

machen בעל II; עשׂה I; פעל; שׂים I
Macht אֵל IV; דֶּרֶךְ; עֹצֶם I; תֹּקֶף
Macht haben über שׁלט
Macht habend שַׁלִּיט
Macht gewinnen שׁלט
Macht gewinnen lassen שׁלט hif.
Machtbereich מִשְׁל(וֹ)חַ
Machthaber קָצִין; שַׁלִּיט
mächtig עָצוּם; עָרִיץ; שִׁלְטוֹן; שַׁלֶּטֶת*
mächtig sein עצם I
mächtig werden רבה I
mächtiger machen עצם I hif.
machtlos דַּל II
Mädchen יַלְדָּה
mannbares Mädchen נַעֲרָה I; עַלְמָה
Made רִמָּה
Magazine אָסָף*; אוֹצָר
mager דַּק; רָזֶה*
Magerkeit רָזוֹן I
z. Mahl einladen כרה III cj. hif.
Mähne רַעְמָה II
Mahnung מוּסָר
gemahnt werden יכח hof.
Makel דֹּפִי*; מוּם
mäkeln רגן
Mal מֹנֶה*; עֵת; פַּעַם; רֶגֶל

zum 3. Mal tun שׁלשׁ pi.
Malstein מַצֶּבֶת; מַצֵּבָה
Malve *אוֹרָה II
man אִישׁ I
Mandelbaum לוּז I; שָׁקֵד
mandelblütenförmig gestaltet *מְשֻׁקָּד
Mandeln שָׁקֵד pl.
Mangel מַחְסוֹר; חֹסֶר; חֶסֶר
Mann אִישׁ I; *אָשִׁישׁ; זָכָר
Ehemann אִישׁ I
junger Mann בָּחוּר I; גֶּבֶר I; נַעַר; עֶלֶם
Manna מָן I
Männer *מת
mannhaft גִּבֹּר; גִּבּוֹר
was männlich ist *זְכוּר
Mantel אַדֶּרֶת; שַׂלְמָה I; שִׂמְלָה; תַּכְרִיךְ
Marienquelle גִּיחוֹן; גִּחוֹן
Mark מֹחַ
m. Mark gewürzte מחה III pu. pt.
markieren תאה pi.
Markierung תַּאֲוָה II
Mass חֹק; מֵמַד; *שַׁעַר II
Epha (Getreidemass) אֵיפָה
das Mass bestimmen תכן pi.
festgesetztes Mass תֹּכֶן I
Massa מַסָּה III; מַשָּׂא II
Masseinheit תֹּכֶן I
Massgabe *מִסָּה
Massnahmen דֶּרֶךְ
Mastbaum תֹּרֶן
sich mästen ברא II hif.; מרא III
gemästet אבס
Mästung מַרְבֵּק
Mastvieh מְרִיא
Matrose חֹבֵל
matt רָפֶה
Matte מַכְבֵּר
Mauer גָּדוּד I; *גְּדֵרָה I; גְּדֵרָה; חוֹמָה; סֹחֵרָה; שׁוּרקִיר I
Mauerkrone *טִירָה
Mauerriss *בְּקִיעַ
Mauersegler סִיס
Maul פֶּה
Maulbeerfeigenbaum *שִׁקְמָה
Maulbeerfeigenritzer בלס pt.
Maultier פֶּרֶד
weibliches Maultier פִּרְדָּה
Maulwurf cj. *אָשׁוּת; חֹלֶד
Maus עַכְבָּר
Mazze מַצָּה I
Mazzebe מַצֵּבָה
Mazzenfest מַצָּה I
Meder מָדַי
Meditation שִׂיחָה
Meer יָם
Meerbusen לָשׁוֹן
(Meeres-)Tiefe מְצוֹלָה; מְצֻ/צוֹלָה
Meeresdrache תַּנִּין
Meeresfluten תְּהוֹם
Mehl סֹלֶת; קֶמַח
Mehlteig בָּצֵק
mehr als בְּ I; מִן; עַל II
sich mehren כבד hitp.; רבה I
Mehrzahl מַרְבִּית
meinen אמן I hif.
Meinung עַשְׁתּוּת
Meissel חֶרֶב
melden זכר I hif.
Gutes melden בשׂר pi.
sich (Gutes) melden lassen בשׂר hitp.
Menge הָמוֹן; הַרְבֵּה; כֹּבֶד; מְלֹ(וֹ)א; מַרְבִּית; שִׁפְעָה; רֹב
kleine Menge מִצְעָר
sehr grosse Menge רְבָבָה
Mengfutter בְּלִיל
Mennig שָׁשַׁר
Mensch אִישׁ I; אֱנוֹשׁ; אֱוִיל II
Menschen אָדָם I; אֱנוֹשׁ; נֶפֶשׁ
einfältiger Mensch פֶּתִי
einzelner Mensch אָדָם I

menschenleer שָׁמֵם
menschenleer machen שׁמם hif.
menschenleer gemacht werden שׁמם nif.
menschenleer sein שׁמם
Menschheit אָדָם I
Menstruation נִדָּה
menstruieren דוה
menstruierend דָּוֶה
merken ידע I
gemerkt werden ידע I nif.
Mess-Strecke מִדָּה I
sich miteinander messen ראה hitp.
gemessen werden מדד nif.
Messer מַאֲכֶלֶת; *מַזְמֶרֶת; שַׂכִּין; תַּעַר
Messing מֶצְהָב
Metallarbeiter מַסְגֵּר II
Metallprüfer בָּחוֹן
Metök תּוֹשָׁב
mieten שׂכר
Milch חָלָב
mild רַךְ
Milkom מִלְכֹּם
minderwertig רַע; רָע
Mine נֶקֶב; מָנֶא
Mineral *סֹחֶרֶת
Minister עֶבֶד
mischen מסך; רקח
gemischt רקח pu. pt.
Mischkrug מִמְסָךְ
Mischling מַמְזֵר
Mischung רֹקַח
Mischwein מֶזֶג
missachten נפח hif.
Missachtung *נֹעַל
missfallen רעע I
Missgeschick נֵכֶר
misshandeln רצץ, pi.
Misshandlung תַּעֲלוּלִים
missmutig דַּל II; סַר; רָע; רַע
Mist *צְפִיעַ
Mist streuen זרה I pi.
Mist- u. Abfallhaufen אַשְׁפֹּת
Mistfladen *גֵּל
Misthaufen מַדְמֵנָה I
mit אַחַר; אַחֲרֵי II; בְּ I
miteinander יַחַד; יַחְדָּו
Mitfrau צָרָה II
Mitfrau sein צרר III
Mitgift שִׁלּוּחִים
Mitleid חֶמְלָה; נֹחַם
Mitleid empfinden חמל
mitleidig *רַחֲמָנִי
mitleidig blicken חוס
mitsamt עַל II
Mittag *מַחֲצִית
Mittagszeit צָהֳרַיִם
Mitte חֵצוֹת; חֲצִי; לֵב; *מַחֲצִית; תָּוֶךְ
mitteilen ידע I hif.; נגד hif.
mitgeteilt werden בלע II pu.; נגד hof.
Mitteilung הַשְׁמָעוּת
Mittelmeer יָם
Mittelsmann מֵלִיץ
mittlere תִּיכוֹן; תִּיכֹן
moabitisch מוֹאָבִי
Modell תַּבְנִית
Moderduft מַק; מָק
d. Möglichkeit geben נטשׁ
Monat חֹדֶשׁ I; יֶרַח I
Periode von 3 Monaten מִשְׁלֹשׁ
Mond יָרֵחַ
Möndchen שַׂהֲרֹנִים
Mord *קֶטֶל
morden רצח
häufig morden רצח pi.
Morden הֶרֶג
morgen בֹּקֶר II
Morgen בֹּקֶר II; מָחָר
Morgen grauen שַׁחַר I
Morgendämmerung שַׁחַר I
Morgenröte מִשְׁחָר; שַׁחַר I

Morgenstern הֵילֵל
Morschheit רָקָב; רִקָּבוֹן
Mörser מְדֹכָה; מַכְתֵּשׁ
Mosaikboden רִצְפָּה
Most תִּירֹשׁ; תִּירוֹשׁ
müde עָיֵף; יָגֵעַ
müde machen יגע pi.; לאה I hif.
zu müde sein, um . . . פגר pi.
einer Sache müde sein לאה I nif.
müde werden חלה I; יגע; יעף I; לאה I;
עיף I
Mühe יְגִיעַ*
sich Mühe/Sorge machen חרד
mühebeladen עָמֵל
mühen נעה
sich mühen um יגע
sich mühend עָמֵל
Sichmühen עָמָל I
Mühle טַחֲנָה
Mühlstein פֶּלַח
Mühsal עָמָל I; עֹצֶב II; עִצָּבוֹן; תְּלָאָה
Mund מִדְבָּר II; פֶּה
Mund aufreissen פצה
Mundmaske מַחְסוֹם
Mundschenk מַשְׁקֶה
Mundvoll פֶּה

murmeln הגה I hif.
murren לון I nif., hif.; רגן
Murren תְּלֻנּוֹת*
sich mürrisch zeigen רגן nif.
Muschelkette חֲרוּזִים
Muskel שָׁרִיר*
mustern פקד pi.; קרא I
gemustert werden פקד hitpāel
in Mustern weben שׁבץ I pi.
Musterung מִפְקָד
Mut לֵב
Mut haben חזק
sich mutig erweisen חזק hitp.
sich mutlos zeigen רפה hitp.
Mutter אֵם
Mutterbrust שַׁד*; שֹׁד I
Mutterleib רֶחֶם
Muttermund מַשְׁבֵּר
Mutterschaf רָחֵל I
Mutwillen תַּעֲלוּלִים
mutwillig handeln עלל I hitpo.
mutwillig umgehen mit עלל I hitp.
Mutwilliger תַּעֲלוּלִים
Myrrhe מֹר
Myrrhenöl מֹר
Myrte הֲדַס

Nabel שֹׁר*; טַבּוּר
Nabelstrang שֹׁר*
nach אַחֲרֵי II; מִן
nach (Richting) אֶל
nach . . . hin אֶל
nach(dem) אַחַר
Nachbar שָׁכֵן
Nachbarin שְׁכֵנָה*; רְעוּת* I
Nachbarschaft סָבִיב
Nachbarstadt שָׁכֵן
Nachbarvolk שָׁכֵן

nachbilden עצב I hif.
Nachbildung דְּמוּת; תַּבְנִית
nachdem אַחֲרֵי II; כַּאֲשֶׁר
nacheilen חרד
nachfolgen הלך; רדף
nachfolgen lassen חלף hif.
nachfragen דרשׁ; שׁאל pi.
Nachgeburt שִׁלְיָה*
Nachhut מְאַסֵּף; סוֹף; עָקֵב
Nachhut bilden אסף pi.
d. Nachhut vernichten זנב pi.

nachjagen רדף pi.
Nachkommen נֶכֶד; תּוֹלֵדוֹת*
ohne Nachkommen עָקָר
nachkommend אַחֵר I
Nachkommenschaft אַחֲרִית; זֶרַע; יוֹנֶקֶת; מוֹלֶדֶת; פְּרִי
Nachkommenschaft bekommen נין
Nachkommenschaft haben דבר III pi.
Nachlassen פּוּגָה*
Nachlese לֶקֶט*; עֹ(וֹ)לֵל(וֹ)ת
Nachlese halten אסף pi.; לקט pi.
Nachlese halten an עלל I poel
Nachrede דִּבָּה
Nachricht קוֹל; שְׁמוּעָה; שֵׁמַע
Nachruhm שֵׁם I
nachsetzen דבק hif.
Nachsicht üben סלח
nachspüren חפר I; צדה I; תור
nachstellen צוד; שׁאף
Nachstellung צְדִיָּה
nächster קָרוֹב I
Nächster רֵעַ II
Nacht לַיִל; לַיְלָה
sich d. Nacht über aufhalten לין hitpol.
d. Nacht verbringen לין
über Nacht zurückhalten לין hif.
Nachtlager מַדָּע; מָלוֹן
nächtliches Widerfahrnis קָרֶה*
Nachtruhe gönnen לין hif.
Nachtwache אַשְׁמוּרָה
was von selbst nachwächst סָחִישׁ
Nachwuchs מַרְבִּית; סָפִיחַ I; פְּרִי; תַּרְבּוּת*
nachzählen ספר I pi.
Nachzügler חשׁל nif. pt.
Nacken עֹרֶף; שְׁכֶם I
nackt עֵירֹם; עָרוֹם
nackte צְחִיחַ*
Nackter מַעֲרֹם*
nacktes Gelände צְחִיחָה
Nacktheit עֶרְיָה

Nadel מַרְצֵעַ
Nagel וָו*; מַסְמֵר*; מַשְׂמְרָה*; צִפֹּרֶן
nahe קָרוֹב I
nahe befindlich קָרוֹב I
nahe daran sein חשׁב pi.; קרב pi.
nahebringen קרב pi., hif.
nahekommen קרב
nahen lassen קרב pi.
nähen תפר pi.
sich nähern נגשׁ, nif.; קרב, nif.
der sich nähert קָרֵב
nahestehend קָרוֹב I
nähren זון; רעה I
Nahrung אָכְלָה; בָּשָׂר; טֶרֶף; לֶחֶם; מַאֲכָל
Name שֵׁם I
einen Namen nennen קרא I
m. e. Namen genannt werden כנה cj. pu.
den Namen setzen שׂים I
nämlich וְ
Narbe צָרֶבֶת
Narde נֵרְדְּ
Nase אַף II
Nasenlöcher אַף II
nass werden/sein רטב
Natron נֶתֶר
als Naziräer leben נזר hif.
neben אֵצֶל*; עֻמָּה*; צַד
Nebenfrau פִּילֶגֶשׁ; פִּלֶגֶשׁ; צָרָה II
Nebenfrau sein צרר III
nehmen לקח I; נשׂא
(ein-)nehmen לכד
mit sich nehmen לקח I
zu sich nehmen לקח I
neidisch sein קנא pi.
neigen צעה
sich neigen חנה I; קדד
nach unten neigen נטה
Neigung לֵב
nein אֲבָל; כִּי לֹא (כִּי II)
nennen אמר I; זכר I

genannt werden קרא I pu.
Nennung זֵכֶר
Nest קֵן
Netz *מָצוֹד I; מְצוֹדָה; שְׂבָכָה
fette Netzhaut מִכְסֶה
neu חָדָשׁ
neu machen חדשׁ pi.
Neubruch נִיר II
Neumond חֹדֶשׁ I
neun תֵּשַׁע
neunzig תֵּשַׁע pl.
Neuvermählter חָתָן
nicht אִי III; אַל I; בַּל I; בִּלְתִּי
nicht (Schwursatz) אִם
nicht doch! אַל I
nicht so! לֹא כִי (כִּי II)
Nicht (mehr) sein בִּלְתִּי
nichtig אֱלִיל; נָבָל I; רִיק; רֵיק; רֵק
nichtig sein נבל II
nichtig werden הבל
Nichtigkeit הֶבֶל I
nichts אַיִן I
Nichts אַל I; אָוֶן; אֶפֶס; לֹא; תֹּהוּ
nichtsnutzig בְּלִיַּעַל
Nichtsnutzigkeit בְּלִיַּעַל
Nichtvorhandensein אַיִן I
niederbeugen שׁחח hif.
sich niederbeugen גהר
niederbrennen בער I pi.
niederdrücken שׁחה hif.; שׁקע hif.
niedergehen כרע
niederhalten שׁכך hif.; שׁקע hif.
niederhauen חצב I
niederknien ברך I; כרע; קדד
Niederlage מַכָּה; חֲלוּשָׁה
Niederlage erleiden lassen נגף nif.
sich niederlassen נוח I; שׁכן
sich dauernd niederlassen שׁכן
sich niederlegen רבץ
niedermachen חרב II
niedermetzeln בתק pi.
niederreissen הרס; נתץ, pi.; קוץ II hif.
niedergerissen werden נתץ pu.
Niedergerissenes cj. *נְתִיצָה
niederschlagen רצץ pi.
niedergeschlagen sein חתת nif.
Niedersinken שִׁפְלָה
niedergestreckt werden סחף nif.
niedertreten הדך; כבשׁ hif.
niedergetreten sein/werden רדד cj. hof.
Niedergetretenes *מְדֻשָׁה
niederwerfen ידה I pi.; מגר pi.; שׁחח hif.
niedergeworfen werden שׁלך I hof.
sich niederwerfen נפל hitp.
niedrig שָׁפֵל; שָׁפָל
niedrig sein/werden שׁפל
Niedrigkeit שֵׁפֶל
Nieren *כִּלְיָה
niesen זרר II po.
Niesen *עֲטִישָׁה
Nilpferd בְּהֵמוֹת
Nische(n) תָּא
nisten קנן pi.
noch עֶדֶן; עוֹד
noch bevor עַד III
noch dazu עוֹד
noch ehe טֶרֶם; טְרוֹם
noch nicht טֶרֶם
nochmals עוֹד
nochmals tun יסף hif.
Norden צָפוֹן I
nach Norden שְׂמֹאל; שְׂמֹאול
Nördliche צְפוֹנִי I
nordwärts שְׂמֹאל; שְׂמֹאול
Nordwind צָפוֹן I
Nordwinde מְזָרִים
Nörgler יִסּוֹר
Not עָמָל I; צָרָה I
in Not befindlich עָנִי
Notabler שַׂר

nötigen אנס; פצר; פרץ II
Nu רֶגַע; פֶּתַע
im Nu רֶגַע
nun עַתָּה
nun aber עַתָּה
nur אַךְ; כִּי II; רַק II
Nussbaum אֱגוֹז
Nüstern נָחִיר*
nützen יעל hif.; סכן I
Nutzen haben יעל hif.

o! אוֹי
o dass doch אָבִי I; אַחֲלַי; לוּ
ob אִם; הֲ; הַ; הֶ; הֵן I
Obdach מִסְתּוֹר
oben מַעַל II
obenauf מַעַל II; נַף* I
nach oben מָרוֹם
oben sein רום
Oberägypten פַּתְרוֹס
Oberarm כָּתֵף
Oberarmbein קָנֶה
obere עֶלְיוֹן; עִלִּי*; יֶקֶב
oberes Ende רֹאשׁ I
Oberfeldherr תַּרְתָּן
Oberfläche פָּנֶה*
Obergemach עֲלִיָּה
Obergewand מְעִיל; שִׂמְלָה
oberhalb מַעַל II
Oberhaupt רֹאשׁ I; קָצִין
Oberpriester כֹּהֵן
Oberschenkel יָרֵךְ
Oberschicht חַיִל
Oberschwelle מַשְׁקוֹף
Oberste רֹאשׁ I
Obhut אָמְנָה II
Obliegenheit מִשְׁמֶרֶת
Obrigkeit נגשׂ pt. pl.
Ochsenstachel דָּרְבָן
Ochsenzunge חַלָּמוּת
öde liegen שׁאה I
Öde בֹּהוּ; מְבוּקָה; שְׁאוֹל; שֹׁאָה; תֹּהוּ
unheimliche Öde שְׁמָמָה
Gottes Odem נְשָׁמָה
oder אוֹ; וְ
Ödland מְשֹׁ(וֹ)אָה
offenbaren ידע I nif.
offenbar werden גלה hitp.
sich offenbaren גלה nif.; יעד nif.
Offenbarung חָזוּת; חִזָּיוֹן
Offenbarungswort חָזוֹן
Offizier עֶבֶד
Offiziere נָגִיד
öffnen פתח I
die Ohren öffnen פקח
Öffnen מִפְתָּח*
Öffnung פֶּה; פֶּתַח
ohne אַיִן I; בְּלִי; בִּלְתִּי; לֹא; מִן
in Ohnmacht fallen עלף pu.
ohnmächtig werden עלף hitp.
Ohr אֹזֶן
Ohrgehänge נְטִפָה*
Ohrläppchen בָּדָל*; תְּנוּךְ*
Ohrring עָגִיל
Öl יִצְהָר I
Ölbaum זַיִת
Olive זַיִת
reife Oliven גַּרְגַּר*
Opfer מִנְחָה; תּוֹדָה
Opfer darbringen עבר I hif.
Opfer in Rauch aufsteigen lassen קטר I pi.
Opferblut דָּם
Opferfleisch בָּשָׂר
Opferherd אֲרִיאֵל I
Opferkuchen כַּוָּן*

opfern בוא hif.
Opferschau vornehmen בקר I pi.
Ophirgold אוֹפִיר I
Orakel (erteilung) *מִקְסָם
Orakelpriester *בַּד V
Ordnung חֹק; מֵישָׁרִים; *סֵדֶר
in Ordnung טוֹב I
in Ordnung bringen ערך
in Ordnung gebracht תכן pu. pt.
Ordnung haltend חצץ pt.
in Ordnung sein תכן nif.
Ordnungen *פִּקּוּדִים
Orion כְּסִיל II
Ort מָקוֹם; שַׁעַר I
an diesem Ort פֹּה
Ort d. Qual מַעֲצֵבָה
an Ort u. Stelle belassen נוח I hif.
Ortschaft מָקוֹם; קִרְיָה
Ortschaften שַׁעַר I
Osten אוּר I; מִזְרָח; קָדִים; קֶדֶם
nach Osten *קֵדְמָה
östlich *קַדְמוֹן; קַדְמוֹנִי; קַדְמֹנִי I
östlich von *קִדְמָה
Ostseite *קֶדֶם; קָדִים

packen אחז I; חזק hif.; משׁך; תפשׂ
gepackt werden קמט pu.
Päderast כֶּלֶב
Palast *אַלְמָן II; בִּיתָן; הֵיכָל
Palmenornament תִּמֹרָה
Palmwedel כִּפָּה
Panik מְהוּמָה
Panther נָמֵר
gepantscht מהל pt.
Panzerhemd שִׁרְיוֹן
Papyrus אֵבֶה; גִּלָּיוֹן; גֹּמֶא
Papyrusgewänder גִּלָּיוֹן
Paradiesfluss גִּחוֹן; גִּיחוֹן
Park יַעַר I; פַּרְדֵּס
Parteilichkeit *הַכָּרָה; מַשֹּׂא
pass auf! חרץ II
Passa פֶּסַח
passend נָאוֶה
Pech זֶפֶת
Pein עֹצֶב II
peinigen יגה I pi., hif.
Peitsche שׁוֹט I
Penis יָד I
Perser פַּרְסִי
Person *פָּנֶה; רֹאשׁ I
Persönlichkeit נֶפֶשׁ
Ausdruck d. Persönlichkeit *פָּנֶה
Pest מָוֶת
Pfad נָתִיב; נְתִיבָה; *שְׁבִיל
Pfand חֲבֹל; *חֲבֹלָה; עֲבוֹט; עֲרֻבָּה; עֵרָבוֹן
Pfand nehmen עבט I
Pfanddarlehen *מַשָּׁאָה
pfänden חבל II
Pfanne מַחֲבַת
pfeifen שׁרק
Pfeifen שְׁרֵקָה
Pfeifentöne *שְׁרִקָה
Pfeil חֵץ; חֵצִי I; שִׁרְיָה
Pfeile רֶשֶׁף I
Pfeiler *מָצוּק
Pfeilrohr קָנֶה
Pfeilspitze שִׁרְיָה
Pferch cj. *צָוָה
Pferd סוּס I
Pferde am Streitwagen פָּרָשׁ
Pferdegespanne פָּרָשׁ
grünende Pflanze יָרוֹק
pflanzen נטע
Pflanzenbeet *עֲרוּגָה
Pflanzenreis נֶטַע; *נָטִיעַ

Pflanzenschoss יְנִיקָה*
Pflänzling נֶטַע
Pflanzung נֶטַע; מַטָּע
pflegen עשׂה I; שׁמר I
ungepflegt sein קדר
Pflegerin סֹכֶן
pflichtwidrig handeln מעל
Pflichtwidrigkeit מַעַל
Pflock יָתֵד; סַד
pflücken ארה II
Pflugbahn מַעֲנָה
pflügen חרשׁ I
Pflügen חָרִישׁ*
Zeit d. Pflügens חָרִישׁ*
Pflugschar מַחֲרֵשָׁה*
Pfriem מַרְצֵעַ
Phallus זִרְמָה*
Pharao פַּרְעֹה
Philister פְּלִשְׁתִּי
Phylakterien טוֹ(ו)טָפֹת
piepen צפף I pilp.
Pistazie בָּטְנָה*
Plage עַצֶּבֶת; נֶגַע; מַכָּה; מַגֵּפָה
sich plagen ענה II hitp.; ענה III
geplagt יָגֵעַ
geplagt werden נגע pu.
Plan זִמָּה I; חֶשְׁבּוֹן*; מוֹעֵצָה*; מְזִמָּה;
עֶשְׁתּוֹן* I; עֵצָה; סוֹד; מְכֵרָה; מַחֲשָׁבָה
e. Plan fassen עוץ
planen זמם; הגה I; חשׁב, pi.; יעץ
böses planen חרשׁ I hif.
Planke לוּחַ
Platane עֶרְמוֹן
platt Geschlagenes רִקֻּעַ*
Platte לוּחִית; מַחֲבַת; עֶשֶׁת*
dünne Platte פַּח* II
zu Platten geschlagen רקע pu. pt.
Plattengebäck מַחֲבַת
Plattengold סָגוּר
Platterbse חָרוּל

plattgeschlagen ישׁר pu. pt.
Platz יָד I; מָקוֹם; עֹמֶד*
fester Platz מִבְצָר I
freier Platz in den Städten רְחֹב I; רְחוֹב
Plejaden כִּימָה
plötzlich פִּתְאֹם
Plündergut בִּזָּה; בַּז
plündern בזז; פשׁט pi.; שׁלל II; שׁסה
(aus) plündern שׁסס
geplündert werden שׁלל II hitpol.
Plünderung מְשִׁסָּה; בַּז; בִּזָּה
Plünderungsgut שָׁלָל
pochen סחר pe'al'al
Podium כִּיּוֹר; מַעֲלֶה*
polieren מרק I
Porree חָצִיר II
Portion פֶּה; מָנָה
Posten נְצִיב; מַצָּבָה; מַצָּב; מַעֲמָד I
Posthorngurke קִשֻּׁאָה*
Postpferde רֶכֶשׁ
Pottasche בֹּר II
Pracht תִּפְאֶרֶת; כָּבוֹד; הָדָר; אַדֶּרֶת; אֶדֶר
Prachtgewand מַכְלוּל*
prächtig עָתִיק; אַדִּיר
Prachtskleid אַדֶּרֶת
Prasseln נֶפֶץ
Preis פְּצִירָה; בַּעַד* II
preisen אמר I; אשׁר II; ברך II pi.; גדל I pi.;
דלל cj. III; זכר I hif.; זמר I pi.; ידה II
hif.; נוה II hif.; שׂגא hif.; שׁבח
gepriesen ברך II pt.
Gott preisen הלל II pi.
preisenswert הלל II pu. pt.
preisgeben מגן I pi.; מכר I; נתן; סגר I hif.
völlig preisgeben שׁלם hif.
pressen זור I; מעך
gepresst werden מעך pu.
Pressen מִיץ
Priester כֹּמֶר; כֹּהֵן
als Priester amten כהן pi.

als Priester einsetzen מלא pi.
Priesterschaft כְּהֻנָּה
Priesterstand/-amt כְּהֻנָּה
auf d. Probe stellen בחן; נסה pi.
Probierstein בֹּחַן II
profan חֹל
Proklamation קוֹל
proklamieren אמר I hif.
Prophet נָבִיא
sich als Prophet aufführen נבא nif.
Prophetenwort נְבוּאָה
Prophetin נְבִיאָה
in prophetischer Verzückung sein נבא nif.
Protokoll זִכָּרוֹן
Provinz מְדִינָה

prozessieren נרה pi.
Prozession הֲלִיכָה*
Prozessionsstrasse מַהֲלָךְ
prüfen בור; בחר II; חפשׂ; צפה I; שׂבר; תכן
prüfen (durch Schmelzen) בחן
prüfend sehen nach פקד
geprüft werden בדק
Prügel מַהֲלֻמוֹת
Prunkwagen מֶרְכָּבָה
Psalm מִזְמוֹר
punktieren נקב
Pupille אִישׁוֹן
Purpur gefärbte Wolle אַרְגָּמָן
blaue (violette) Purpurwolle תְּכֵלֶת
putzen שׂפר cj. pi.?

Quadern גָּזִית
Qual יָגוֹן
quälen לחץ
Qualen חַרְצֻבּ*
starke Qualen עַצְמָה*
qualitativ gut טוֹב I

Quantum תֹּכֶן I
Quaste גָּדִל*
Quell מַעְיָן; מַבּוּעַ
Quelle cj. מַבָּךְ; מָקוֹר; עַיִן
Quellen נֵבֶךְ*
Quellort מָקוֹר

Rabe עֹרֵב; נְקָמָה; נָקָם I
seine Rache nehmen נקם hitp.
auf Rache sinnen נחם hitp.
der Rache verfallen נקם hof.
rächen נקם pi.
gerächt werden נקם nif., hof.
sich rächen נקם nif.
Rad גַּלְגַּל I
Rad (e. Fahrzeugs) אוֹפַן II
Radachse סֶרֶן* I
Radnabe חִשֻּׁר
Radspeiche חִשֻּׁק*
Rand כָּנָף; עֵבֶר I; פֵּאָה I; קָצָה; קָצֶה (pl.); שָׂפָה

Randleiste זֵר*
Randstreifen גְּבוּלָה*
Ranke שָׂרִיג*; זְמוֹרָה
Ränke חֲלַקְלַק*; מְזִמָּה
Ranken שְׁלֻחוֹת*; סַלְסִלָּה; נְטִישָׁה*
Rankenpflanze גֶּפֶן
ranzig machen באשׁ hif.
rar machen יקר hif.
rasen רגז
rasend שׁגע pu. pt.
Raserei שִׁגָּעוֹן
Rast verschaffen נוח I hif.
Rastplatz מָנוֹחַ I; מְנוּחָה

Rat cj. מֶלֶךְ III; עֵצָה I
m. sich zu Rate gehen מלך II nif.
raten יעץ
Ratgeber יוֹעֵץ
verkürzte Ration לַחַץ
Ratschlag מוֹעֵצָה*; מְכֵרָה*
Ratschluss (Gottes) עֵצָה I
Rätsel aufgeben חוד
Rätsel(frage) חִידָה
Rätselsprüche vortragen משל I pi.
Raub טֶרֶף; גְּזֵלָה; גֵּזֶל; גָּזֵל
rauben חטף; שׁלל II
Räuber פָּרִיץ; חֶתֶף
Räuberei חֶתֶף
räuberisch פָּרִיץ
Raubgut גְּזֵלָה
Raubtiere חַיָּה I
Raubvogel דַּיָּה
Raubzug גְּדוּד II
Rauch עָשָׁן I
in Rauch aufzugehen קטר I hof.
in Rauch aufgehen lassen קטר I hif.
in Rauch stehen עשׁן
rauchen עשׁן
rauchend עָשֵׁן
Räucheraltar מִקְטָר*; חַמָּן*
Räucheraltäre מְקַטֶּרֶת
Räucherpfanne מִקְטֶרֶת
Räucherung קְטוֹרָה
Räucherwerk קְטֹרֶת; מֻקְטָר
wohlreichendes Räucherwerk סַם*
raufen מרט
Rauferei מַצָּה II
Raum רֶוַח; מֶרְחָב; מָקוֹם
eingehegter Raum חָצֵר
Raum im Oberstock עֲלִיָּה
weiter Raum רַחַב
weiten Raum schaffen פתה II hif.
Raunung נְאֻם
Raupe גָּזָם
Rausch שִׁכָּרוֹן I
Rebe גֶּפֶן
Rebellen ליץ pol. pt.; לצץ pt.
rebellisch מָנוֹן
Rechabit רֵכָבִי*
rechnen als מנה
gerechnet werden חשׁב nif.
recht יְמָנִי; יָפֶה; יָשָׁר; כֵּן I; צַדִּיק
gerade recht נָכֹחַ*
recht handeln טוב hif.; יטב hif.
recht sein ישׁר
Recht מִשְׁפָּט
Recht behalten צדק
im Recht befindlich צַדִּיק
als im Recht befindlich erklären צדק pi.
sich im Recht betrachten צדק pi.
zu seinem Recht gebracht werden צדק nif.
sich als im Recht erweisen יכח nif.
Recht geben צדק hif.
Recht haben צדק
zu seinem Recht helfen צדק hif.
Recht schaffen דין; צדק hif.; שׁפט
im Recht sein צדק
Recht sprechen שׁפט
zum Recht verhelfen שׁפט
Rechte צֶדֶק; יָשָׁר
rechten שׁפט nif.; ריב
rechten mit דין
gerechtfertigt werden צדק nif.
Rechtlichkeit צְדָקָה
rechts יְמָנִי
rechts gehen ימן hif.
rechte Seite יָמִין
Rechtsanspruch מִשְׁפָּט; דִּין
Rechtsansprüche צְדָקָה
Rechtsbestimmungen מִשְׁפָּט
Rechtsbeugung עַוָּתָה*
Rechtsbruch מִשְׂפָּח
rechtschaffen כֵּן I
Rechtschaffenheit יֹשֶׁר

Rechtsentscheid מִשְׁפָּט
Rechtsfall דִּין
Rechtsgegner *יָרִיב I
Rechtsgemeinde עֵדָה I
rechtshändig ימן hif. pt.
Rechtssache רִיב; מִשְׁפָּט
Rechtsspruch דִּין
Rechtsstreit רִיב; מִשְׁפָּט; דִּין
einen Rechtsstreit führen ריב
doppelsinnige Rede חִידָה
reden דבר II, pi.; הגה I; סבב
unbedachtes Reden מִבְטָא
redlich תָּמִים; תָּם
Redlichkeit יִשְׁרָה*; יֹשֶׁר; אֱמוּנָה
Regel חֹק
sich regen עור II
Regen גֶּשֶׁם I; מוֹרֶה II; מָטָר
sanfter Regen טַל
starker Regen זֶרֶם
Regen fallen lassen מטר hif.
Regen fliessen lassen גשם hif.
Regenguss גֶּשֶׁם I; סַגְרִיר
Regenlöcher *מַהֲמֹר
Regenmangel בַּצֹּרֶת; בַּצָּרָה
Regent אִישׁ I
Regenwolke עֲנָנָה
Regenzeit סְתָו
regieren שׁפט; שׂרר I
Regierungstätigkeit מַלְכוּת
Regierungszeit יוֹם I; מַלְכוּת
Register יַחַשׂ
Registrierung יחשׂ hitp. inf. subst.; הִתְיַחֵשׂ
regnen lassen מטר hif.
Rehbock יַחְמוּר
Reibähren *מְלִילָה
reich עָשִׁיר
reich an רַב I
reich machen עשׁר I hif.
reich werden עשׁר I
sich reich stellen עשׁר I hitp.
Reiche עָשִׁיר
reichen מצא hif.; שׂפק II
reichen an נגע hif.
reichen bis נגע; חצה
hoch reichen רום
ich machte dich reichlich שׂרר II
Reichtum אוֹן I; הָמוֹן; עֹשֶׁר; שֹׁד I
zu Reichtum bringen עשׁר I hif.
Reife כֶּלַח I; כְּפוֹר II
zur Reife bringen בשׁל hif.
der Reife nahebringen חנט I
reifen בשׁל
Reigen חַג
Reigentanz מָחוֹל I; *מְחֹלָה
Reihe תֹּר; תּוֹר I; עֵרֶךְ; מַעֲרָכָה; טוּר
in Schichten/Reihen legen ערך
Reiher חֲסִידָה
reihum gehen חול
rein טָהוֹר; בָּרוּר
rein dastehen זכה
f. rein erklären טהר pi.
rein fegen טהר pi.
sich rein halten ברר I nif.; זכה pi.
rein sein טהר
rein werden יפה
Reinheit בֹּר I; cj. *מִטְהָר; נִקָּי(וֹ)ן
reinigen זכך hif.; כבס pi.
gereinigt werden לבן I hitp.
sich reinigen זכה hitp.; טהר hitp.
Reinigung תַּמְרוּק; טָהֳרָה; טֹהַר
Reis מִנִּית II; מַטֶּה; גֶּזַע
Reise מַהֲלָךְ; דֶּרֶךְ
Reisekost צַיִד II; צֵידָה
Reisewagen מֶרְכָּבָה
Reisig הֲמָסִים
in Stücke reissen קרע; פרם
reiten רכב
Reiten רִכְבָּה
Reiter רַכָּב; פָּרָשׁ
reizen חרף II; מרץ hif.; קנא pi.

Rennstute רַמָּכָה*
repariert werden רפא I nif.
Reptil שֶׁרֶץ; חֹמֶט
Rest יֶתֶר I; שְׁאָר; שְׁאֵרִית
retten דלג pi.; דלה I pi.; חלץ pi.; ישׁע hif.; מלט I pi.; נצל pi.; פלט pi.
gerettet werden נצל nif.
sich retten מלט I pi.; נצל nif.
Retter מוֹשִׁיעַ
Rettung תְּשׁוּעָה; פְּלֵיטָה; הַצָּלָה
es reut einem נחם nif.
richten פלל; שׁפט
gerichtet sein פנה hof.
richten für שׂיח
Richter דַּיָּן; שׁפט pt.
richtig כֵּן; יֹשֶׁר; יָשָׁר I
richtig machen תכן pi.
richtig sein תכן nif.
Richtiges צֶדֶק
d. Richtung ändern סבב
e. Richtung einschlagen פנה
riechen רוח hif.
Riedgras אָחוּ
Riegel מִנְעָל*; מַנְעוּל; בְּרִיחַ
rieseln נזל
Riesen נְפִילִים
Rind אַלּוּף I
Rinder אֶלֶף* I; בָּקָר
Rinderherde בָּקָר
Rinderhirt בּוֹקֵר
Ring גָּלִיל* I; טַבַּעַת; נֶזֶם
Ringbrot חַלָּה
ringen אבק II
ringsum סָבִיב
rinnen נגר nif.
Rinnsal פְּלַגָּה*
Rinnsale נֹזֵל* pl.
Rippe צֵלָע I
Riss שֶׁסַע; פֶּרֶץ I; בֶּדֶק
einen Riss machen פרץ
Ritzungen שֶׂרֶט
robust קשׁר pt., pu. pt.
roden ברא III pi.
roh נָא II
Röhren אָפִיק* I; מוּצָקָה*; צַנְתְּרוֹת*
Rohrlänge קָנֶה
Rohstoff auf d. Erdboden חֹמֶר II
rollen גלל I
Rose cj. וֶרֶד*
Rost חֶלְאָה* I
rosten חלא hif.
rösten קלה I
Röstkorn קָלִיא; קָלִי
rot(-braun) אָדֹם
hellrot אֲדַמְדָּם
rotglänzend צהב hof. pt.; צָהֹב
rot sein אדם, hif.
rot werden אדם hif.
Rotblut אֲדָמָה* III
m. Rötel eingerieben אדם pu.
Roter Milan רָאָה
rötlich אַדְמוֹנִי; אֲדַמְדָּם
rötlich spielen אדם hitp.
Rotte עֵדָה; מִשְׁלַחַת I
Rücken שְׁכֶם; גֵּוֶה* I; גֵּו I; גַּב I; בָּמָה I
oberer Teil des Rückens שְׁכֶם I
Rückkauf גְּאֻלָּה
Recht u. Pflicht des Rückkaufes גְּאֻלָּה
Rückkehr תְּשׁוּבָה*
Rückseite אַחֲרֵי; אָחוֹר II
in Rücksicht auf מַעַן
rückwärts אֲחֹרַנִּית
Ruder שַׁיִט; מָשׁוֹט
rudern שׁוט I
Ruf שֵׁם; מַהֲלָל* I
rufen קרא I
rufen zu קרא I
Rüge תֹּכַחַת; תּוֹכַחַת; גְּעָרָה
Ruhe דֳּמִי; הַס; מַרְגֵּעַ; מְנוּחָה; נוֹחַ; נַחַת II; שֶׁקֶט; שְׁלִי*; שַׁלְוָה; רֶגַע

zur Ruhe bringen שׁבח II pi.
Ruhe haben שׁלה; שׁקט
Ruhe halten שׁקט hif.
zur Ruhe kommen דמה II; רגע hif.; שׁתק
Ruhe schaffen רגע hif.; שׁקט hif.
Ruhe verschaffen נוח I hif.
Ruhelager עֶרֶשׂ
ruhen נוח I; שׁבת
Ruheplatz מַרְגֵּעָה; מַרְגּוֹעַ; מְנוּחָה
Ruhestatt נוֹחַ
ruhig sein שׁאן pilp.; שׁקט
ruhig lebend *רָגֵעַ
sich ruhig verhalten רגע nif.; שׁקט
Ruhm נֵצַח I; תְּהִלָּה I; תִּפְאֶרֶת
rühmen הלל II pi.
gerühmt werden הלל II pi.
sich rühmen הלל II hitp.
sich rühmen gegenüber פאר II hitp.
Ruhmestaten תְּהִלָּה I pl.
rund עָגֹל
Rundbrot כִּכָּר
rundherumschichten דור I
Rundschild cj. *עֲגִילָה
rundum *מֵסַב; מְסִבָּה
Rundung *חַמּוּק
Russ פִּיחַ; אָבָק
sich rüsten גרה hitp.; חלץ nif.
Rüstzeug נֶשֶׁק I
Rute מַקֵּל; חֹטֶר

Saat זֶרַע
Saatland *מִזְרָע
Sabäer שְׁבָאִים
Sabbat שַׁבָּתוֹן; שַׁבָּת
Sache עִנְיָן; מְלָאכָה; דָּבָר
Sachwalter sein פלל
Sack *אַמְתַּחַת; שַׂק
Säckchen צְרוֹר I
säen זרע
Safran כַּרְכֹּם
Saft *לֵחַ; נֵצַח II; דֶּמַע; תִּירוֹשׁ; תִּירֹשׁ
im Saft stehen רָטֹב
saftig רַעֲנָן; דָּשֵׁן
Säge מַשּׂוֹר
sagen אמר I; מלל III pi.
zu sagen veranlassen אמר I hif.
Sais סִין I
Saite *מֵן
Saiteninstrument *מֵן pl.
e. Saiteninstrument spielen נגן pi.
Saitenspiel *נְגִינָה
Saitenspieler נגן pt.
Salbe *רִקֻּחַ
würzige Salben bereiten רקח
Salbengemisch מִרְקַחַת
Salbenmischer(in) *רַקָּח
Salbentopf מֶרְקָחָה
salben משׁח I
sich salben סוך II, hif.
Salbung מָשְׁחָה I; מִשְׁחָה I
Salmanassar שַׁלְמַנְאֶסֶר
Salz מֶלַח II
salzen מלח II
Sämann משׁך pt.
Same זֶרַע
Samen bilden זרע hif.
Samenerguss *קָרֶה
Sammelbecken מִקְוֶה
sammeln אסף; לקט, pi.; קבץ, pi.; קשׁשׁ pol.; רכשׁ
(ver)sammeln כנס
sich sammeln לקט hitp.; ערם I nif.; קוה II nif.
sich um d. Banner sammeln נסס II hitpo.

Sammlung אֲסֵפָה*
samt וְ; גַּם
Sand חוֹל I
Sandale נַעַל
m. Sandalen versehen נעל hif.
Sandalriemen שְׂרוֹךְ*
Sandkörner cj. חֲרִיפוֹת
sanft רַךְ
Sanftheit אַט I
Saraph-Schlange שָׂרָף I
Sarg אֲרוֹן
Saroniter שָׁרוֹנִי
Satrap אֲחַשְׁדַּרְפָּן*
satt שָׂבֵעַ
satt haben שׂבע
satt machen שׂבע pi., hif.
sich satt trinken רוה
satt tränken רוה pi., hif.
satt getränkt רָוֶה
Sattelkörbe מִשְׁפְּתַיִם
satteln חבשׁ
Sattelsitz מֶרְכָּב
Satteltasche כַּר III; אַרְגַּז
sättigen שׂבע pi., hif.
gesättigt שׂבע nif. pt.; שָׂבֵעַ
sich sättigen an שׂבע
sättigen mit שׂבע
Sättigung שֹׂבַע; שָׂבָע; שִׂבְעָה; שָׂבְעָה*; שִׂבְעָה
Saturn כִּיּוּן
Satzungen חֻקָּה
sauber חַף I
säubern מרק I hif.
von d. Fettasche säubern דשׁן pi.
Säuberung תַּמְרוּק
sauer schmecken חמץ I hif.
sauer Schmeckendes מַחְמֶצֶת
Sauerampfer חָמִיץ
Sauerteig שְׂאֹר
saugen ינק
säugen ינק hif.; עול II

Säugling יוֹנֵק; עוּל
Säule נְצִיב I; עַמּוּד; תִּימָרָה*; תִּמָרָה*
Säulenkapitäl כַּפְתּוֹר II; כֹּתֶרֶת
Saum שָׂפָה
Säume שׁוּל*
säumen אחר pi.; מהה hitpalp.
sich schaben גרד hitp.
Schacht נַחַל I
Schädel גֻּלְגֹּלֶת
Schaden מָשְׁחָת*
Schaden erleiden כלם hof.
Schadenersatzpflicht בִּקֹּרֶת
schädigen בצע pi.; כלם hif.
schädlich רַע; רָע
Schafbock עַתּוּד*
schaffen ברא I; יצר; קנה
geschaffen werden עשׂה I pu.
Schafhirt נֹקֵד
junges Schaflamm כִּבְשָׂה; כַּבְשָׂה
Schafzüchter נֹקֵד
Schakal אִי* II; תַּן*
Schale סַף I; כְּפוֹר I; כַּף; זָג; גֻּלָּה; גָּבִיעַ; אַגָּן; קְעָרָה; סֵפֶל
runde Schale סַהַר
Scham נַבְלוּת; מָעוֹר*; בֹּשֶׁת; בָּשְׁנָה
sich schämen בושׁ I; כלם nif.
sich vor einander schämen בושׁ I hitpal.
Weibliche Schamgegend שׁוּל*
Schamteile מְבוּשִׁים
Schandbild מִפְלֶצֶת
Schande בֹּשֶׁת; חֶסֶד I; חֶרְפָּה; קָלוֹן
in Schande u. Schaden bringen כלם hif.
zu Schanden machen בושׁ I hif.
in Schanden versetzt שׁמם po.
schänden חאב II; תעב pi.
sich schändlich benehmen חפר II hif.
Schändlichkeit בֹּשֶׁת; הֶבֶל
Schandtat זִמָּה I
Schar אֲגַף*; חֶבֶל I; מִשְׁלַחַת; עֵדָה I; שִׁפְעָה
sich scharen um כתר II hif.

sich zusammen scharen מלא hitp.
scharf *חַד I; *חֲרִישִׁי
scharf sein קשׁב
sich scharf erweisen חדד hitp.
schärfen ברר II, hif.; חדד cj. hif.; לטשׁ;
 שׁנן I
geschärft לטשׁ pu. pt.
geschärft werden חדד hof.
Scharfrichter טַבָּח pl.
scharren חפר I
Schatten צֵל
Schatten geben צלל III hif.
Schatz אוֹצָר; חֲמֻדוֹת; חֹסֶן; מַטְמוֹן; *מִכְמָן;
 cj. *סִימָה
Schatzhaus נְכֹת
Schatzkammer *גַּנְזַךְ
Schatzkammern *גְּנָז I
Schatzmeister גִּזְבָּר
Schätzungswert עֵרֶךְ
Schaubrote לֶחֶם
Schauder שַׂעַר I; שִׁמָּמוֹן
schaudern שׂער I; שׁמם
zum Schaudern gebracht werden שׁמם nif.
schauen נבט hif.; צפה I; שׁנח hif.
schauen auf cj. חדה II; פקד; שׁעה
Schauerliches שַׁמָּה I
Schaufel *מִגְרָף
geschaukelt werden שׁעע II pulp.
schäumen חמר II
Schauopfer בָּקָר I
Schauung חָזוֹן; חָזוּת; מַחֲזֶה
Scheibe *נָרָן I; פֶּלַח; תַּעַר
Scheidung כְּרִיתוּת
Schein אוֹר I; מַרְאֶה; עַיִן
scheinen אהל II hif.
Scheitel קָדְקֹד
Schelle *מְצִלָּה
schelten גער
Schemel *הֲדֹם; כֶּבֶשׁ
Schenkel *פַּחַד II; שׁוֹק
Schenkenamt מַשְׁקֶה
Scheqel שֶׁקֶל
scheren גלח; גזז
sich eine Glatze scheren קרח, nif., hif.
Schermesser מוֹרָה I
scherzen צחק pi.; שׂחק pi.
scherzend unterhalten שׂחק
Scheschonk שִׁישַׁק
Scheu hegen פחד pi.
scheuen דאג
Scheusal(e) שִׁקּוּץ; שֶׁקֶץ
Schicht מַעֲרָכָה; עֵרֶךְ
in Schichten/Reihen legen ערך
Schicht- oder Schaubrote מַעֲרֶכֶת
Schichten תַּלְפִּיּוֹת
schicken שׁלח I, pi.
geschickt werden שׁלח I nif., pu.
Schiedsrichter sein פלל
Schiedsspruch מִשְׁפָּט
Schiefergneiss בֹּחַן II
schiessen ידה I; ירה I, hif.; רמה I
Schiff אֳנִיָּה; כְּלִי; סְפִינָה; *צִי I; *שְׂכִיָּה
Schiffe אֳנִי
Schiffer *מַלָּח
Schild דֶּגֶל; מָגֵן I; צִנָּה II
Schildbuckel גַּב I
Schilddach צִנָּה II
Schilf אֵבֶה; חָצִיר III; סוּף I
Schilfhalm אַגְמוֹן
Schilfmeer יָם; סוּף I
Schilftümpel אֲגַם
Schimmer מוּעָף
Schimpf כְּלִמָּה; כְּלִמּוּת
Schimpfliches נְבָלָה
schinden cj. חמר IV
Schinderei פֶּרֶךְ
Schlacht(ordnung) נֶשֶׁק I
schlachten זבח; טבח; שׁחט I
Schlächter טַבָּח
Schlachtfleisch טִבְחָה

Schlachtopfer זֶבַח I
d. Schlachtordnung aufstellen ערך
Schlachtplatz מַטְבֵּחַ
Schlachtreihe מַעֲרָכָה
Schlachtung הֲרֵגָה; טֶבַח I; טִבְחָה; שְׁחִיטָה*
Schlacke בְּדִיל*
Schlaf שֵׁנָה
Schläfe רַקָּה*
schlafen ישׁן I
schlafend יָשֵׁן I
tief schlafen רדם nif.
schlaff רָמִיָּה; רפה nif. pt.; רָפֶה
schlaff machen רפה pi.
zu schlaff sein, um . . . פגר pi.
schlaff werden רפה
schlaflos sein דלף II; שׁקד
Schläfrigkeit נוּמָה
Schlag מַחְסִיָה; מַּחַץ; מַכָּה; נֶגַע
Schläge מַהֲלֻמוֹת
schlagen הלם; נגע pi.; נגף; נכה pu.; ספק I
geschlagen werden נגע nif.; נכה hof.
sich schlagen lassen נגע nif.
in Stücke schlagen נדע, pi.
Schlamm חוֹל I; טִיט; יָוֵן
Schlamm und Talg רֶפֶשׁ
Schlammsand בֹּץ
Schlange אֶפְעֶה; בָּשָׁן II (?); נָחָשׁ I; תַּנִּין
geflügelte Schlange שָׂרָף I
schlau sein ערם II
Schlauch אוֹב* I; חֵמֶת; נֹאד; cj. רֹקֶב*
schlecht aussehend זעף II
schlecht bekömmlich רַע; רָע
schlecht beschaffen רַע; רָע
schlecht gehen חבל III nif.
schlecht gestimmt רַע; רָע
schlecht sein רעע I
Schlechtes tun רעע I hif.
Schlechtigkeit עַוְלָה
schleichen רמשׂ
Schleier דֹּק; צַמָּה*; רְעָלָה*
schleifen סחב; ערר po., pilp.
geschleift werden ערר
Schleifen לֻלָאוֹת
Schleim רִיר
Schleimfluss זוֹב
schleppen משׁך
Schleppnetz חֵרֶם II
Schleuder קֶלַע I
Schleuderer קַלָּע*
schleudern צנף II; קלע I, pi.
schlichten יכח hif.; שׁפט
schliessen אטר; נוף I hif.; סגר I; עצם III, pi.
geschlossen צעה pt.
schlimm sein מרץ nif.
schlimme Taten עַצְמָה*
Schlinge מַלְכֹּדֶת*
Schlingen חֶבֶל II; לֻלָאוֹת
Schlingen legen נקשׁ pi.
Schlosser מַסְגֵּר II
Schlucht בִּתְרוֹן; מַעֲבָר*; מַעְבָּרָה; פַּחַת; שׁוּחָה I
schluchzen נהג II pi.
Schlummer תְּנוּמָה
schlummern נום
Schlund גַּרְגָּרוֹת*
schlüpfrig חָלָק
Schlupfwinkel אֶרֶב*; חָנוּ*; מַחְשָׁךְ; סֶלַע
schlürfen לעע II; מצץ
in sich schlürfen גמא
Schlüssel מַפְתֵּחַ
Schmach חֶרְפָּה; נְאָצָה; קָלוֹן
schmachten דאב
schmachtend כָּלֶה*
schmachten nach כמה
schmächtig רַק* I
schmähen גדף pi.; חסד I pi.; חרף II, pi.; כלם hif.
Schmähung גִּדּוּף*; גִּדּוּפָה*; חֶסֶד I; חֶרְפָּה; נֶאָצָה

schmelzen צרף
geschmolzen werden נתך hof.
schmelzen machen מסה hif.
Schmelzen הִתּוּךְ
z. Schmelzen bringen נתך hif.
z. Schmelzen gebracht werden נתך nif.
Schmelzofen כִּבְשָׁן
kleiner Schmelzofen כּוּר
Schmelztiegel מַצְרֵף
Schmerz חִילָה; כְּאֵב; מַכְאֹב; עֶצֶב II; עַצֶּבֶת
Schmerz empfinden חלה I
Schmerzen haben כאב
Schmerz zufügen כאב hif.
schmerzhaft מאר hif. pt.
schmerzhaft sein מרץ nif.
Schmied לטשׁ pt.
Schmiedehammer פַּטִּישׁ
geschmiedet נבל II pt.
schminken כחל; שׂ/סמם hif.
Schmuck הָדָר; הֲדָרָה*; חֲלִי; חֶלְיָה I; כְּלִי; תִּפְאֶרֶת; עֲדִי
weiblicher Hals u. Brustschmuck כּוּמָז
schmücken יפה pi.; נאה cj. pi.
geschmückt sein רעל II hof.
sich schmücken עדה II
Schmucksachen עֶדֶן* I
als Schmutzfleck haften bleiben כתם nif.
schmutzig צֹאִי
schmutzig sein/werden קדר
schnappen nach שׁאף
schnauben נחר; נשׁם
Schnauben נַחַר*; נַחֲרָה*
Schnecke שַׁבְּלוּל
Schnee שֶׁלֶג
es schneite שׁלג hif.
schneiden נזר I
in Stücke schneiden נתח pi.
Schneiden פִּיפִיּוֹת
schneiteln זמר II
Schneiteln זָמִיר II

schnell קַל
schnell sein חדד
sich als schnell erweisen קלל nif.
Schnelle קַל
schneller sein als קלל
Schnitte חָרִיץ* I
sich Schnittwunden beibringen גדד I hitpo.
schnitzen קלע II
Schnitzerei מִקְלַעַת*
Schnitzmesser מַקְצֻעָה*
Schnitzwerk מִקְלַעַת*
Schnur חֶבֶל II; עֲבֹת; קַו I; קָו; תִּקְוָה I
Schnurrbart שָׂפָם
Schollen רֶגֶב*
schon אִם; כְּבָר I
schön טוֹב I; יָפֶה; נָאוֶה
sehr schön יְפֵיפִיָּה
sich schön machen יפה hitp.
schön sein אוה nif.
schön werden יפה
schonen חמל; חשׂך; cj. שׁמח
Schönheit חֶמֶד; טוּב; טִפֻּחִים; יֳפִי*; שִׁפְרָה I
Schönheitsmittel תַּמְרוּק
schöpfen דלה I
Schopfgegend עֹרֶף
Schöpfrad גַּלְגַּל I
Schoss בַּד* II; חֵיק; פֹּארָה*; קָצִיר II; שֶׁלַח* II
Schössling יוֹנֶקֶת; יוֹנֵק; נֵצֶר; שֶׁלַח* II
Schranke חֹק; מַעְצוֹר
Schreck מָגוֹר I; עִיר II
v. Schreck befallen werden חיל I hitpalp.
vor Schreck gelähmt sein ירה
schrecken ערץ, hif.
Schrecken אֵימָה; בְּעָתָה; זְוָעָה; זַעֲוָה; חַת I; חִתָּה*; חִתִּית; מוֹרָא; מְחִתָּה; cj. מַעֲרָץ*; רֶטֶט; רְתֵת; פַּלָּצוּת; פַּחְדָּה*; פַּחַד I
v. Schrecken befallen werden בעת nif.
jäher Schrecken בַּלָּהָה
Schreckensgewalt מַעֲרָצָה

schreckerfüllt *חַת II
schreckerfüllt sein חתת
Schrecknis *בְּעוּת; חַתְחַת; חֲתַת I; מָגוֹר I
schreiben כתב; ספר I
Schreiber סֹפֵר
Schreibkunst סְפֹרוֹת
schreien נהק; צהל I; צעק; צרח; קרא I; רוע hif.; רנן pi.
ekstatisch schreien ניל
laut schreien צוח
immer wieder schreien צעק pi.
schreiend herfallen עיט
Schreien שְׁאָגָה; צְעָקָה
schreiten אשר I qal, pi.; פשׂע I
schreiten lassen צעד hif.
Schreiten צְעָדָה
Schrift כְּתָב; *מִדְרָשׁ; מִכְתָּב; סֵפֶר I
Schriftgelehrsamkeit מִסְפֶּרֶת II; סִפְרָה
Schriftgelehrter סֹפֵר
schriftlich angeordnet werden כתב nif.
Schriftrolle מְגִלָּה
Schriftstück כְּתָב; מִכְתָּב; סֵפֶר I
Schritt *אָשֻׁר; *הָלִיךְ; *מִצְעָד; פַּעַם; פֶּשַׂע; *צַעַד
Schrittkettchen צְעָדָה
Schrittkette אֶצְעָדָה
schrumpfen צפד
Schuld אַשְׁמָה; חוֹב; חֵטְא; *נְשִׁי; רֶשַׁע; רִשְׁעָה
Schuld büssen אשם
durch Sünde bewirkte Schuld עָוֹן
ohne Schuld sein נקה nif.
jmds. Schuld wegnehmen נשׂא
schuldbeladen אָשֵׁם
Schuldbetrag אָשָׁם
Schulderlass שְׁמִטָּה
Schuldforderung מַשָּׁא
schuldig רָשָׁע
für schuldig erklären עקשׁ hif.; רשׁע hif.
sich schuldig machen רשׁע hif.
schuldig sein חטא; רשׁע
schuldig sprechen רשׁע hif.
schuldig werden רשׁע
schuldlos נָקִי; צַדִּיק; תָּם
sich als schuldlos ausweisen צדק hitp.
als schuldlos behandeln צדק hif.
für schuldlos erklären צדק hif.
schuldlos sein זכך
Schuldopfer אָשָׁם
Schüler *לִמֵּד; לִמּוּד; תַּלְמִיד
Schulter שְׁכֶם I
Schulter(blatt) כָּתֵף
Schuppe מָגֵן I; קַשְׂקֶשֶׂת
Schuppen דֶּבֶק; סַפַּחַת
Schuppenpanzer *סִרְיוֹן; שִׁרְיוֹן
Schur גֵּז; גִּזָּה
schüren חצב II
Schurke כִּילַי
Schurz חֲגוֹרָה
Schüssel צַלַּחַת; קְעָרָה
schütteln נוע hif.; פרר pilp.
geschüttelt werden נוע nif.; קלל hitpalp.
den Kopf schütteln נוד hif.
sich schütteln נוד hitpol.
schütten שׁפך
Schutthügel תֵּל
Schutz מָגֵן I; סֵתֶר; סִתְרָה; עֹז II; צֵל
Schutzbürger גֵּר
Schutzbürgerschaft *מָגוֹר II
Schutzdach חֻפָּה I
Schütze יוֹרֶה I; מוֹרֶה I; רבה II pt.
schützen גנן; עיר; עשׂה III; שׂגב pi.; שׁמר I
Schützen *רַב III
Schutzmauer גְּ(י)לֹנִי
schwach רַךְ
schwach fühlen עטף II hitp.
schwach sein עטף II
schwach werden חלה I; כלה I; מסס nif.; ענה II nif.; עטף II; עפל
schwach gemacht werden חלה I pu.
schwächlich *עָטוּף

schwächlich sein עטף II hif.
Schwächling חַלָּשׁ
Schwall שִׁפְעָה
schwanger *הָרֶה
schwanger gehen חבל IV pi.
schwanger sein הרה
Schwangerschaft הֵרוֹן
schwanken חמק hitp.; מור nif.; נוד; נוע; נסס; רפף po.
hin u. her schwanken מוג nif.; נוד hitpol.
Schwanz זָנָב
Schwarm *גֵּבָה; גּוֹי; עֵדָה I
schwarz עלם II hif. pt.; שָׁחֹר
schwarz werden שחר I
Schwarzkümmel קֶצַח
schwatzen בטא/ה, pi.; פתה II
Schwätzer לֵץ
schweben דאה
Schweben *מִפְלָשׂ
Schwefel גָּפְרִית
schweifen שׁוט I
schweigen דמה II nif.; חרשׁ II hif.; חשׁה, hif.
schweigen heissen חשׁה hif.
schweigen machen חרשׁ II hif.
schweigen müssen דמה II nif.
Schweigen דּוּמָה I; דּוּמִיָּה; דּוּמָם
Schweiss דַּעַת III; *זֵעָה; *יֶזַע
Schwelle סַף II
d. untere Schwelle מִפְתָּן
Schwellenhüter סַף II
Schwemme רַחְצָה
schwemmen מסה hif.
schwer כָּבֵד I; קָשֶׁה
es schwer haben קשׁה I pi.
schwer lasten כבד
schwer sein כבד; קשׁה I
zu schwer sein פלא nif.
Schwere כָּבוֹד; כֹּבֶד
schwerfällig כָּבֵד I
Schwert חֶרֶב
Schwester אָחוֹת
Schwiegermutter *חָמוֹת; חֹתֶנֶת
Schwiegervater *חָם I; חֹתֵן
schwierig כָּבֵד I; קָשֶׁה
schwierig sein יקר; קשׁה I
schwimmen שׂחה
Schwimmen שָׂחוּ
zum Schwimmen bringen צוף hif.
schwinden אזל; בלה pi.; ברח I
schwindend *כָּלֶה
Schwindsucht רָזוֹן I; שַׁחֶפֶת
Schwinge *נָפָה I
schwingen נדח II; נוף I hif.; עור II pol.
Schwingen הֲנָפָה
schwitzen cj. ידע III nif.
schwören שׁבע I nif.
schwören lassen בוא בְּאָלָה hif.; שׁבע hif.
Schwund cj. *דּוֹב; כִּלָּיוֹן
sechs שֵׁשׁ I
Sechstel שִׁשִּׁי
sechster (Teil) שִׁשִּׁי
See יָם
Seele נֶפֶשׁ
Seemann *מַלָּח
Seeungeheuer תַּנִּין
Segel מִפְרָשׂ
Segen בְּרָכָה I; טוֹב
sich Segen wünschen wie ברך II nif.
Segenswunsch בְּרָכָה I
segnen ברך II pi.
gesegnet ברך II pt.
sich segnen ברך II hitp.
sehen חדה II (cj.); חזה; cj. חמה I; ראה
sehend פִּקֵּחַ
gesehen werden ראה pu.
sehen auf שׁעה
sehen gemacht werden ראה hof.
sich sehen lassen ידע I nif.; ראה nif., hif.
Sehen מַרְאֶה; רֹאֶה II

Seher רֹאֶה I; חֹזֶה
Sehne שָׁרִיר*; יֶתֶר II; גִּיד
Sehnen תַּאֲוָה I
Sehnsucht תַּאֲבָה; מַחְמָל*
sehr מְאֹד; הַרְבֵּה
sei es . . . sei es וְ . . . וְ
seihen זקק I
Seile אֲגֻדָּה
Seillänge חֶבֶל II
sein היה, nif.
auf etwas aus sein שׁחר, pi.
dahin sein היה nif.
nicht mehr da sein אפס
seit מִן; יוֹם I; אָז
seitdem אָז
Seite יָד I; יָרֵךְ; כֶּסֶל I; כָּתֵף; עֵבֶר I; פֵּאָה I; צַד; צֵלָע I; רֶבַע I
(Welt-)Seite רוּחַ
an die Seite von אֵת II
auf d. andere Seite bringen סבב hif.
slinke Seite שְׂמֹאול; שְׂמֹאל
auf der linken Seite befindlich שְׂמָאלִי
sich auf die Seite stehlen גנב hitp.
sich nach e. Seite wenden פנה
zur Seite von עַל II; צַד
Sekretär סֹפֵר; מַזְכִּיר
Sekretär f. jüd. Angelegenheiten סֹפֵר
selber נֶפֶשׁ; גְּוִיָּה
sich selber erkennen ידע I nif.
selbst wenn כִּי II
Selbstsicherheit שַׁלְוָה
selten יָקָר
selten besuchen יקר hif.
selten sein יקר
senatus לַהֲקָה*
senden שׁלח I, pi.
Sendung מְלָאכָה
sengen כוה cj. qal
sengend צָרָב*; חֲרִישִׁי*
senken נחת pi.
sich senken מכך nif.; שׁוח; שׁפל; שׁקע, nif.
sich senken lassen שׁקע hif.
Sessel כִּסֵּא
setzen ישׁב hif.; נוח I hif.; נתן; שׂים I; שׁית
gesetzt werden שׂים I
(auf)setzen שׁפת
Setzschild צִנָּה II
Setzwage מִשְׁקֶלֶת*
Seuche רֶשֶׁף; מָוֶת I
seufzen נוח II
Seufzen אֲנָחָה; הָגִיג*
Seufzer הֶגֶה
Sexueller Verkehr עֹנָה
Sichel מַגָּל; חֶרְמֵשׁ
Sichelschwert כִּידוֹן
Sichemit שִׁכְמִי
sicher שַׁאֲנָן
Sicherheit בֶּטַח I; שַׁלְוָה
in Sicherheit bringen מלט I nif.; נוס hitpol.; סוג I hif.; עוז hif.; פלט hif.
sicherlich בַּל II; לוּלֵא
sichtbar werden חמה I nif.; ראה nif.
sichten ברר I hif., pi.; צרף
Sidonier צִידֹנִי
sie הֵנָּה; הֵם II
Sieb כְּבָרָה I; חַשְׁרָה*
sieben שֶׁבַע I
Siebengestirn כִּימָה
Siebenheit שֶׁבַע I
siebenter/siebente שְׁבִיעִי
Siechtum נַחֲלָה II; כַּחַשׁ
sieden בשׁל pi.
zum Sieden bringen רתח pi., hif.
Siedlung חָצֵר
Sieg תְּשׁוּעָה
Siegel חוֹתָם I
(ver)siegeln חתם
Siegelring טַבַּעַת; חֹתֶמֶת
siegen יכל

siegreich sein ישע nif.
siehe הֵא; הֵן I; הִנֵּה
Signal תְּרוּעָה
Signalstange נֵס; תֹּרֶן
Silber כֶּסֶף I
Silberschaum סִיג
Silberscheibe כִּכָּר
Silberstücke *רַץ
Simeiter שִׁמְעִי II
singen זמר I pi.; ענה IV; שׁיר
gesungen werden שׁיר hof.
das Leichenlied singen קין pil.
sinken שׁקע, nif.
Sinn יֵצֶר I; לֵב; רוּחַ
sinnen זמם
Sinnen *הָגוּת; הִגָּיוֹן
von Sinnen sein בהל nif.
Sinneslust הֵרוֹן
sinnlich verlangen nach ענב
sinnlos הלל III poal pt.
sinnlos hin und her laufen שׂרך pi.
Sippe אֶלֶף III; חַי III; מִשְׁפָּחָה; עַם
Sistrum מְנַעַנְעִים
sittlich verworfen רָע; רַע
Sitz מֶרְכָּב; מוֹשָׁב
sitzen ישׁב
sitzen bleiben ישׁב
sitzen lassen ישׁב hif.
Sitzplatz מוֹשָׁב
Sklave עֶבֶד
im Haus(halt) geborener Sklave יָלִיד
als Sklave dienen עבד
Sklavin אָמָה; שִׁפְחָה
Skorpion עַקְרָב
Skulptur סֶמֶל
Skythen אַשְׁכְּנַז
Smaragd בָּרֶקֶת
so כֵּן II; כָּכָה
so (ist) וְ
Sockel *אֶדֶן; יְסוֹד
sodann כֵּן II
sodass אָכֵן II; אֲשֶׁר I
sogar אַף I; גַּם; וְ
Sohn בֵּן I; בַּר I; יָלִיד
Sohnsfrau כַּלָּה
ein solcher, so זֶה
Söldner שָׂכִיר
Sommer cj. קַיִט; קַיִץ
Sommerernte קַיִץ
Sommerfäden קִשֻּׁרִים
Sommerobst קַיִץ
sondern כִּי־אִם; לֹא כִּי (כִּי II)
Sönnchen *שָׁבִיס
Sonne חַמָּה; חֶרֶס, II; שֶׁמֶשׁ
Sonnenaufgang *זֶרַח I; מִזְרָח
Sonnenhitze שָׁרָב
sonnenkult שֶׁמֶשׁ
Sonnenuntergang מַעֲרָב II; עֶרֶב I
sonst פֶּן־
sonst noch עוֹד
in Sorge sein דאג
sich sorgen חושׁ II
sorgfältig tun שׁמר I
sorglos שַׁאֲנָן; שָׁלֵו
sorglos sein שׁאן pilp.
Sorglosigkeit *שַׁלְוָה; שָׁלוּ
Sororarch מֹלֶכֶת
Sorte זַן
sowie כַּאֲשֶׁר
sowohl . . . als וְ . . . וְ
spähen צפה I, pi.
Spalt שֶׁסַע
Spalte *נָקִיק
spalten בקע, pi.; חרם II hif.; פלג pi.; פצם
sich spalten בקע nif.
Späne שְׁבָבִים
Spange אֶצְעָדָה; זֶרֶת
spannen דרך; פרשׂ
gespannt werden נטה nif.
Spannung *מֻטָּה

sparen חמל; חשׂך
spärlich דַּק
Sparren כָּפִיס
spät am Abend tun ערב V hif.
Spaten מִגְרָף*
später אַחֲרוֹן
Spätgras לֶקֶשׁ
Spätregen מַלְקוֹשׁ
spätzeitig אָפִיל*
Speer חֲנִית
Speerschäfte בְּרוֹשׁ
Speichel רֹק; תֹּפֶת I
Speicher מַאֲבוּס*; מָזוּ*
speien ירק I; קִיא
Speise לֶחֶם; בָּרוּת*; אָכְלָה; אֹכֶל; אֲכִילָה;
צַיִד; פַּת־בַּג; מָזוֹן; מַאֲכֹלֶת; מַאֲכָל II
Speise als Trost geben ברה I hif.
speisen לחם II
Speiseopfer מִנְחָה
Spende מַשְׂאֵת
Sperma מַיִם
Spezereien סַם*
spicken מלא pi.
Spiegel רְאִימַרְאָה
Spiel הִגָּיוֹן; זִמְרָה I
s. Spiel treiben לעב hif.
spielen שׂחק pi.
Spiess קַיִן* I
Spinne עַכָּבִישׁ
spinnen טוה
Spinnengewebe קוּר*
Spinnwirtel כִּישׁוֹר; פֶּלֶךְ I
Spitze חַדּוּד*; צִפֹּרֶן
Spitzes Gerät שֻׂכָּה*
Spitzmaus חֲפַרְפָּרָה*
Splendeschale מְנַקִּית*
Splitter שְׁבָבִים
Spott הֲתֻלִּים; קֶלֶס
scharfer Spott שְׁנִינָה
Spott treiben ליץ hif.: תעע hitpal.

spotten ליץ hif.; לעג hif.
Spötter ליץ pol. pt.; לֵץ; לצץ pt.
Spöttereien תַּעְתֻּעִים pl.
Spottlied מַנְגִּינָה*; מָשָׁל I; נְגִינָה*
Spottverse sagen משׁל I
Spottwort שְׁנִינָה
Sprache לָשׁוֹן; שָׂפָה
fremde Sprache reden לעז
Sprachlosigkeit cj. חֹשֶׁךְ*
Sprachwerkzeug לָשׁוֹן
sprechen דבר II pi.; מלל III
Sprechweise שָׂפָה
spreizen פשׂק pi.
sich spreizen צעה
sprengen זרק I; נזה hif.
Sprengschale מִזְרָק
Sprengwedel אֲגֻדָּה
gesprenkelt נָקֹד
Spreu מֹץ
Sprichwort מָשָׁל I
Spriessen צֶמַח
zum Spriessen bringen צמח hif.
springen דלג, pi.; רקד
zum Springen bringen רעשׁ hif.
spritzen נזה
Spross נֵצֶר*; שָׁלָב*
der einzelne Spross צֶמַח
sprossen פרח I; צמח
sprossen lassen דשׁא hif.
zum Sprossen bringen פרח I hif.
Sprössling כֵּן III
Sprösslinge יוֹנֶקֶת; צֶאֱצָאִים
Spruch מָשָׁל I; פִּתְגָם
anspielender Spruch מְלִיצָה
Spruch machen משׁל I
Spruchdichtung מֹשֶׁל I
sprudeln נבע
Sprünge machen חגג
Spur מִצְעָד*
spüren טעם

Staatsschreiber סֹפֵר
Stab מַטֶּה; מַקֵּל; מִשְׁעֶנֶת; שַׁרְבִיט
Stachel דֶּבֶר II
Stacheln צנח
Stadt עִיר I; קִיר II; קִרְיָה; קֶרֶת
befestigte Stadt מִבְצָר I; מְצוּרָה II
feste Stadt מָצוֹר II
Stadtbevölkerung עִיר I
Stadtfürsten *סֶרֶן II
Stadtgraben חָרוּץ II
Stadtmauer חוֹמָה
Stadtteil עִיר I
Stakte דְּרוֹר II
Stakte-Tropfen נָטָף
Stall *רֶפֶת
Stallplatz *אֻרְוָה
Stamm אֻמָּה; אֶלֶף III; מַטֶּה; שֵׁבֶט
Gefällter Stamm מַפֶּלֶת
Stammbaum יחשׂ hitp. (inf. subst.)
stammeln לעע I
Stammesabteilung דֶּגֶל
Stammesfürst *נָסִיךְ II
Stammesgenosse אָח II
Stammeshäuptling אַלּוּף II
Stammler עִלֵּג
Stammvater אָב
stampfen רקע
Stampfen *שְׁעָטָה
Stand d. jungen Mannes *בְּחוּרוֹת; *בְּחוּרִים
in Stand halten כון hif.
zu Stande kommen קום
in Stand setzen כון hif.
Standarte נֵס; דֶּגֶל
Ständer עַמּוּד
Standhaftigkeit תְּקוּמָה
Standort מָכוֹן; מַצָּב; מָקוֹם; *עֹמֶד; *עֶמְדָּה
Standplatz מוֹשָׁב
Stange *נָלִיל I; מוֹט
stark *אָבִיר; אַבִּיר; אַמִּיץ; *אָפִיק II; חָזָק; חָזֵק; חָסֹן; כַּבִּיר; עַז; עֹז I; קשׁר pt.; תַּקִּיף

sich stark erweisen אמץ I hif. hitp.; חזק hitp.; עזז
stark machen חזק pi.; חלץ hif.
stark sein אמץ I; גבר hif.; חזק; עשׁק II
stark werden חזק
Stärke אֹמֶץ; אַמְצָה; אַמְרָה; זִמְרָה II; דְּאָבָה; *דֹּבֶא; cj. דְּבָאָה; דֶּרֶךְ; *חֹזֶק; חֵזֶק; חָזְקָה; חֶזְקָה; חֹסֶן; כֹּחַ I; עֹז I; עֱזוּז; *עֵזֶר III; עֹצֶם I
stärken אמץ I pi.; חזק pi.; יסר II; סעד
starr sein דמם I
starr werden קפא
stationiert נְתוּנִים
Statt כֵּן IV
Stätte מָכוֹן; מְכוֹנָה; תְּכוּנָה
heilige Stätte מָקוֹם
Statthalter נצב I nif. pt.; נְצִיב I; *סֶגֶן; פֶּחָה
Statue צֶלֶם I
Staub אָבָק; אֵפֶר; דַּכָּא I; עָפָר; רֹבַע II
Staubbelag שַׁחַק
Staubregen רְבִיבִים
staunen תמה
stechen נכה pu.
sich scharf gestochen fühlen שׁנן I hitp.
Stechmücke כֵּן V
Stechmücken כִּנָּם
stehen נצב I nif.
stehen bleiben נצב I nif.; עמד
zu stehen kommen קום
stehen lassen עמד hif.
zum Stehen bringen עמד hif.
stehlen גנב
Gestohlenes גְּנֵבָה
Steig *מַעֲלֶה
steigen ירד
steigern יסף hif.; שׂנה hif.
Stein אֶבֶן
aufgestellte Steine אֶבֶן
v. Steinen säubern סקל pi.
skulptierte Steine אֶבֶן
untere Stein des Türgefüges סַף II

m. Steinen (be)werfen סקל pi.
Steinaltar אֶבֶן
Steinbelag מַרְצֶפֶת
Steinbock יָעֵל I
Steinbockweibchen יַעֲלָה*
Steinhaue גַּרְזֶן
Steinhauer חֹצֵב; cj. חַצָּבִי*
Steinhaufe גַּל I
Steinhaufen אֶבֶן
mit einem Steinhaufen bedecken רגם
steinigen סקל; רגם
Steinigen אֶבֶן
Steinkreis הַגִּלְגָּל II
Steinlage טִירָה*
Steinmal צִיּוּן; יָגַר
Steinmesser חֶרֶב
Steinpferch גְּדֵרָה* I
Steinpflaster מַרְצֶפֶת; רִצְפָּה
Steinplatte לְבֵנָה
Steinplattenbelag רִצְפָּה
Steinsäge מְגֵרָה
Steinwall גָּדֵר
e. Weg durch Steinwall sperren גדר
Steinwüste חֲרֵרִים
Steissbein עָצֶה
Stele פֶּגֶר
Stelle מְכוֹנָה; מָקוֹם
heile Stelle מְתֹם
hochgelegene Stelle מָרוֹם
kahle Stelle נִבְּלַחַת
v. d. Stelle weichen מושׁ II
stellen נוח I hif.; נתן; ערך; שׂים I; שׁית
gestellt werden קום hof.
Stellholz מוֹקֵשׁ
mit dem Stellholz fangen קושׁ I
Stellnetz u. Fischernets מִכְמָר
Stellung כֵּן IV; מַעֲמָד
hohe Stellung מָרוֹם
sich stemmen auf סמך nif.
Stemmstein מַעֲמָסָה

Steppe מִדְבָּר I; עֲרָבָה III
sterben הלך; מות; שׁבת
sterben lassen מות hif.
Sterben מָוֶת
Stern כּוֹכָב
Sterndeuter הבר pt.
Sternenhimmel מִשְׁטָר*
Steuererlass הֲנָחָה
Steuerung תַּחְבֻּלוֹת
Stich מַדְקֵרָה*
im Stich lassen כחשׁ pi.; רמה II pi.; רפה hif.
Stiefel סְאוֹן
Stiege סֻלָּם
Stier פַּר
Stift מַסְמֵר*
still רָגֵעַ*
sich still halten דמם I
still sein דמה II; סכת hif.; שׁקט
sich still verhalten חרשׁ II hitp., hif.
Stille דּוּמָם
stillen ינק hif.
still! הַס
stillschweigend machen lassen חרשׁ II hif.
zum Stillstand gebracht werden עצר nif.
stillstehen דמם I
Stimme קוֹל
die Stimme erheben נתן
stinken באשׁ
stinkend sein חנן II
stinkend werden באשׁ hif.; זנח I hif.; סרח nif.
Stirn מֵצַח; פֹּת*
Stirnglatze גַּבַּחַת
stirnglatzig גִּבֵּחַ
Stirnreif נֵזֶר
Stock מַהְפֶּכֶת; מַטֶּה; שֵׁבֶט
stocken שׁבת
Stocksprosse כִּפָּה
Stockwerk מַעֲלֶה*

Stoff חֵפֶשׂ
feiner Kleiderstoff מֶשִׁי
Stoff f. d. Töpfe חֹמֶר II
Stoffstücke קְרָעִים
Stoffwirker חֹשֵׁב
stöhnen אנח nif.; אנק, nif.; המה; נאק; נהם; פעה
Stöhnen אֲנָחָה; אֲנָקָה I
Stollen נַחַל I; יְאֹר
stolpern כשׁל, nif.
stolz יָהִיר
sich stolz erheben רום hitpolel
Stolz תִּפְאֶרֶת; שַׁחַץ*; גֵּוָה; גָּאוֹן
Storaxbaum לִבְנֶה
Storch חֲסִידָה
störrisch sein סרר I
störrisch werden כשׁה
Stoss נָכוֹן I; נֶגֶף; מְחִי; מַדְחֵפָה*
Stössel עֱלִי
stossen הדף; מחה II; נגח; פעם
gestossen werden דחח nif.
(nieder-) stossen נגח pi.; דחה
sich stossen an כתת pu.; נגף, hitp.
stössig נַגָּח
Strafe פְּעֻלָּה; עָוֹן
ungestraft lassen נקה pi.
für straffrei erklären נקה pi.
Strafgericht שֶׁפֶט: שְׁפוּט*
straflos bleiben נקה nif.
Strahl קֶרֶן
strahlen זרח I; נהר II
strahlend erscheinen יפע I hif.
Strasse שׁוּק; מַסְלוּל; מְסִלָּה
e. Strasse aufschütten סלל
gesträubt machen סמר pi.
Strauch שִׂיחַ I
straucheln כשׁל, nif.
Straucheln כִּשָּׁלוֹן; דְּחִי
Strauss יַעֲנָה; יָעֵן*
weibliche Strausse רְנָנִים
Straussenweibchen רְנָנִים
streben שׁאף
Streben יֵצֶר I; רְעוּת II
Strecke כִּבְרָה* II
gestreckt יָשָׁר
streichen שׂוט I
gestreift עָקֹד
Streifschar גְּדוּד II
Streit דִּין; מָדוֹן I; מַצָּה II; מַצּוּת*; מַרִיב*; רִיב I; מְרִיבָה
Streit anfangen גרה pi.
sich im Streit einlassen גרה hitp.
Streit führen נצה I hif.
Gelegenheit (z. Streit) suchen אנה III hitp.
Streitaxt cj. חָצִין*
streiten נצה I nif.; ריב; שׂרה I
sich streiten דין nif.
sich streiten mit עשׂק hitp.
Streitigkeit(en) מְדָן* II
Streitigkeiten מִדְיָן* I
Streitkräfte זְרוֹעַ
Streitmacht חַיִל
Streitsache רִיב
Streitwagen רֶכֶב; מֶרְכָּבָה
Streitwagenfahrer פָּרָשׁ
Streitwagenkämpfer שָׁלִישׁ III
Streitwagenpark מֶרְכָּב
Streitwagentruppe רֶכֶב
streng קָשֶׁה
streuen זרה I; זרק I
gestreut werden זרה I pu.
Strick חֶבֶל II; נִקְפָּה; עֲבֹת
Strieme חַבּוּרָה; חֲבוּרָה*
Stroh תֶּבֶן
Strohhaufen מַתְבֵּן
Strohstoppeln קַשׁ
Strom נָהָר; יְאֹר
strömen שׁטף
Strömen שֶׁצֶף*
Stück בַּד I; בֶּתֶר I; גֶּזֶר* I; חָרִיץ* I; נֵתַח

abgeschnittenes Stück בֶּצַע
einzelnes Stück שׁוֹר
in Stücke reissen בקע pi.
in Stücke schlagen כתת pi.
in Stücke schneiden נתח pi.; פלח pi.
in Stücke zerschlagen שׁבר I pi.
Studie מִדְרָשׁ*
Studieren לַהַג
Stufe מַעֲלָה
Stufenrampe סֻלָּם
Stuhl כִּסֵּא
stumm אִלֵּם
stumm sein אלם I nif.
Stummel זָנָב
stumpf sein כבד
stumpf werden קהה, pi.
stumpfsinnig sein עבה cj. nif.
Stunde זְמָן
Sturm יוֹם II; שְׂעָרָה
im Sturme davontragen שׂער II
im Sturm fortreissen שׂער II pi.
verderbenbringender Sturm שַׂעַר II
Sturmbock כַּר I
Sturmdach סֹכֵךְ
stürmen סער I
es stürmt שׂער II nif.
Sturmrampe סֹלְלָה
Sturmwind סוּפָה I; סַעַר; סְעָרָה
Sturz מַפֶּלֶת; מִדְחֶה; צֶלַע
stürzen נוע hif.; שׁפל hif.
gestürzt werden ירד hof.
sich stürzen גלל I hitpo.
Stute סוּסָה*
Stütze מָכוֹן; מִשְׁעָן; מַשְׁעֵן; מַשְׁעֵנָה; מִשְׁעֶנֶת
stutzen גרע I; כסם; סמך; סעד; סעף II pi.; קצץ I
rundum stutzen נקף II hif.
sich stützen auf נחה II; סמך nif.; רפק hitp.; שׁען nif.
Stützmauer שׁוּרָה*
suchen בקשׁ pi.; דעה; דרשׁ; חפר I; חפשׂ pi.
sich suchen lassen דרשׁ nif.
suchen nach שׁחר pi.
Süden דָּרוֹם; יָמִין; נֶגֶב; תֵּימָן I
Südgegend תֵּימָן I
südlich יָמִין; יְמָנִי
Südwind דָּרוֹם; תֵּימָן I
Sühne schaffen כפר I pi.
Sühnehandlung כִּפֻּרִים
Sühneleistung כַּפֹּרֶת
sühnen כפר I pi.
gesühnt werden כפר I pu., nitp.
sich sühnen lassen כפר I hitp.
Sühngabe אָשָׁם
Sulamit(in) שׁוּלַמִּית
sumpfige Stelle בִּצָּה
Sünde חֵטְא; חֲטָאָה; חַטָּאָה; חַטָּאת; עָוֹן
arge Sünde נְבָלָה
Sünde bekennen ידה II hif.
e. Sünde begehen חטא
unbeabsichtigte Sünde שְׁגָגָה
zur Sünde verführen חטא hif.
Sünder חַטָּא
sündig חַטָּא
sündigen חטא
Sündopfer חֲטָאָה; חַטָּאת
süss מָתוֹק
süss schmecken מתק hif.
süss sein/werden מתק
Süsse מַמְתַקִּים; מָתֶק*; מֹתֶק
Süsswasserstrom אֵד
Sutäer שׁוֹעַ III
Szepter שַׁרְבִיט

tadeln עצב II
Tadler יִסּוֹר
Tafel לוּחַ; גִּלָּיוֹן
Tafelrunde *מֵסַב
täfern ספן
Tag יוֹם I
andern Tags מָחָר
bei Tag יוֹמָם
einige Tage יוֹם I
d. folgende Tag מָחֳרָת
an folgenden Tag מָחֳרָת
sieben zusammenhängende Tage שָׁבוּעַ
Tag werden אור
Tagesanbruch אוֹר
Tagesanbruches בֹּקֶר II
Tageslicht אוֹר
Tagesmärsche מַסַּע
Taglöhner שָׂכִיר
tagsüber יוֹמָם
Tal גַּיְא
bewohntes Tal *בַּטֻּחֹה
Talebene בִּקְעָה
Täler עֵמֶק I
Talgrund עֵמֶק I
Tamariske אֶשֶׁל
Tamburin תֹּף
tändeln צחק pi.
tänzeln טפף I
tanzen כרר II pilp.; פזז II pi.; רקד pi.; שׂחק pi.
Reigen tanzen חול
tasten נשׁשׁ pi.
sich tasten לפח nif.
Tat *מַעֲבָד; *מִפְעָל; מִפְעָלָה; עֲלִילָה; פֹּעַל; פְּעֻלָּה
Taten *מַעֲלָל; *עֲבָד
Tätigkeit דֶּרֶךְ
Tätowierung כְּתֹבֶת; קַעֲקַע
Tau טַל
taub חֵרֵשׁ
taub sein חרשׁ II
Taube יוֹנָה I
Taubenmist *חֲרָאִים; דִּבְיֹנִים
nichts mehr taugen רעע I
Taugenichts נָבָל I
Taumel רַעַל; תַּרְעֵלָה
taumeln פוק I, hif.; שׁנה; תעה
zum Taumeln bringen תעה hif.
ins Taumeln geraten תעה nif.
Tauregen רְבִיבִים
Tausch תְּמוּרָה
täuschen גנב; כזב I pi.; נשׁא II hif.; חלל II hif.
getäuscht werden חלל II hof.
Täuschung *מַהֲתַלָּה; מַשָּׁאוֹן; *מַשּׁוּאָה; רְמִיָּה
Tausend אֶלֶף II
tausendfach hervorbringen אלף II hif.
Tausendschaft אֶלֶף III
Techniker חֹשֵׁב
technische Fertigkeit חָכְמָה
Teich בְּרֵכָה
Teil יָד I
in Teile abteilen חלק II pi.
d. Beste Teil מֵיטָב
d. fünften Teil erheben חמשׁ I pi.
teilen חלק II; חצה
teilen mit חלק II
untereinander teilen חלק II hitp.
sich teilen חצה nif.; פרד nif.
teilhaben an ספח I hitp.
Teilhaber בַּעַל I
Teilnahme bekunden נוד
Tempel בַּיִת I; בִּירָה; הֵיכָל
Tempelsklaven *נָתִין
Tenne גֹּרֶן
Teppichen חֹבֶרֶת
Termin מוֹעֵד
Terrasse שְׁדֵמָה
teuer יַקִּיר

Thema תֵּמָא; תֵּימָא
Thron כִּסֵּא
tief עָמֹק
tief gelegen שָׁפָל
tief machen עמק I hif.
tief sein עמק I
Tiefe צוּלָה; עֹמֶק
Tiefe(n) תְּהוֹם; מְצֻ/צוּלָה; מְצוֹלָה
Tiefebenen עֵמֶק I
Tiefen *מַעֲמַקִּים
tieflegend עָמֹק
Tiefschlaf תַּרְדֵּמָה
Tiegel עֲלִיל
Tiegelgebäck חֲבִתִּים
zerrissenes Tier טְרֵפָה
kriechenden Tiere רֶמֶשׂ
wilde Tiere חַיָּה I
Tierhaut עוֹר
tierische Exkremente *צָפִיעַ
Tierkreisbilder *מַזָּל
tilgen כסח cj. pi.
getilgt werden כרת nif.
tilgen lassen מחה I hif.
Tinte דְּיוֹ
Tireatiter תִּרְעָתִים
Tisch שֻׁלְחָן
sich zu Tische setzen/legen סבב
toben רגז hitp.
Toben רֹגֶז
Tochter בַּת I
Tochtermann חָתָן
Tod מָוֶת; *מָמוֹת
den Tod erleiden מות hof.
Todesart *מָמוֹת
Todesgott מָוֶת
Ton חֹמֶר II
gebrannte Tonerde חֶרֶשׂ
Tongeschirr חֶרֶשׂ
Tonscherbe חֶרֶשׂ
Topas תַּרְשִׁישׁ; פִּטְדָה II

Topf קַלַּחַת
Töpfer יֹצֵר; יוֹצֵר
Töpferlehm טִיט
Töpferscheibe אָבְנַיִם
Tor אֱוִיל I; נָבָל I; סָכָל
Tor(e) (Bauwerk) שַׁעַר I
sich als Tor erweisen יאל nif.
zum Toren machen הלל III po.
Torbau שַׁעַר I
Torheit אִוֶּלֶת; הוֹלֵלוֹת; הוֹלֵלוּת; כְּסִילוּת;
סִכְלוּת; סֶכֶל
Torhüter שׁוֹעֵר
töricht אֱוִיל I; אֱוִלִי; כְּסִיל I; סָכָל
töricht handeln סכל hif.
töricht sein כסל I; נבל II
sich töricht verhalten סכל nif.
Torpfeiler אַיִל III
tosen רעם; נהם I
Tosen שָׁאוֹן; נְהָמָה II
Grab u. Totenwelt עָפָר
Total כֹּל
Tote Meer יָם
töten הרג; מות hif.; קטל; רצח
getötet werden מות hof.
getötet werden sollten מות polal
vollends töten מות polel
Töten הֲרֵגָה; הֶרֶג
Toten-Seele נֶפֶשׁ
Totengeist אוֹב II; אִטִּים; יִדְּעֹנִי
Totengeister רְפָאִים I
Totenklage קִינָה I
die Totenklage anstimmen ספד
Totenopfer פֶּגֶר
Totenreich מָוֶת; אֲבַדּוֹן
Totenwelt אֲדָמָה I; בּוֹר
totschlagen רצח
Totschläger רצח pt.
Tracht שִׁית
Trachten רְעוּת II
trächtig סבל pu. pt.

träg עָצֵל
tragen נשׂא, pi.; סבל; עמס
getragen werden נשׂא nif.
Tragen מַשָּׂא I
Traggestell מוֹט
Trägheit עַצְלָה; עַצְלוּת
Traglast *כְּנָעָה; מַשָּׂא I
Tragsessel אַפִּרְיוֹן
Tragstange מוֹטָה
Tragstangen *בַּד II
Tränen דִּמְעָה
Tränen vergiessen דמע
bitterer Trank *מרר II
tränken ירה II hif.
getränkt werden שׁקה pu.
Trankopfer מַסֵּכָה I; *נָסִיךְ I; נֶסֶךְ
Trankopfer spenden נסך I hif.
Tränkrinne *מַשְׁאָב; *רַהַט I; שֹׁקֶת
Tränkstelle *נַהֲלֹל I
Traube אֶשְׁכּוֹל I
unreife Trauben *חַרְצָן
hellrote Traubenart שֹׂרֵק II; שׂוֹרֵק
Traubenkuchen אֲשִׁישָׁה
Traubensaft עָסִיס
Traubental שֹׂרֵק II; שׂוֹרֵק
Trauer אֵבֶל; *אֹנִי; אֲנִיָּה
in Trauer אָבֵל I
in Trauer kleiden קדר hif.
in Trauer versetzen אבל I hif.; קדר hif.
im Traueraufzug sein קדר
Trauerbräuche אֵבֶל; מִסְפֵּד
d. Trauerbräuche beobachten אבל I hitp.
Trauerfeier אֵבֶל; מִסְפֵּד
mit Trauermiene קְדֹרַנִּית
träufeln רעף
Traum חֲלוֹם
träumen חלם, hif.
Traurigkeit תַּאֲנִיָּה; רֹעַ
treffen מחה II; נגע pi.; נכה pu.; קרה I
getroffen werden לכד nif.; נכה nif.
treffen auf פגע; פגשׁ pi.; קרא II
treffen bei יעד nif.
treffen lassen מצא hif.
sich treffen lassen קרא II nif.
sich treffen lassen von קרה I nif.
etwas jmdn. treffen lassen פגע hif.
zufällig treffen מצא
Treffpunkt מוֹעֵד
treiben הבל; נהג I; פרח I
rasch treiben דפק
auseinander getrieben werden רדף pu.
Treibstecken *מַלְמָד
trennen בדל hif.; פרד hif.
getrennt sein פרד nif.
sich trennen פרד nif.
sich von einander trennen פרד hitp.
Trennung cj. פֶּלֶת ?
treten דרך; רדה
treu אמן I nif. pt.
Treubruch שֶׁקֶר
Treue אֱמוּנָה; אֱמֶת; חֶסֶד II
der Treue חָסִיד
Treue brechen שׁקר pi.
treulos *בָּגוֹד
treulos handeln בגד; שׁקר pi.
treulos sein זנה I
treulos verlassen בגד
Treulosigkeit בֶּגֶד I; בֹּגְדוֹת
Tribüne *מַעֲלֶה
Tribut אֶשְׁכָּר; בּוֹל III; מִנְחָה
Trieb *אֵב
Triebe קָצִיר II
triefen דשׁן hotpaʿal; זוב; נטף; ערף I
triefen lassen נטף hif.
Trift *דֹּבֶר; מִדְבָּר I
schalenförmiger Trinkbecher כּוֹס I
trinken שׁתה II
zu trinken geben עשׁר II ?; שׁקה hif.
zu trinken reichen שׁקה hif.
sich satt trinken שׁבע

zu trinken verschaffen שׁקה hif.
Trinken מִשְׁתֶּה; שְׁתִי II
Art, Verlauf des Trinkers שְׁתִיָּה
Trinkerei שְׁתִי II
tripplen טפף I
Tritt פַּעַם
triumphieren עלז
triumphierend עָלֵז
trocken חָרֵב; צִיָּה
trocken werden יבשׁ
trockenes Land יַבָּשָׁה; יַבֶּשֶׁת; צָיוֹן
Trockenheit חֹרֶב; צִיָּה; שָׁרָב; תַּלְאֻבוֹת
Trockenland נֶגֶב
Trockenlandschaft צִיָּה
Trockenplatz מִשְׁטוֹחַ
Trompete חֲצֹצְרָה
in die Trompeten stossen חקע
tröpfeln פכה pi.
tropfen נטף
ständig tropfen טרד
Tropfen *אֵגֶל; טַף II; מַר I; *נֶטֶף; *רָסִיס I
Trossgespanne רֶכֶשׁ
Trost *נֶחָמָה; *תַּנְחוּם
trösten נחם pi.
getröstet werden נחם pu.
sich trösten נחם nif.
sich trösten lassen נחם hitp.
Tröstungen *תַּנְחוּם
trotz בְּ I
trotzdem עַתָּה
trotzen עזז
trotzig עזז nif. pt.
trüben דלח; רפשׂ; רפס
getrübt רפשׂ nif. pt.
sich trüben קדר
Trug אָוֶן; כַּחַשׁ; מַעַל; מִרְמָה I; רְמִיָּה; תַּרְמִית
trügen כזב I pi.

trügerisch אַכְזָב; עות cj. nif. pt.; עָקֹב; רְמִיָּה
Trümmer *בְּקִיעַ; *הֲרִיסָה; *הֲרִיסוּת; מְחִתָּה;
עַוָּה I; *רָסִיס II
in Trümmer legen חרב I hif.
in Trümmer gelegt werden הרס nif.
Trümmerhaufe מַכְשֵׁלָה; מַפָּלָה
Trümmerhaufen מַשֻּׁאוֹת; עִי
in Trümmern liegen חרב I
Trümmerstätte חָרְבָּה
sich trunken gebärden שׁכר hitp.
trunken machen שׁכר pi.
trunken werden lassen שׁכר hif.
Trunkenheit שִׁכָּרוֹן I
rote Tücher *חַשְׁמַן
bunteTücher חֲטֻבוֹת; צֶבַע
tüchtig חַיִל
Tücke עָרְמָה
tun עבד; עשׂה I; פעל
zu tun haben mit תפשׂ
etwas wunderbar tun פלא hif.
Tun גְּמוּל; מַעֲשֶׂה; *עֲבָד; פֹּעַל
frommes Tun חֶסֶד II
Tun u. Treiben *הֲלִיכָה
Tünche תָּפֵל II
Tür *דַּל I; דֶּלֶת
Turban פְּאֵר
hoher Turban כֶּתֶר
turbanähnlicher Kopfbund מִצְנֶפֶת
Türflügel דֶּלֶת
Turm *אָשְׁיָה; מִגְדָּל
Türpfosten מְזוּזָה
Türsturz מַשְׁקוֹף
Turteltaube גּוֹזָל; תּוֹר II; תֹּר
Türzapfenloch צִיר I
Tyrann עָרִיץ
Tyrer צֹרִי

übel רַע; רָע
übel mitspielen עלל I hitp.
Übelkeit זָרָא; עַוָּל
Übeltäter רעע I hif. pt. pl.
geübt *לִמֻּד; לִמּוּד
über לְ I; עַל II
einen Überfall machen פשׁט
überfallen שׁקק I
überfliessen פוץ; צוף hif.; שׁטף
Überfluss *סֶפֶק; רְוָיָה; *שֵׂפֶק; שֶׁפַע
Überfluss haben שׂפק II hif.?
Überfluss schenken יתר hif.
übergeben מנה
sich übergeben קיא
jmdm. etwas übergeben פקד hif.
übergehen zu בדל nif.
überhangen סרח I
überhangend סָרוּחַ
das Überhängende סֶרַח
sich überheben נאה; רום
Überkleid *מַעֲטֶפֶת
überlassen נטשׁ; עזב I
überlassen werden עזב I nif.
sich selber überlassen שׁמט
überlegen machen גבר pi.
überlegen sein גבר; יכל
sich überlegen zeigen גבר hitp.
Überlegung מְזִמָּה
Überlegungen תַּחְבֻּלוֹת
überliefern נתן
übermässig יוֹתֵר; יֶתֶר I
Übermut גֹּדֶל; זָדוֹן
übermütig cj. עַלִּיז
übermütig auftreten פחז hitp.
übermütig machen פחז hif.
übernachten לין; עתק hif.
überraschend פִּתְאֹם
überreden פתה I pi.
überredet werden פתה I pu.
sich überreden lassen פתה I pu.
zu überreden versuchen פתה I pi.
sich überrennen שׁקק I hitpalp.
Überschäumen פַּחַז
überschreiten עבר I
überschritten werden עבר I nif.
Überschreitung עֶבְרָה
Überschrift מָשָׁל I
Überschuss haben עדף hif.
überschüssig sein עדף
übersehen עבר I hif.
übersommern קיץ I
überstrichen werden טוח nif.
überströmen lassen שׁוק I hif., pil.
sich überstürzen מהר I nif.
übertreten עבר I
Übertretung *סֵט
überwachen צפה I
überwallen פחז
überwältigen חזק; תקף
überwintern חרף I
Überwurf *גְּלוֹם; תַּכְרִיךְ
überziehen אחז II; חפה pi.; צפה II pi.;
קרם; רקע pi.
überzogen אחז II pu.; צפה II pu. pt.
überzogen sein חפה nif.
Überzug אֲפֻדָּה; צִפּוּי; תְּעָלָה II
einen Überzug sich bilden lassen קרם hif.
Übles reden לוז hif.
übrig behalten שׁאר hif.
übrig bleiben יתר nif.; שׁאר nif.
was übrig bleibt יוֹתֵר
übrig haben יתר hif.
übrig lassen יתר hif.; עזב I; שׁאר hif.
übrig gelassen werden יתר nif.
übrig sein שׁאר
Übrige שְׁאָר
Übriges שְׁאָר; שְׁאֵרִית
Ufer *נִדְיָה; חוֹף; יָד I; עֵבֶר I; שָׂפָה

um לְ I
um . . . willen לְמַעַן; *עֲבוּר; עֲבֶר
um zu לְמַעַן
umarmen חבק pi.
umbinden ענד; קשׁר pi.
umgebracht werden רצח nif.
umdrehen הפך
sich umdrehen פנה
umfangen עוד I pi.
umfassen כול pilp.
umfliessen סבב
umfüllen צעה pi.
Umgang חַג; מְסִבָּה
dem Umgang mit Menschen שׁמם
umgeben אפף; סבב; עוד I pi.
Umgebung *מֵסַב; סָבִיב
himmliche Umgebung צָבָא
umgehen סבב
umgrenzen גבל I hif.
umgürten אזר
umgürtet אזר nif. pt.
Umgürtung מַחֲגֹרֶת
umgehauen werden כרת pu.
umhegen גנן
umhergehen הלך pi.
umherhüpfen רקד pi.
umherirren נדד I; תעה
umherirren lassen תעה hif.
umherschweifen שׁוט I pol.
ohne Obdach u. Heimat umherschweifen נוע
umherstreifen נטשׁ nif.; שׁוט I
umhertasten משׁשׁ pi.
umhergezerrt werden סחב cj. nif.
umherziehen הלך hitp.
umhinken פסח pi.
umhüllen עטף I; צרר I
umkehren שׁוב hif.
umkommen אבד I; נוע; דמם III, nif.; תמם
umkommen lassen דמם III hif.

Umkreis כִּכָּר; סָבִיב
umkreisen נקף II hif.
Umlauf תְּקוּפָה
d. kultischen Umlauf vollziehen סבב
Umlegtuch צָעִיף
umringen עטר
Umschlagtuch מִטְפַּחַת; *רְדִיד
eng umschliessen אזר pi.
umschmeicheln חלה I pi.; חלק I hif.
umgeschüttet werden ריק hof.
umschwirren סבב
Umsicht תּוּשִׁיָּה; תֻּשִׁיָּה
umstellen כתר II pi., hif.; סבב
umgestossen werden דחה nif., pu.
umstürzen הפך
Umstürzung מַהְפֵּכָה
kultisch umwandeln סבב po.
schützend umwandeln סבב po.
umwenden סבב
umwinden חבשׁ; צנף I
Umwohner סָבִיב
umwölken עוב, hif.
schützend umzäumen שׂוך
umzäumt סוג II pt.
umzingeln נקף II hif.; סבב, nif.; עטר
Umzug *תַּהֲלֻכָה
unablässig תָּמִיד
unansehnlich דַּל II
unbeachtet lassen נטשׁ; פרע
unbeachtet sein נטשׁ pu.
unbedeutend דַּל II
Unbefugter זָר
unbehelligt lassen מלט I pi.
unbekleidet עֵירֹם
unberührt שָׁלֵם I
unbeschnitten עָרֵל
Unbescholtenheit *תֻּמָּה
unbrauchbar gemacht werden שׁמד nif.
und וְ
unebenes Gelände מַעֲקַשִּׁים

unehrerbietig behandeln נאץ pi.
uneinnehmbar בָּצוּר
unempfinchlich machen כבד pi.; שׁמן I hif.
unempfindlich sein טפשׁ
unerfahren sein פתה I
unergründlich עָמֹק
unerhört זָר
unerlaubt זָר
unerreichbar sein שׂגב nif.
tödlicher Unfall אָסוֹן
unfruchtbar צָנֻם*; עָקָר; גַּלְמוּד
unfruchtbares Land גָּזֵר*
ungedeihlich שְׂמֹאול; שְׂמֹאל
ungefähr כְּ
Ungesalzenes תָּפֵל I
ungeschickt עָרֵל
ungestört שָׁלֵו; שַׁאֲנָן
Ungestörtheit שְׁלִי*; שָׁלוּ*
ungeteilt שָׁלֵם I
ungeübt עָרֵל
ungewöhnlich sein פלא nif.
Ungewöhnliches פֶּלֶא
Unglück רָעָה; פִּיד; הַוָּה; אֵיד
ins Unglück bringen עכר
Unglück bringend רָע; רַע
ins Unglück stürzen כרע hif.
unglücklich שְׂמֹאול; שְׂמֹאל
Unglücklicher חֵלְכָה
ungültig machen חלל I hif.; פרר I hif.
Unheil שׁוֹאָה; רָעָה; פִּיד; עָמָל I; שָׁוְא; אָוֶן
unheilbar אָנוּשׁ
unheilvoll רָע; רַע; אָנוּשׁ
Unhold שֵׁד*
unkenntlich machen סתם
sich unkenntlich machen חפשׂ hitp.; נכר I hitp.
Unkraut קִמּוֹשׁ; חָרוּל
Unland שְׁאוֹל
unmöglich sein בצר III
Unmut קֶצֶף I; כַּעַשׂ, כַּעַס

z. Unmut reizen כעס pi.
unmutig sein כעס
in Unordnung bringen עכר
unpassierbar machen ברח III
Unrast נְדֻדִים
Unrat שִׁקֻּץ; שִׁקּוּץ; מָאוֹס
Unrecht רֶשַׁע; עַוְלָה; עָוֶל; חָמָס; אָוֶן
unrecht handeln עול I pi.
Unrechtstat פֶּשַׁע
Unredlichkeit עָוֶל
unrein (kultisch) טָמֵא
für unrein erklären טמא pi.
sich unrein machen גאל II hitp.
unrein gewordenes Opferfleisch פִּגּוּל
als kultisch unrein verabscheuen שׁקץ pi.
unrein werden גאל II nif., pu.
kultisch unrein werden טמא
Zustand kultischer Unreinheit טֻמְאָה*
Unruhe רִגְשָׁה*; רֶגֶשׁ
unruhig sein רגשׁ; המה
Unschuld תֻּמָּה*
unschuldig תָּם
unsinnig reden תפל I
unstet machen נוע hif.
unsträflich machen תמם hif.
unsträflich sein תמם
untadelig תָּמִים
Untat מֵרַע*
sich untätig verhalten חרשׁ II hif.
untätig רפה nif. pt.
untätig sein בטל
das unten Befindliche תַּחַת I
unter בְּ I
Unterabteilung פְּלַגָּה*
Unterarm זְרוֹעַ; אַמָּה I
als Sandale unterbinden נעל
unterbrechen בצע
unterdrücken חמץ II; עות pi.; רצץ, po.
unterdrückt דַּךְ; דכא nif. pt.
untere יֶקֶב

Untergang מָבוֹא; אֲבַדּוֹן; אָבְדָן*
das unterhalb Befindliche תַּחַת I
Unterhalt שָׂכָר I
unterhalten סבל
unterlassen חדל I; נפל hif.
Unternehmung מִשְׁלָח*; דֶּרֶךְ
unterrichtet חכם pu. pt.
unterscheiden von בדל hif.
Unterscheidung cj. פְּלֻת (?)
Unterschenkel כְּרָע*
ein Unterschied machen בדל hif.
unterschreiben כתב
untersinken צלל II
unterstützen חזק pi.; סמך; רפד pi.
untersuchen בקר I pi.; דרש; נכר I hif.; שׂבר
Untertanen מִשְׁמַעַת*
untertauchen טבל I
Unterteile מִשְׁפָּחָה pl.
unterwegs sein nach ארח
unterweisen בין hif.; חכם pi.; יסר I, pi.; ירה III hif.
unterwiesen sein למד pu.
sich unterweisen יסר I nif.
Unterweiser סרר II
Unterwelt שְׁאוֹל; דּוּמָה; אֶרֶץ
unterwerfen דבר I hif.; כבשׁ pi., hif.; רדד
unterworfen werden כבשׁ nif.
sich unterwerfen ענה II hitp.
untreu sein מעל
Untreue מַעַל; זְנוּת
unverdient חִנָּם
unverhüllt גלה pu. pt.
unvermögend halten לאה I hif.
unverschämt מָגֵן II
Unverschämtheit מְגִנָּה*
unversehrt שָׁלֵם I; תָּמִים
unversehrt bleiben שׁלם
unversehrt machen שׁלם pi.
Unversehrtheit שָׁלוֹם
Unverstand פְּתַיּוּת
unverständlich reden לעז
Unwetter שׁוֹאָה
Unwohlsein דְּוַי*
Unzahl רִבּוֹ; רִבּוֹא; רְבָבָה
unzählbar מִסְפָּר I
zur Unzucht anhalten זנה I hif.
Unzucht treiben זנה I hif.
unzugänglich בָּצִיר; בָּצוּר II
unzugänglich machen בצר III pi.; סכך I hif.; שׂגב pi.
unzugänglich sein שׂגב nif.
üppig עָדִין* I; רַעֲנָן
üppig sein רען paʿlal
urbar machen ניר II
Urbild תַּבְנִית
Urflut תְּהוֹם
Urfluten תְּהוֹם
Urim אוּרִים (אוּר* II)
Urin שַׁיִן*
sich Urlaub erbitten von שׁאל nif.
Urmeer תְּהוֹם
Ursprung מוֹצָאָה*; קַדְמָה*
nach dem Urteil von לִפְנֵי (פָּנֶה*)
das Urteil sprechen שׁפט
Urzeit עַד I; קֶדֶם

Vater אָב
Vaterbruder דּוֹד
vaterlos יָתוֹם
Vatersbruder עַם
Vaterschwester דּוֹדָה*
sich verabreden יעד nif.
Verabredung מוּעָדָה
verabscheuen נעל; תעב pi.

verabscheut חעב cj. pu. pt.
verabscheut werden/sein חעב nif.
als kultisch unrein verabscheuen שקץ pi.
verachten בחל; זלל I hif.; שוט II
verachtet מאס I nif. pt.
verachtet sein זלל I
verächtlich בזה nif. pt.; רַע; רָע
verächtlich behandeln קלה II hif.
als verächtlich behandeln קלל hif.
verächtlich sein/werden קלה II nif.
Verachtung שְׁאָט
verändern הפך; שׁנא pi.
verändert sein שׁנה I
für jmdn. verantwortlich sein ערב I
zur Verantwortung ziehen פקד
zur Verantwortung gezogen פקד nif.
verarbeiten חרשׁ I
verarmen ירשׁ I nif.; מוך
in Verband gebracht שׁלב pu. pt.
Verbannung גּוֹלָה
in d. Verbannung führen גלה hif.
in d. Verbannung gehen גלה
verbergen טמן; כסה pi.; סתר pi., hif.; עלם I hif.; צפן
verborgen bleiben כסה pu.
verborgen halten כחד pi.; צפן hif.
verborgen sein כחד nif.; סתר nif.; עלם I nif.
sich verbergen כנף nif.; סתר nif.; עלם I hitp.; צפן
sich verborgen halten סתר hitp.
sich verbergen müssen חבא pu.
Verborgenes סתר nif. pt.; עלם I pt.; תַּעֲלֻמָה
im Verborgenen טֻחוֹת
verbinden חבשׁ, pi.; חשׁק pi.
Verbindungen חָשׁוּק
Verbindungsleiste *שָׁלָב
Verbindungsstelle מַחְבֶּרֶת
Verbindungsstück מַחְבֶּרֶת
sich verbittert zeigen חמץ I hitp.
verblendet sein הלל III; שׁעע I
Verblendung הוֹלֵלוֹת; הוֹלֵלוּת
verboten זָר
verbraucht sein בלה
Verbrechen פֶּשַׁע
verbrecherisch handeln פשׁע
verbreiten בלע II; זרה I pi.
verbreitet פרץ nif. pt.
verbrennen בער I; יצת; שׂרף I
verbrannt werden יצת nif.
verbranntes Gelände צְחִיחָה
Verbrennung *מִשְׂרָפוֹת; שְׂרֵפָה
verbunden חשׁק pu. pt.
verbunden sein קשׁר
sich verbünden בחר III; חבר II, pi., hitp.
verderben חבל III pi.; שׁחת pi., hif.
verderbt werden סרח nif.
verdorben שׁחת hof. pt.
verdorben sein אלח nif.; שׁחת nif.
verdorben werden שׁחת nif.
Verderben בְּלִי; הַוָּה II; חֶבֶל III; מְחִתָּה; שׁוֹאָה; מַשְׁחִית
Verderber מַשְׁחִית
Verderbtheit רֹעַ; רָעָה
sich verdicken קפא
sich verdingen שׂכר nif., hitp.
verdoppelt werden כפל nif.
verdorren יבשׁ; מלל I, hitpo.
verdrängen נדה I pi.
verdrehen סלף pi.; עוה pi., hif.; עקשׁ pi.
verdreht עקל pu. pt.; עִקֵּשׁ I; פְּתַלְתֹּל
sich als verdreht erweisen פתל hitp.
verdreht sein פתל nif.
verdreifacht שׁלשׁ pu. pt.
verdriesslich רַע; רָע
Verdrossenheit רֹעַ
Verdruss קֶצֶף I
verdunkelt בָּהִיר; עלם II hif. pt.
verehren דרשׁ; עבד
Verehrung מִנְחָה

Vereinbarung אֲמָנָה I; בְּרִית
e. Vereinbarung treffen כרת
sich vereinigen יחד
Vereinigung קֶשֶׁר
vereiteln נוא hif.; סכל pi.; פור hif.; פרר I hif.
vereitelt werden פרר I hof.
verekeln זהם pi.
vererben ירשׁ I hif.; נחל hitp., hif.
Verfall מַפָּלָה
verfallen נצה II
geistige Verfassung רוּחַ
verfaulen רמם I; רקב
Verfaultes *מָשׁוֹשׁ II
verfehlen נעל hif.; חטא
sich sittlich verfehlen חטא
sich versehentlich verfehlen שׁגג
Verfehlung חֵטְא; חֲטָאָה; פֶּשַׁע; *שְׁנִיאָה
versehentliche Verfehlung מִשְׁגֶּה
verfinstern חשׁך hif.; קדר hif.
sich verfinstern קדר, hitp.
Verfinsterung חֹשֶׁךְ; cj. *כַּמְרִיר; קַדְרוּת
verflochten sein שׂרג pu.
verfluchen קבב II
verflucht יאשׁ nif. pt.
als verflucht behandelt werden קלל pu.
als verflucht bezeichnen קלל pi.
Verfluchung אָלָה; מְאֵרָה
verfolgen דבר I pi.; רדף, pi.
Verfolgend(e) רדף pt.
Verfolger רדף pt.
Verfolgung מֻרְדָּף
verführen נדה I hif.; נטה hif.
das Vergangene חֲלִיפָה
vergänglich חָדֵל
Vergänglichkeit הֶבֶל I
vergeben כפר I pi.; פֶּשַׁע
vergeben (sünde) כסה
vergeblich חִנָּם
vergehen נוז nif.; הלך pi.; חלף I; כלה I; מאס II nif.; עבר I
sich vergehen עוה, hif.; שׁגה
Vergehen עָוֹן; מְשׁוּגָה*; מִשְׁגֶּה
vergelten גמר; שׁוב pil.; שׁלם pi.
vergolten werden שׁלם pu.
Vergeltung גְּמוּל; גְּמוּלָה; נָקָם; נְקָמָה; שִׁלּוּם; *שִׁלֻּמָה
vergessen נשׁה I; שׁכח I
vergessend *שָׁכֵחַ
vergessen machen שׁכח I hif.
vergessen werden שׁכח I nif., hitp.
Vergessen נְשִׁיָּה
in Vergessenheit geraten שׁכח I nif.
in Vergessenheit geraten lassen שׁכח I pi.
vergewaltigen כבשׁ; שׁד
vergewaltigt עשׁק I pu. pt.
vergossen werden שׁפך nif., pu.
im Vergleich mit עִם
vergleichen דמה I pi.; שׁוה I hif.
vergleichen mit משׁל I hif.
sich vergnügen שׁעע II pilp., hitpalp.
Vergnügen שְׂחוֹק
verhaften עצר
sich verhalten הלך
Verhalten אֹרַח; דֶּרֶךְ; פֹּעַל
Verhältnis מַתְכֹּנֶת
ist verhängt חתך nif.
verhärten קשׁה I hif.; קשׁח hif.
Verhärtung שְׁרִירוּת; *שְׁרִרוּת
verhasst sein שׂנא nif.
verhasst werden באשׁ nif. hif.
verheeren בלק; בקק po.; שׁדד, po.
verheert sein נצה II nif.; צדה II nif.
verheert werden בקק nif.; שׁדד po.
Verheerung בלק pu. pt.; מְבוּקָה; מְבֻלָּקָה; שֹׁד II
verheimlichen כחשׁ pi.
verheissen דבר II pi.
verherrlichen פאר II pi.
verhöhnen התל pi.; קלס pi.

verhüllen חפה; כחד pi.; לוט, hif.; סכך III
sich verhüllen עלף hitp.
verjagen נדד I hif.
verjagt werden שׁלח I pu.
Verkauf מִמְכֶּרֶת; מִמְכָּר
verkaufen מכר I
sich verkaufen מכר I nif.
sich verkaufen lassen מכר I hitp.
Verkäufer רכל I pt.
Verkäufliches מִמְכָּר
Verkauftes מִמְכָּר
verkehrt gehen לוז nif.
verkehren mit בוא בְּ
Verkehrtes לוז nif. pt.; תַּהְפּוּכָה*; תּוֹעָה
Verkehrtheit הֵפֶךְ; לָזוּת*; סֶלֶף; עָוֶל; עִקְּשׁוּת*; תַּהְפּוּכָה*
verkleben שׁעע I hif.
verklebt sein טחח; שׁעע I
verklebt gemacht sein/werden שׁעע I cj. hof.
sich verkleiden שׁנה I hitp.
sich verkriechen חפשׂ hitp.
verkünden חוה I pi.; ספר I pi.
verkündigen קרא I; שׁמע hif.
Verkündigung קְרִיאָה
verkürzen גרע I; קצר II pi., hif.
verkürzt קָצוּר*; קָצֵר*
Verkürzung מִגְרָע*
verlangen יאב; כסף II; שׁאל; תאב I
verlangen nach ערג
schmerzlich verlangen כסף II nif.
Verlangen אַוָּה*; בַּקָּשָׁה; חֵפֶץ; תַּאֲבָה; תַּאֲוָה I; תְּשׁוּקָה
Verlangen tragen zu נשׂא pi.
Verlass מִבְטָח
verlassen חָדֵל; יָחִיד; עזב I pu.; רפה hif.
verlassen sein עזב I
verlassen werden עזב I nif.
sich verlassen auf שׁען nif.
verlästert werden רגן pu.
sich verlaufen אבד I
verleiten סות hif.; שׁוב pil.
verleiten lassen נדח I nif.; פתה I
verletzen ברח II hif.; טלל II hif.; פצע
sich schwer verletzen שׂרט nif.
durch Stoss verletzen נגף
verleugnen כחשׁ pi.
verleumden לשׁן; רגל, pi.; רגן nif.
Verleumdung cj. בֶּלַע II; רָכִיל
verloren gehen אבד I
Verlorenes אֲבֵדָה
verlobt חרף IV nif. pt.
verlobt werden/sein ארשׂ pu.
verlogen כֶּחָשׁ*
vermehren יסף hif.
sich vermehren דגה
sich vermengen mit ערב II hitp.
vermessen זֵד
sich vermessen cj. יקה; עפל hif.
vermessen handeln זיד hif.
Vermessenheit זָדוֹן
vermischtes שַׁעַטְנֵז
Vermischung תֶּבֶל
vermissen עדר II pi.
vermissen lassen עדר II pi.
vermisst werden עדר II nif. ; פקד nif.
vermodern רקב
vermögen יכל
Vermögen הוֹן; חַיִל; כֹּחַ I; מְאֹד; נְכָסִים;
vermuten פלל
vernommen werden שׁמע nif.
verneigen חוה II eštaf (הִשְׁתַּחֲוָה)
vernichten אבד I pi.; דושׁ; הרס; מעט hif.; שׁחת, pi.
vernichtet werden דמה III nif.; חבל III pu.
Vernichtung חֶבֶל III; כָּלָה; כִּלָּיוֹן: תַּבְלִית*
veröden שׁמם nif.
verödet חָרֵב; שָׁמֵם
verödet machen שׁמם hif.
verödet sein חרב I hof.; עזב I pu.; שׁמם

zu Steinhaufen veröden lassen שׁאה I hif.
Verödung שֵׁאת; שְׁאִיָּה; שׁמם hof. inf.
verpfänden ערב I
Verpflegung פַּת־בַּג
Verpflichtung מִשְׁמֶרֶת; חֹק
e. Verpflichtung beobachten, halten שׁמר I
verpichen חמר V; כפר I
verputzen טוח
verrenken יקע
verringern מעט hif.
verrücken סוג I hif.
verrückt שׁגע pu. pt.
sich verrückt aufführen להה hitpalp.
sich wie verrückt benehmen הלל III hitpo.
wie verrückt fahren הלל III hitpo.
sich verrückt stellen הלל III hitpo.
Verrücktheit שִׁגָּעוֹן; תָּהֳלָה
sich in Verruf bringen באשׁ hitp.
versagen עזב I
versalbt werden סוך II hof.
versammeln כנס, pi.; קהל hif.
sich versammeln אסף nif. hitp.; קבץ nif., hitp.; קהל nif.
sich versammeln gegen יעד nif.
Versammlung מוֹעֵד; *מַקְהֵל; מִקְרָא; עֵדָה I; קְהִלָּה
Versammlungsplatz מוֹעֵד
sich verschaffen עשׂה I
sich zu verschaffen suchen בקשׁ pi.
verscheiden נוע
verscheuchen נשׁב hif.
verscheucht נדה I hof. pt.
verscheucht werden נדד I hof.; שׁלח I pu.
verschieben זוח nif.
verschieden sein von שׁנה I
verschlagen עָקֹב
verschlagen sein פתל nif.
sich verschlagen erweisen פתל hitp.
verschliessen עלם I hif.; עצר; קפץ I
verschlossen werden סגר I pu.; סתם nif.
verschlingen בלע I, pi.; להט II ; לעט
sich ineinander verschlingen פתל nif.
rasch verschlingen lassen לעט hif.
verschlossen halten חתם pi.
verschlossen sein עצר nif.
Verschlossenheit עֹצֶר
Verschlungenes *בֶּלַע I
Verschluss אֶבֶן; מַנְעוּל; סְגוֹר
verschmachten להה; עטף II nif.
verschmachtet *עָטוּף
verschmähen נאץ; קלס pi.; שׁקץ pi.
verschnüren צור I
verschnürt פָּתִיל
verschonen חוס; *חֶמְלָה; פסח
verschont werden חשׂך nif.
Verschonte *פָּלֵ(י)ט
verschränken חבק
Verschränken חִבֻּק
verschroben פְּתַלְתֹּל
verschulden חוב (cj.)
sich verschulden אשׁם
Verschuldung אָשָׁם; אַשְׁמָה
verschüttet werden שׁפך nif.
sich verschwägern mit חתן hitp.
verschwinden דעך nif.; כרת nif.; שׁבת nif.
verschwinden lassen שׁבת hif.
miteinander verschwören קשׁר hitp.
sich verschwören יסד II nif.
verschworen sein קשׁר
Verschwörung קֶשֶׁר
mit Dach versehen טלל I pi.
Versehen *שְׁגִיאָה
versengen בער I; להט I pi.; שׁזף
versengt werden כוה nif.; צרב nif.
Versengen שִׁדָּפוֹן
Versengung צָרֶבֶת
versiegelt חתם nif. pt.
versiegen זרב pu.; נשׁת
versinken מכד; שׁקע

versenkt werden טבע pu., hof.
Versöhnungstag כִּפֻּרִים
versorgen כול hif., pilp.; נהל pi.
versorgt werden כול polpal
sich verspäten אחר hif.
versperren שׂוּךְ
versperrend anbringen שׂכך I
verspotten ליץ hif.; לעג, hif.
Verspottung לַעַג
Versprechen *עָד
versprengen נדח I hif.
versprengt פזר pt., pu. pt.
versprengt werden נדח I nif.
Verstand שֶׂכֶל; לֵב; טַעַם
verständig werden לבב I nif.
Verständnis מַדָּע
Versteck *מַחֲבֵא; *מַחֲבֹא; מַסְתֵּר; מְעֹנָה; סֵתֶר
verstecken חבא hif.
versteckt anbringen טמן
versteckt halten חבא hif.
sich verstecken חבא nif.; חבה
sich versteckt halten חבא hitp.; טמן nif., hif.
versteckt gehalten werden חבא hof.
verstehen בין, hif.; ידע I; שׂכל I hif.; שׁמע
sich verstehen auf בין hif.
sich verstehen zu יאל hif.
sich verstellen נכר I nif.
Verstellung חֵפֶשׂ
verstocken כבד hif.
verstockt כָּבֵד I
Verstocktheit *שְׁרִירוּת; שְׁרִרוּת
verstopfen אטם; סתם, pi.
verstopft halten חתם hif.
verstopft werden סכר I nif.
Menschen verstören שׁמם hif.
verstört sein עוה nif.
verstört werden בקק nif.
verstossen גרשׁ I; זנח II
Verstossung מַדּוּחִים

sich verstrichen נקשׁ nif.
sich verstricken lassen יקשׁ nif.
verströmen זוב
verstümmelt חָרוּץ IV; קצץ I pu. pt.
Verstümmelung חָרוּץ IV; חֶרְפָּה
verstummen חרשׁ II hif.
e. Versuch machen נסה pi.
versuchen נסה pi.
versuchen zu בקשׁ pi.
Versuchung *מַסָּה I
sich versündigen חטא
vertauschen ימר hif.; מור hif.; שׂכל II pi.
verteilen חלק II, pi.; חצה; נחל
sich verteilen חלק II nif.; נפץ
Verteilung מַחֲלֹקֶת
an d. Verteilung teilnehmen חלק II hif.
Vertiefungen *שְׁקַעֲרוּרָה
vertilgen חלק III pi.; כחד hif.; מחה I
vertilgt werden כחד nif.; שׁמד nif.
Vertrag חָזֶה II; *עָד
sich vertragen סכן I hif.
vertragswidrig handeln an שׁקר
vertrauen בטח I
Gott vertrauen אמן I hif.
Vertrauen מִבְטָח; בִּטָּחוֹן; בִּטְחָה
z. Vertrauen bestimmen בטח I hif.
Vertrauen einflössen בטח I hif.
voll Vertrauen sein בטח I
vertrauensvoll בָּטוּחַ
vertraut sein סכן I hif.
Vertrauter אַלּוּף I; ידע I pu. pt.
vertreiben ברח I hif.; גרשׁ I pi.; ירשׁ I hif.; נשׁר, pi.
Vertreter des Königs שַׂר
vertrocknen אבל II; אמל I pul.; חרב I hif.; יבשׁ, hif.; צמק
vertrocknet יָבֵשׁ I; *צִחֶה
Vertrocknen שְׁדֵפָה
verüben פעל
kultisch verunreinigen טמא pi.

sich veruntreinigen טמא nif.
sich Verunreinigung zuziehen טמא hitp.
verurteilen lassen רשע hif.
in Verwahr gegeben werden פקד hof.
Verwalter פָּקִיד; סֹכֵן
Verwaltung פְּקֻדָּה
sich verwandeln הפך hitp.
verwandelt werden הפך nif.
Verwandte אָחוֹת
die Verwandten מוֹלֶדֶת
Verwandter מֹדָע; *מֹדַעַת
Verwandtschaft מוֹלֶדֶת; בָּשָׂר
väterliche Verwandtschaft עַם
verwarnen זהר II hif.
im Sturm verwehen סער I pi.
verweht werden נדף nif.; סער I pu.
verweigern מנע
verweilen אחר
verweilen lassen לין hif.
lang verweilen אחר pi.
ausser Verwendung setzen זנח II hif.
verwerfen מאס I; נאץ pi.; נאר pi.; סלה I pi.
verworfen werden מאס I nif.
für verworfen erklären זנח II hif.
verwerflich handeln רעע I hif.
Verwesungsgeruch *צַחֲנָה
verwildern פרע nif.
verwildern lassen פרע
aufkommen lassen פרע hif.
verwirken חוב pi.; רהב hif.
verwirren בלל; בלע III pi.; עכר
verwirrt דהם nif. pt.
verwirrt werden בלע III nif.
sich verwirrt zeigen בלע III hitp.
Verwirrte בלע III pu. pt.
Verwirrung *בֶּלַע III; מְבוּכָה; עִוְעִים; תּוֹעָה; תִּמָּהוֹן
in Verwirrung bringen הום
verwöhnen פנק pi.
verwöhnt עָנֹג
verwunden נכה pu.; פצע
schwer verwundet sein חלה I hof.
verwünschen זעם; קבב II
Verwünschung זַעַם
e. Verwünschung aussprechen אלה I
unter Verwünschung stellen אלה I hif.
verwüsten בער II pi.; כאב hif.; שׁדד
verwüstet sein חרב I hof.
verwüstet werden דמם III nif.
der Verwüster שׁדד pt.
Verwüstung בָּתָה; חֹרֶב; יְשִׁימוֹת
verzagen מוג nif.; מסס; נסס
verzagt machen רכך pu.
verzagt sein כהה I pi.
Verzagen *דְּאָבוֹן; *מַסָּה II
Verzagtheit מֹרֶךְ
verzärteln פנק pi.
verzärtelt עָנֹג; רַךְ
sich verzärteln ענג hitp.
verzaubern לבב I pi.
verzehnten עשׂר pi.
verzehren להט I pi.
verzehrt werden אכל pu.; תמם
sich verzehren כלה I; נרס
Verzeichnis כְּתָב
verzeihen סלח
zu verzeihen bereit סַלָּח
Verzeihung סְלִיחָה
verziehen בושׁ II pol.
wird verziehen סלח nif.
eingeritzte Verzierung פִּתּוּחַ
kettenartige Verzierungen *גְּדִל
verzögern משׁך nif.
verzweifeln an יאשׁ nif.
verzweifeln lassen יאשׁ pi.
verzweifelt sein מרר I
Vetter דּוֹד
Vieh בְּהֵמָה
Viehbesitz מִקְנֶה

Viehhabe בְּעִיר*
viel רַב I; הַרְבֵּה
viel machen כבר hif. I
viele רַב I
vielfältig רַב I
vielleicht אוּלַי II
vielmehr כִּי II
vier אַרְבַּע I
vierekkig רבע II pt., pu. pt.
Viertel רֶבַע I; רְבִיעִי; רֹבַע I
vierter רְבִיעִי
vierzig אַרְבָּעִים
Vögel צִפּוֹר I
Vogelart דְּרוֹר I
Vogelfalle מַשְׁחִית
Vogelkäfig כְּלוּב I
Vogelnest קֵן
Vogelsteller יָקוּשׁ
Vogt נְצִיב I
Volk עַם; לְאֹם; גּוֹי
Völkerschaft אֻמָּה
Volksgemeinde עֵדָה I
Volksgenossenschaft עָמִית*
Volksmenge הֲמֻלָּה
voll מָלֵא
voll sein מלא
volle Zahl מְלֹ(וֹ)א
vollmacht מְלֹ(וֹ)א
Vollbürger אֶזְרָח
vollenden נמל; כלה I pi.; שׁלם hif., pi.; תמם hif.
vollendet sein תמם
vollendet werden כלה I pu.; שׁלם; תמם
Vollendung cj. תַּכְלִית; תִּכְלָה; תֶּכֶל*
vollkommen תָּמִים; כָּלִיל
vollkommen machen כלל
vollkommen sein תמם
Vollkommenheit מִכְלוֹל; מִכְלָל*; מִכְלָה; תִּכְלָה; תֻּמָּה*; תֹּם
Vollkraft כֶּלַח I
vollmachen תמם hif.
Vollmond לְבָנָה I; כֶּסֶא
vollständig שָׁלֵם I; תָּם; תָּמִים
vollständig machen שׁלם pi.
vollziehen עשׂה I
von אֵת II; לְ I; מִן
von ... an מִפְּנֵי (פָּנֶה*)
von ... aus מִן
von nun ab עַתָּה
von ... vor מִפְּנֵי (פָּנֶה*)
von ... weg בְּ I; לְ I; מִן; עַל II; עִם
vor אַף II; טֶרֶם; לִפְנֵי (פָּנֶה*); מִן; נֶגֶד; נֹכַח; עַל II
Vor-/Einzelkämpfer בֵּנַיִם
vorantreiben נוס pol.
vorbeigehen an פסח
vorbeigehen lassen עבר I hif.
vorbereiten חרשׁ I
vorbringen נגד hif.
vordem קֶדֶם
Vorderam יָד I
Vordere פָּנֶה*
Vorderseite מוּל; פָּנֶה*
vorenthalten חשׂך; כלא I; מנע
vorenthalten werden מנע nif.
vorführen בוא hif.
Vorhaben מַחֲשָׁבָה
Vorhalle אֵילָם*
vorhalten יכח hif.
Vorhaltung תּוֹכַחַת; תֹּכַחַת
vorhanden sein אִשׁ
es ist vorhanden יֵשׁ
nicht mehr vorhanden sein חדל I
Vorhang מָסָךְ; פָּרֹכֶת; קֶלַע* II
Vorhaut עָרְלָה
die Vorhaut zeigen ערל nif.
Vorhof עֲזָרָה
vorjährig יָשָׁן
vorladen יעד hif.
vorlauf עָתָק

Vorlesung מִקְרָא
vormalig קַדְמֹנִי I; קַדְמוֹנִי
Vormauer חֵיל
Vormittag בִּתְרוֹן
vorn קֶדֶם
vorn sein קדם pi.
vornehm אָצִיל II; שׁוֹעַ I
Vornehme *חֹר I; פַּרְתְּמִים
Vornehmen אִישׁ I
Vorplatz גִּזְרָה
Vorrang haben יתר hif.
Vorrat מָעוֹג; פִּקָּדוֹן; תְּכוּנָה
Vorräte אוֹצָר; *אָסָם; *אָסֹף; חֹסֶן; מִסְכְּנוֹת; עָתוּד; עָתִיד
Vorratskammer *מָגוֹר III; מְגוּרָה
vorschreiben פקד
Vorgeschriebenes חקק pu. pt.
Vorschrift חֹק
e. Vorschrift beobachten, halten שׁמר I
königliche Vorschrift אֲמָנָה I
vorgesetzt über נצב I nif. pt.
Vorgesetzter קָצִין
vorspannen צמד hif.
vorspiegeln כחשׁ pi.
Vorsteher נצב I nif. pt.; *סֶגֶן; פָּקִיד; שַׂר
Vorteil יוֹתֵר; יִתְרוֹי; מוֹתָר
vorüberfahren חלף I
vorübergehen גוז; עבר I
Vorwand תֹּאֲנָה
Vorwerk *אנם; חֵיל
Vorwurf תּוֹכַחַת; תֹּכַחַת
m. Vorwürfen überhäufen התת po.
Vorzeichen נַחַשׁ
Vorzeichen suchen u. geben נחשׁ I pi.
Vorzeit קֶדֶם
Vorzug יוֹתֵר

Waage פֶּלֶס
wach sein עור II
Wache מַטָּרָה; מִשְׁמָר; נְצוּרָה; פְּקֻדָּה; שָׁמְרָה
Wache halten צפה I; שׁקד
wachen שׁקד
wachen über שׁקד
Wachen שִׁמֻּרִים
Wachholder בְּרוֹשׁ; *בְּרוֹת; עֲרוֹעֵר I; עַרְעָר II
Wachs דּוֹנַג
wachsen צמח; שׂגא
wachsen lassen גדל I pi.
wachsam sein שׁקד
Wacht נְצוּרָה
Wacht halten נצר I
Wachtel שְׂלָו
Wächter שִׁמֻּרִים (שׁמר I)
Wachtposten מִשְׁמָר; פְּקֻדָּה; שִׁמֻּרִים (שׁמר I)
Wachtraum חָא
wackeln מוט
zum Wackeln gebracht werden מוט nif.
Wadenbein *כְּרָע; שׁוֹק
Waffe אֶבֶן; מָגֵן I; מִלְחָמָה; קֶשֶׁתן
gezückte Waffe *פְּתִיחָה
Waffen כְּלִי; נֶשֶׁק I
Wage מֹאזְנַיִם
Wagebalken קָנֶה
wagen נסה nif.
wägen שׁקל
Wagen עֲגָלָה; צָב I; רֶכֶב; *רְכוּב
Gruppe von Wagen רֶכֶב
Wagenbesatzungen רֶכֶב
Wagenburg מַעְגָּל I
Wagenlenker רַכָּב
Wagenrad *גִּלְגָּל
Wagenspur מַעְגָּל II
Wagenzug רֶכֶב
sich wählen קרה I hif.

wahr אֱמֶת
während עַד III
Wahrheit קֹשְׁטְ; מֵישָׁרִים; אֱמֶת
wahrlich אָמְנָם; אֲבָל
wahrsagen נחשׁ I pi.; ענן po.; קסם
Wahrsagegeist יִדְּעֹנִי
Wahrsagepriester חַרְטֹם
Wahrsager יִדְּעֹנִי; ענן po. pt.
Wahrsagung קֶסֶם
Wahrzeichen מוֹפֵת
Waise יָתוֹם
Wald יַעַר I
Wald(gegend) חֹרֶשׁ
walken כבס, pi.
Wall aus Steinen aufführen גדר
zum Wallen bringen בעה II
wallend *זֵידוֹן
Wallfahrten מַעֲלָה
Wallfahrtsfest begehen חגג
Walten פֹּעַל
wälzen גלל I
sich wälzen פלשׁ hitp.
sich wälzen in גלל I hitpo.
Walzen *גָּלִיל I
Wampen מַפָּל
Wand כֹּתֶל; קִיר I
Wandel *צַעַד
wandeln דדה hitpa.; הלך, pi., hitp.
gewandelt sein שׁנה I
Wanderer ארח pt.
Wanderheuschrecke אַרְבֶּה
wandern ארח
wankelmütig *סֵעֵף
wanken machen מעד hif.
wanken זלל II nif.; מוג; מוט, hitpol.; מעד;
נוט
Wanken פִּק
ins Wanken gebracht werden מוט nif.
wann כִּי II
wann? מָתַי; אָן

Wanne סִיר
Wanst *אוּל
sich wappnen נשׁק II
Ware מְלָאכָה
käufliche Ware מֶכֶר
Waren מַקָּחוֹת
warm sein/werden חמם
warm werden lassen חמם pi.
Wärme חֹם
sich wärmen חמם
sich wärmen lassen חמם hitp.
warnen vor זהר II hif.
sich warnen lassen זהר II nif.; יסר I nitp.
gewarnt werden זהר II nif.; עוד II hof.
Warnung מוּסָר
Warte מִצְפֶּה I; *צְפִיָּה
warten יחל pi., hif.; שׂבר pi.
warten auf חכה, pi.; קוה I pi.
Wärter אמן II pt.
Wartturm בַּחַן
warum מַדּוּעַ: מָה
Warze יַבֶּלֶת
was? *אִי; מָן; מַדֶּשָׁה* II
Waschbecken כִּיּוֹר
waschen רחץ
gewaschen werden כבס pu.
sich waschen רחץ, hif.
Waschung *רַחַץ
Wasser מַיִם
sein Wasser ablassen שׁין
Wasser schöpfen שׁאב
(Wasser-)Grube *גֵּב I; גֶּבֶא
Wasserbecken גֻּלָּה
Wasserflut תְּהוֹם; חֲנָמַל
plötzliche Wasserflut שׁוֹט II ?
immer wasserführend אֵיתָן I
Wassergraben תְּעָלָה I
künstlicher Wassergraben פֶּלֶג I
Wasserlache מַרְפֵּה
Wasserlauf *יָבָל I; יוּבַל I

Wasserleitung *שֶׁלַח III
Künstliche Wasserleitung תְּעָלָה I
Wasserleitungsrinne *שֶׁלַח III
wasserloses Gebiet צִמָּאוֹן
Wassermelone *אֲבַטִּיחַ
Wasserplatz *נַהֲלֹל I
wasserreich מַשְׁקֶה
Wasserstelle בְּאֵר I
weben ארג; חשב; נסך II
Weber ארג pt.; cj. שׁתה I pt.
Web(er)baum מָנוֹר
Weberschiffchen אֶרֶג
Wechsel חֲלִיפָה
wechseln חלף pi.; שׁנא pi.; שׁנה I pi.
wecken עור II pol.
geweckt werden עור II nif.
Weg אֹרַח; דֶּרֶךְ; *הֲלִיכָה
eines Weges gehen עבר I
wegen אֹדוֹת; *גָּלָל II; יַעַן; מִן; מַעַן; *עֲבוּר; עַל; עֵבֶר II
gewogen sein נשׂא
wegfegen בער II pi.; טאטא pilp.; סחה; יעה pi.
weggefegt werden סחה cj. nif.
Wegführung גָּלוּת; גּוֹלָה
Weggeführte גָּלוּת
weggehen אזל; סור
weglaufen פרץ hitp.
wegnehmen אסף; אצל II; גזל; גרע I; חתה; לקח I; נסע hif.; נצל hif.; נשׂא; ספה; עבר I hif.; רום hif.
wegraffen חתף; משׁך
weggerafft werden אבד I; ספה nif.
wegreissen חבל III pu.; נתק; פרק; קרע
wegschaffen בער II pi.; יגה II hif.; סור hif.; פנה pi.
wegschwemmen גרף
weggeschwemmt werden סחף nif.; שׁטף nif.
wegstossen דחף
Wegstrecke דֶּרֶךְ; מַהֲלָךְ
wegtreiben דבר I pi.
weggetrieben werden סער I pu.; שׁבה nif.
wegwehen שׂער II
Wegweiser *תַּמְרוּר II
Wegweisung תּוֹרָה
sich als Wegzehrung mitnehmen ציד hitp.
Wegzeichen *תַּמְרוּר II
wegziehen יצא
wehe(!) אֲבוֹי; אוֹי; אוֹיָה; אִי IV; אַלְלַי; הוֹי; הִי
wehen נשׁב
wehen lassen נהג I pi.; נשׁב hif.
Wehen חֵבֶל; נְשָׁמָה; *צִיר III
Wehgeschrei יְלָלָה
Wehklage נְהִי
wehklagen אלה II; ילל hif.; נהה I
wehren נוא hif.
Wehrgehänge *תְּלִי
wehtun עלל I poel; עצב II
sich wehtun עצב II nif.
wei כַּאֲשֶׁר
Weib אִשָּׁה; נְקֵבָה
e. Weib nehmen לקח I
weiblich נְקֵבָה
weich gemacht werden רכך pu.
Weichbild מִגְרָשׁ
weichen חוּשׁ I hif.; סור
zum Weichen gebracht werden פנה hof.
weichlich רַךְ
Weichlichkeit רֹךְ
Weide מַרְעֶה; צַפְצָפָה; קָח; רְעִי
auf die Weide treiben רעה I
Weidegrund כַּר II
Weideland מִגְרָשׁ; *מִשְׁלָח
weiden מרא III; רעה I
weiden lassen רעה I
Weideplatz מַרְעִית; נָוֶה; *נָוָה; נָוֹת
Weiderecht erhalten אהל I
sich weigern zu מאן pi.
Weihe נֵזֶר

Weihegabe תְּנוּפָה
Weihegaben קֹדֶשׁ
Weihegaben geben קדשׁ hif.
weihen מלא pi.; קדשׁ pi.
geweiht קָדֹשׁ; קָדוֹשׁ; נָזִיר
als geweiht behandeln קדשׁ pi., hif.
geweiht bezeichnen קדשׁ hif.
als geweiht darbringen קדשׁ hif.
zum Gebrauch vor Gott weihen קדשׁ pi.
sich e. Gottheit weihen נזר nif.
geweiht sein קדשׁ pu.
geweiht werden נסך I nif.
Geweihter קֹדֶשׁ; נָזִיר I
als Weihgabe ausgiessen נסך I pi.
Weihrauch לְבֹנָה
Weihung נֵזֶר
weil אֹדוֹת; אֲשֶׁר I; בַּאֲשֶׁר; יַעַן; כִּי II; עַל II
Weile רֶגַע
kleine Weile רֶגַע
weilen רגע nif., hif.
als Fremder weilen גור I
stilles Weilen רֶגַע
Wein חֶמֶר; יַיִן
süsser Wein תִּירֹשׁ; תִּירוֹשׁ
Wein(stock) תִּירֹשׁ; תִּירוֹשׁ
Weinbauer כֹּרֵם
Weinbeere עֵנָב
Weinberg כֶּרֶם I
weinen בכה; דלף I
Weinen בְּכוּת; בֶּכֶה; בְּכִי
Weinhefe *שֶׁמֶר I
Weinlese בָּצִיר I; זָמִיר II
Weinlese halten בצר I
Weinspende *נָסִיךְ I
weise machen חכם pi., hif.
weise sein/werden חכם
sich weise verhalten חכם
sich weise zeigen חכם hitp.
d. bab. Weisen כַּשְׂדִּים
Weisheit חָכְמוֹת; דֵּעָה
weltliche Weisheit חָכְמָה
Weisheit zeigen חכם hitp.
Weisheitsspruch מָשָׁל I
weiss לָבָן I
weiss werden לבן I hif.
Weisung תּוֹרָה
festgelegte Weisung תּוֹרָה
weit רוח pu. pt.; רחב nif. pt.; רָחָב I;
sich weit auftun רחב
weit fort von רָחוֹק
weit machen רחב hif.
Weite רַחַב; רְוָחָה; רֶוַח; מֶרְחָק; מֶרְחָב
Weite eines Landes רֹחַב
weiter הָלְאָה
weiter tun יסף hif.
weitergehen פנה
weiterhin tun יסף
weiterrücken עתק hif.
weiterziehen חלף I; נהל hitp.; נסע
Weizen חִטָּה
Weizengries סֹלֶת
welcher? אֵי
welken מלל I, po.; נבל I; צמק
Welt חֶלֶד; *חֶדֶל
Wende/Wendepunkt תְּקוּפָה
wenden הפך; סבב; פנה hif.
gewendet sein פנה hof.
sich wenden הפך; עשׂה IV; פנה, hif.
sich wenden an דרשׁ; נגשׁ
sich an jmdn. wenden פנה
sich wenden gegen חול
sich hin und her wenden הפך hitp.; שׁוט I hitpol.
sich wenden nach . . . hin פנה
sich nach e. Seite wenden פנה
sich wohin wenden סבב
Wendung סִבָּה
wenig מְעַט; מִצְעָר
einer der zu wenig hat חָסֵר
wenig sein מעט

ein wenig שֶׁמֶץ; מְעַט; מִזְעָר; זְעֵיר
wenige מִסְפָּר I
Weniges מְעַט
wenig werden מעט pi.
weniger werden חור II
wenn אִם; אִלּוּ; אֲשֶׁר I; בְּ I; הֵן I; הִנֵּה; כַּאֲשֶׁר; כִּי II
wenn auch כִּי II
wenn doch לוּ
wenn nicht לוּלֵא
wer? מִי; cj. מַן
werden הוה II; היה
werden zu היה
werfen ידד I; ירה I, hif., pi.; נגע hif.; פלט pi.; רמה I; שׁלך I hif.
hingeworfen werden טול hof.
weit werfen טול hif.
Werg נְעֹרֶת
Werk פֹּעַל; מַעֲשֶׂה; מְלָאכָה
Werkmann עָמֵל
Werkzeug כְּלִי
Wermut לַעֲנָה
wert רֹאשׁ; יַקִּיר I
Wert haben חשׁב nif.; יקר
wertlos נָבָל I; שָׁוְא
als wertlos behandeln סלה I
Wertloses אֶפַע*
wertschätzen חשׁב
wertvoll יָקָר
wertvoll sein טוב
wenig wertvoll רָע; רַע
hohes Wesen רָם; רוּם
untergeordnete, himmlische Wesen מֵלִיץ
Westen מַעֲרָב; מָבוֹא; יָם; אָחוֹר II
westlich אַחֲרוֹן
weswegen מַדּוּעַ
eine Wette eingehen ערב I hitp.
wetteifern חרה I tifʿel
wetzen לטשׁ; מרט
gewickelt werden חתל pu., hof.

Widder אַיִל I; זָכָר; יוֹבֵל I; כַּר I
junger Widder כֶּשֶׂב; כֶּבֶשׂ
wider נֶגֶד
widerfahren אנה III pu.; קרא II; קרה I
widerfahren lassen אנה III pi.
Widerfahrnis פֶּגַע; מִקְרֶה
widerlegen cj. בסר
widerlich sein זור III
Widerrede תֹּכַחַת; תּוֹכַחַת
Widersacher שָׂטָן
widerspenstig סָרָב*; מְרִי
sich widerspenstig benehmen מרה hif.
widerspenstig sein מרה
Widerspenstigkeit סָרָה; מְרִי II
widerstehen יצב hitp.
widerwärtig sein געל nif.
wie אֲשֶׁר I; כְּ; כִּי II
wie? אֵיךְ; אֵיכָה; אֵיכָכָה; הֵיךְ; מָה; מִי
wie wenn כַּאֲשֶׁר
so gut wie עִם
wie sehr מָה
Wiedehopf דּוּכִיפַת
Wiederaufleben מִחְיָה
wiederherstellen רפא I pi.; שׁוב hif.; שׁלם pi.
Wiederherstellung שִׁיבָה* I
wiederholen שׁנה II pi.; שׁנן II
wiederholt werden שׁנה II nif.
wiederkäuen גרר
wiegen שׁקל; נטל
wiehern צהל I
wieviel מָה
Wild בְּהֵמָה
Wildesel פֶּרֶא; עָרוֹד
Wildnis שֹׁואָה
Wildpret צַיִד I
Wildschwein חֲזִיר
Wildwuchs שָׁחִיס
Wildziege אַקּוֹ

Wille לֵב; רָצוֹן
willens sein חפץ I
willfahren אבה; אות nif.
willig נָדִיב; חָפֵץ
willig sein אבה
Willkür הַוָּה I
wimmeln שׁרץ; רנן
Wimmern רִנָּה I
Wimpern עַפְעַפַּיִם
Wind יוֹם II; רוּחַ
Winde *סָבָא
Windeln *חֲתֻלָּה
winden חבשׁ
gewunden עֲקַלְקַלּוֹן; הֲפַכְפַּךְ
sich winden חיל I
Windsbraut *חָזִיז; סוּפָה I
Windstille דְּמָמָה
Winter סְתָו; חֹרֶף
Winzer בצר I pt.
Winzermesser מַזְמֵרָה
Wipfel צַמֶּרֶת
wir נַחְנוּ; אֲנַחְנוּ; אֲנוּ
Wirken פֹּעַל
wirklich אָמְנָה I; אֱמֶת
Wisent דִּישׁוֹן I
wissen ידע I
wissen lassen ידע I pi., hif.
wissen von שׂער III
Wissen *דֵּעַ; דַּעַת I
Witwe אַלְמָנָה
Witwe d. Bruders *יְבָמָה
Witwenschaft אַלְמֹן; *אַלְמָנוּת
Witwer אַלְמָן I
wo? אִי III; אַיֵּה; אֵיכָה; אֵיכֹה; אֵיפֹה; מִי; מִן
Woche שָׁבוּעַ
Woge *גַּל II
wogen מוג nif.
woher? אַיִן; אֵי II
wohin? אָן
Wohlan! הַב I

wohlbeschirmt sein cj. חפר III pu.
Wohlgefallen רָצוֹן; שָׁלוֹם
was wohlgefällt רָצוֹן
wohlgefällig annehmen רצה I
als wohlgefällig betrachtet werden רצה I nif.
Wohlgeruch טוֹב II; בֹּשֶׂם
Wohlgerüche נֵשֶׁק II
wohlhabend werden גדל I
Wohlklang *שֵׁמַע I
Wohlleben תַּעֲנוּג
Wohlstand טוּב; *כּוֹשָׁרָה
Wohltat גְּמוּל
Wohlwollen טוֹבָה
wohnen דור II; ישׁב; לין; שׁכן
wohnen lassen ישׁב hif.; שׁכן pi., hif.
Wohnhaus בַּיִת I; מוֹשָׁב
Wohnort *מָגוֹר II; מָקוֹם
Wohnsitz מוֹשָׁב
Wohnstadt נָוֹת
Wohnstatt דּוֹר I; *חַיָּה III; מִשְׁכָּן
Wohnstätte נָוֶה; *נָוָה
Wohnung מָעוֹן II
erhabene Wohnung זְבֻל II
Wolf זְאֵב I
Wolke עָב II; *עֲרָבָה II
Wolken שַׁחַק
(Staub-)Wolken שַׁחַק
Wolkendunkel עֲרָפֶל
Wolle נֵזָה; צֶמֶר I
wollen אבה; חפץ I
Wollen *רֵעַ III
Wonne *עֵדֶן I; שַׁעֲשׁוּעִים; שַׁעֲשֻׁעִים; תַּעֲנוּג
worfeln זרה I
Worfelschaufel רַחַת
Worfgabel מִזְרֶה
Wort *אֹמֶר I; דָּבָר; מִלָּה
Wort (Gottes) *אִמְרָה
d. grosse Wort führen ליץ
Wucher treiben נשׁא I pt.

wuchern בקק II; נטשׁ nif.; סרח I
Wucherzins תַּרְבִּית
hoher Wuchs קוֹמָה
Wucht כֹּבֶד
Wülste גַּב I
sich wund reissen שׂרט nif.
sich gegenseitig wund ritzen שׂרט cj. hitp.
Wundarzt רפא I pt.
Wunde חַבּוּרָה; *חֲבוּרָה; מַכָּה; פֶּצַע
Wunder פֶּלֶא
wunderbar פֶּלְאִי
wunderbar sein פלא nif.
sich wundern תמה
sich als wundersam erweisen פלא hitp.
Wundertaten נִפְלָאוֹת (פלא)
Wunderwerk *מִפְלָאוֹת
Wunsch חֵפֶץ; *מוֹרָשׁ II; תַּאֲוָה I
wünschen אוה pi.; שׁאל
Würde נְדִיבָה
Würdenträger רָזוֹן II; רזן pt.
sich würdig aufführen כבד nif.

Wurf שֶׁגֶר
weiter Wurf טַלְטֵלָה
Wurm תּוֹלֵעָה; תּוֹלַעַת; תּוֹלָעַת
Würze רֶקַח
Wurzel *עִקָּר; שֹׁרֶשׁ
mit d. Wurzel ausreissen עקר
Wurzel bilden שׁרשׁ hif.
Wurzel schlagen שׁרשׁ po'el
Wurzelreis *שָׁתִיל
Wurzelschössling *שָׁתִיל
Wurzelstock גֶּזַע
Würzkräuter *מֶרְקָח
Würzwein מֶזֶג
Würzzusatz מֶסֶךְ
wüst חָרֵב
Wüste יְשִׁימוֹן; מִדְבָּר I; עֲרָבָה III; תֹּהוּ
Wüstenei בָּתָה; מְשַׁמָּה
Wut זַלְעָפָה; זַעַף; *לִבָּה; עֶבְרָה
in Wut bringen נפח hif.
wüten זעף I
wütend זָעֵף

Ysop אֵזוֹב

Zacke *חַדּוּד
zagen ירע
zaghaft רַךְ
Zahl מִכְסָה; מִסְפָּר I
zählen מנה
(auf-)zählen ספר I
gezählt werden ספר I nif.
sich zählen lassen מנה nif.; ספר I nif.
sich zählen zu חשׁב hitp.
zahlreich רַב I
zahlreich machen כבד hif.; רבה I pi., hif.
zahlreich sein עצם I; רבב I

zahlreich werden רבב I; רבה I
zur Zahlung bringen רצה II hif.
Zählung מִפְקָד; סְפָר I
Zahn שֵׁן I
Zahn des Elephanten שֵׁן I
Zank מָדוֹן I
Zapfen אַמָּה I
zart רַךְ
zart sein רכך
Zauber שָׁוְא
Zauberei *חֶרֶשׁ I; כֶּשֶׁף; *לְהָטִים; לָט pl.
Zauberei treiben כשׁף pi.

Zauberer *כַּשָּׁף
Zauberfluch נַחַשׁ
Zauberkünste *כֶּשֶׁף
zaudern בושׁ II; חכה pi.; חשׁה hif.; עצל nif.
Zaum מֶתֶג
zechen סבא
Zeder אֶרֶז
grosse Zehe *בֹּהֶן
zehn עֶשֶׂר; עֲשָׂרָה; עֶשְׂרֵה; עֲשֶׂרֶת
zehntausend רִבּוֹא; רִבּוֹ; רְבָבָה
Zehnten מַעֲשֵׂר
mit dem Zehnten belegen עשׂר
den Zehnten erheben עשׂר pi.
den Zehnten entrichten עשׂר pi.
Zehnter עֲשִׂירִי
zehnter Teil מַעֲשֵׂר
Zehnzahl עָשׂוֹר
Zehrung אֲרֻחָה
Zeichen אוֹת I
Zeichen deuten ענן po.
Zeichen geben מלל IV
Zeichen machen תוה I pi.
Zeichnung *צוּרָה
zeigen ראה hif.
gezeigt bekommen ראה hof.
sich zeigen ראה nif.
sich zeimen יאה
Zeit *אֹפֶן
(Lebens-)Zeit יוֹם I
eine heilige Zeit ansetzen קדשׁ pi.
bestimmte Zeit חֹק; זְמָן
zu gleicher Zeit יַחַד
kommenden Zeiten עוֹלָם
e. Zeit lang יוֹם I
lange Zeit (zurück) עוֹלָם
zukünftige Zeit עוֹלָם
Zeit(anbruch) אֱשׁוּן
Zeiten עֵת
Zeitlang רֶגַע
Zeitpunkt עֵת
verabredeter Zeitpunkt מוֹעֵד
Zelle נִשְׁכָּה
Zellen קֵן
Zelt אֹהֶל I; יְרִיעָה
Zelt d. Begegnung מוֹעֵד
Zeltbewohner אֹהֶל I
Zeltdecke יְרִיעָה
Zeltdorf חַוָּה I
zelten אהל I
Zeltlager חַוָּה I; *טִירָה
Zeltstrick מֵיתָר
Zeltstricke יֶתֶר II
Zeltstütze עַמּוּד
zerbersten רעע II hitpo.
zerbrechen חתת; רעע II; רצץ nif.; שׁבר I, nif.
zerbrochen sein שׁבר I nif.
zerbrochen werden פרר I hof.; שׁבר I nif.
zum Zerbrechen gebracht werden שׁבר I hof.
zerbröckeln פתת
zerdrücken זור I
zerfallen נבל I
zerfetzt werden מלח I nif.
zerfliessen מסס nif.; שׂיח
zerfliessen machen מסס hif.
Zerfliessen תֶּמֶס
zergehen מקק nif.
zergehen lassen מוג pil.
zerhauen חצב I hif.
fein zermahlen דקק hif.
fein zermahlen werden דקק hof.
zermalmen דקק; טחן
zermalmt daliegen דכא hitp.
zerquetschen מעך
zerreiben שׁחק; טחן
sich zerreiben lassen גרס hif.
zerreissen טרף I pt.; נתק pi.; פרק pi.; שׁסע pi.
zerreissen lassen נתר III hif.

sich zerreissen קרע cj. hitp.
hin u. her zerren פרר pilp.
zerrieben *מָרוֹחַ
zerrissen werden טרף I nif., pu.
zerrütten עכר
zersägen שׁור II; שׂרר II
zersägt נרר poal pt.
zerschellen רצץ nif.
zerschlagen דכא pi.; דכה pi.; מחץ; נפץ I, pi.; פאה hif.; פצץ po.; רעע II; רצץ pi.; רשׁשׁ po.
zerschlagen דַּכָּא I; *נָכָא; *נָכֵא; *נָכֶה; שׁמם po. pt.
zerschlagen werden דכה nif.; cj. חתא cj. nif.; כתת hif.; נכה pu.
zerschlagen sein חתת nif.; רשׁשׁ pu.; שׁבר I nif.
einander zerschlagen רעע II hitpo.
Zerschlagung דַּכָּא II; *מַפָּץ
zerschmettern חתת hif.; מחץ; מחק; רצץ hif.
zerschmettert werden רטשׁ pu.; שׁבר I nif.
zerschneiden בתר, pi.; קרע; קצץ I pi.
zersprengen כתת hif.
zersprengt werden כתת hof.
zerstampfen דוך; רמס
zerstampft werden רמס nif.
zerstören הפך; הרס pi.; פרר I hif.; שׁדד pi.; שׁחת pi.
zerstört ערר cj. hof.
zerstört sein נצה II nif.
zerstört werden הפך nif.; נתץ nif.
Zerstörung הֲפֵכָה
zerstossen כחשׁ; כתת
zerstossen כְּתִית
zerstreuen בזר pi.; זרה I pi.; חלק II pi.; נדף; פזר pi.: פוץ hif.; פרשׂ pi.
zerstreut פזר pu. pt.
zerstreut sein פרד nif.; פושׁ nif.
zerstreut werden זרה I nif.; נפץ; פזר nif.; פרשׂ nif.

sich zerstreuen נפץ; פוץ, hif.
zerstücken פרשׂ
sich zerteilen פלג nif.
zerteilt werden חצה nif.
zertreten בוס, pol., hof.; דושׁ; עסס; רקע
zertreten werden רמס nif.
zertretenes Land מִרְמָס
Zertretung מְבוּסָה; מִרְמָס
Zeuge *שָׂהֵד; יָפֵחַ
Zeuge sein עוד II hif.
als Zeugen anrufen עוד II hif.
als Zeugen bestellen עוד II hif.
zeugen כון pol.; ענה I
Zeugnis עֵדָה II; עֵדוּת; עֵדֻת; שָׂהֲדוּתָא
Zeugungskraft אוֹן I
Zicklein גְּדִי; *גְּדִיָּה; cj. *יַעֲרָה II
Ziege עֵז
Ziegel streichen לבן II
ungebrannte, luftgetrocknete Ziegel לְבֵנָה
Ziegelform מַלְבֵּן
Ziegenbock *עַתּוּד; צָפִיר; שָׂעִיר II; תַּיִשׁ
Ziegenhaar עֵז
ziehen משׁך
ziehen gehen משׁך
herauf ziehen גרע II pi.
hin u. her ziehen lassen נוע hif.
Ziel חֹק; קֵץ
Ziel (scheibe) מַטָּרָה
zielen כון pol.
ziellos sein/werden נוד
Zielscheibe מִפְגָּע
Zier מָגֵן I; תִּפְאֶרֶת
Zierde צְבִי I
Zimbeln מְצִלְתַּיִם; צֶלְצְלִים
zimmern קרה II pi.
Zimt קִנָּמוֹן
Zimtblüte קִדָּה
Zimtblüten *קְצִיעָה I
Zimtnägelchen קִדָּה
Zin צִן

Zinke שֵׁן I
Zinn בְּדִיל
Zinne *טִירָה; פִּנָּה
Zins נֶשֶׁךְ
auf Zins geben נשׁך II hif.
gegen Zins leihen נשׁך II
Zinszuschlag מַרְבִּית
Zipfel כָּנָף
Zirkel *מְחוּגָה
zischen שׁרק
Zischen שְׁרֵקָה
Zisterne בּוֹר
Zitadelle בִּירָה
zittern זוע; ירע; פחד; רחף; רעד hif.
zitternd herauskommen חרג
zitternd schweben רחף pi.
Zittern זְוָעָה; רְגָזָה; רַעַד; רְעָדָה
Zitze זִיז II
zögern אחר pi.; מהה hitpalp.; עצל nif.
Zorn אַף II; חֵמָה; חָרוֹן; עֶבְרָה; קֶצֶף I; רֹגֶז
Zorn empfinden אנף hitp.
in Zorn geraten קצף I hitp.
z. Zorn reizen כעס hif.; קצף I hif.
Zornesgericht קֶצֶף I
zornig sein קצף I
zornig werden חרה I
zu עַל II
zu . . . . hin לְ I
zu . . . hinzu אֶל
zubereitet רקח pu. pt.
zubinden חסם hif.; נעל
Zucht מוּסָר; *מַרְדּוּת II
züchtigen יכח hif.; יסר I pi.
Züchtigung מוּסָר; *מַרְדּוּת II; תּוֹכֵחָה; תּוֹכַחַת; תֹּכַחַת
zuchtlos פחז pt.
zuchtlos machen פחז hif.
zucken לקח I hitp.; שׁלף
zudecken כסה pi.
was zuerst ist רֵאשִׁית

Zufall מִקְרֶה; פֶּגַע
zufallen הפך nif.
sich zufallen lassen קרה I hif.
sich zufällig befinden קרא II nif.
Zuflucht חָסוּת; מַחְסֶה; *מָעוֹזֶן; מִקְלָט; מִשְׂגָּב; עֹז II
Zuflucht nehmen עוז
Zuflucht suchen חסה
Zufluchtsort מַחְסֶה; מָנוֹס; מְנוּסָה; מִפְלָט
Zufluchtsstätte מָעוֹז
zuführen בוא hif.
Zugang מָבוֹא
zugehörig sein ספח I hitp.
Zügel רֶסֶן I
zugesellen ספח I
sich jmdm. zugesellen רעה II pi.
zugleich יַחְדָּו
zugleich mit עִם
zugrunde gehen אבד I; כלה I
sich zugrunde richten שׁמם hitpo.
zugunsten von בַּעַד I
zujauchzen רנן hif.
zukneifen קרץ
Zukunft אַחֲרִית
dauernde Zukunft עַד I
zunehmen גבר; רבה I
Zunftgenosse חָבֵר
Zunge לָשׁוֹן
zurechtmachen עשׂה I
zurechtweisen גער; יכח hif.; יסר I pi.; כהה I pi.
Zurechtweisung תּוֹכַחַת; תֹּכַחַת
zurichten עשׂה I
zürnen אנף; חרה I nif.; נחר pi.?
zürnen sein קצף I
zurückbleiben שׁאר nif.
zurückbringen שׁוב hif., pil.
zurückgebracht werden בושׁ hof.
zurückgedrängt werden סוג I hof.
zurückführen שׁוב hif., pil.

zurückgeführt werden בּוֹשׁ hof.
zurückgeben שׁוּב hif.
zurückgegeben werden בּוֹשׁ hof.
zurückhalten חָשַׂךְ; כלא I; מנע; עצר; שׁמר I
sich zurückhalten von נזר hif.
zurückkehren ישׁב hif.; עזב I; שׁוּב
zurückkehren lassen שׁוּב hif.
zurückgesetzt שָׂנִיא*
zurücktreiben רדד; שׁוּב hif.
zurückweichen סוג I nif.
zurückziehen אסף
sich zurückziehen חטא hitp.
laut zurufen זעק hif.
zurüsten ערך
zusammen אֵת II; יַחְדָּו
zusammen mit עִם
zusammenbinden cj. כרה IV
zusammenbrechen כרע
zusammenbringen לקט pi.
Zusammenbruch שֶׁבֶר I; שֶׁבֶר; שִׁבָּרוֹן
zusammendrehen עבה II pi.
in sich zusammenfallen רפה
sich zusammenfinden ספח I pu.
zusammengeflickt צרר I pu. pt.
zusammengeflochten sein שׂרג hitp.
zusammenfügen חבר II pi.
zusammengefügt sein חבר II; קשׁר nif.
aus d. Zusammenhang mit עִם
zusammenkneifen קרץ
Zusammenkunft מוֹעֵד
zusammenlesen לקט pi.
zusammennähen תפר
zusammenpacken צען
zusammenraffen לקשׁ II pi.
zusammenrollen קפד pi.
zusammengerollt werden גלל I nif.
sich zusammenrotten גדד II
zusammenrufen צעק hif.
zusammengerufen werden צעק nif.
sich zusammenscharen זעק nif.
zusammengeschlagen werden רעע II hitpo.
zusammenschnüren אזר
Zusammenschweissen נַבְלֻת
zusammenspinnen עבה II pi.
zusammenstossen נגח hitp.
sich zusammentun יסד II nif.
zusammenwickeln גלם; צנף I
zusammenziehen קפץ I
sich zusammenziehen צפד
zuschanden werden בּוֹשׁ I hif.; כלם nif.
Zuschlag תַּרְבִּית
zuschmieren טפל
Zuschnitt קֶצֶב
Zusendung מִשְׁלֹ(וֹ)חַ
zusetzen חכר*; רהב; צוק I hif.
zusetzen (jmd.) אכף
zusichern אמר I
zusingen ענה IV pi.
früherer Zustand קַדְמָה*
zuteilen חלק II, pi.; יכח hif.; מנה pi.; שׁנה I pi.
zutraulich אַלּוּף I
zutreffend כֵּן I
Zutreffendes צֶדֶק
zuverlässig אֵמוּן* I
sich als zuverlässig erweisen אמן I nif.
Zuverlässigkeit אֵמוּן* II; אֱמוּנָה; אֹמֶן; אֱמֶת
Zuversicht כֶּסֶל II; כִּסְלָה
Zuwachs מַרְבִּית
zuweisen יסד I
zuwenden נטה hif.
zugeworfen werden שׁלך I hof.
Zwangsleistung מַס
zwanzig עֶשְׂרִים
zwanzigster עֶשְׂרִים
Zweck מַעֲנֶה* II
zweckmässig טוֹב I
zwei שְׁנַיִם
zweierlei כִּלְאַיִם

Zweifaches מִשְׁנֶה
zweig אָמִיר
Zweig *אֵמֶר II; מַקֵּל; *סָעִיף II; *סְעַפָּה;
*סַרְעַפָּה; צֶאֱלִים; קָצִיר II
Zweige עָנָף; *פֹּארָה; שׂוֹךְ
reich an Zweigen *עָנֵף
Zweiter מִשְׁנֶה
Zweitstellung מִשְׁנֶה
Zwiebel בָּצָל
zwiespältig *סֵעֵף
Zwillinge תּוֹאֲמִם
Zwillinge gebären תאם hif.
zwingen כרע hif.
zwinkern רזם
gezwirnt שׁזר hof. pt.
zwischen *בַּיִת II; *בַּ֫יִן
Zwischenraum *בַּ֫יִן
zwitschern צפף I pilp.

DEUTSCH-ARAMÄISCHE WORTLISTE

abändern שַׁנה haf.
aber בְּרַם; וְ; לָהֵן II
abermals תִּנְיָנוּת*
abfallen נפל
Abgabe מִדָּה
abhauen קצץ pa.
abliefern שׁלם haf.
ablösen פרק
Abschrift פַּרְשֶׁגֶן*
Abteilung מַחְלְקָה*; פְּלֻגָּה*
acht geben שׂכל hitpa.
achten חשׁב
Adler נְשַׁר
alle כֹּל* pl.
als לְ
alt עַתִּיק*
Altar מַדְבַּח*
Älteste שָׂב* pl.
an לְ
eine andere אָחֳרִי
anderer אָחֳרָן
sich ändern שׁנה itpa.
Anfang רֵאשׁ
Angelegenheit דִּבְרָה*; מִלָּה; צְבוּ
angemessen חזה pt.
in Angst geraten שׁבשׁ hitpa.
anheben ענה I
ansiedeln יתב haf.
Anteil חֲלָק
antworten ענה I
anziehen לבשׁ
anzünden אזה
Arbeit עֲבִידָה*
ärgerlich werden בנס
sich ärgern בנס

Arm אֶדְרָע; דְּרַע*
Art זַן*
Astrolog (Chaldäer) כַּשְׂדָּי
auch אַף; עַל
aufbringen נתן
Aufenthaltsort מְדוֹר*; מְדָר*
auferlegen רמה
schwierige Aufgabe קְטַר
aufhören בטל
aufreiben בלה* pa.
aufrichten קום haf.
Aufruhr אֶשְׁתַּדּוּר
Aufschub זְמָן
aufstehen קום
aufstellen קום pa., haf.
aufgestellt werden קום hof.
aufsuchen בעה pa.
Auge עַיִן*
in den Augen von קֳדָם
Augenblick שָׁעָה
aus מִן
ausbessern חוט; hitpe., haf.
ausgebrochen werden נזר hitpe.
ausgeführt werden עבד hitpe.
ausgehen נפק
ausraufen מרט
ausgerissen werden עקר itpe.
öffentlich ausrufen כרז haf.
Aussehen חֱזוּ*; חֱזוּ; רֵו*
ausser לָהֵן II
ausser was בְּרַם
aussergewöhnlich יַתִּיר
auszahlen שׁלם haf.

Babylonier בָּבְלָי*

Balken אָע
Bär דֹּב
Bat בַּת*
Bauch מְעֵה*
bauen בנה
gebaut werden בנה hitpe.
Baum אִילָן
beabsichtigen עשׁת
hoher Beamter סְרַךְ*
beben זוע
Bedarf חַשְׁחוּ*; חַשְׁחָה*
bedrängen אנס
Befehl טְעֵם; מֵאמַר*; דָּת
Befehl geben שִׂים
befehlen אמר
begehren צבה
beginnen שׁרה pa.
im Begriff sein בעה
bei לְוָת*
bekleiden לבשׁ haf.
bekommen שׁכח haf.
bekümmert sein כרה itpe.
beleben חיה haf.
es beliebt יטב
sich bemächtigen שׁלט
benetzen צבע pa.
benetzt werden צבע hitpa.
beraten יעט
sich beraten יעט itpa.
bereit עֲתִיד*
Berg טוּר
Bericht טְעֵם
Beschluss גְּזֵרָה*
Beschwörer אָשַׁף
besiegen יכל
in Besitz nehmen חסן haf.
besitzen חסן haf.
Besitzer בְּעֵל*
bestehen קום
bestellen מנה pa.
bestimmt werden cj. כיל itpe.
besuchen בעה pa.
beten צלה pa.
betrachten שׂכל hitpa.
betreffend צַד*; עַל
betrübt עֲצִיב
bewahren נטר
binden כפת pa.
gebunden werden כפת
bis עַד
bis auf עַד
bis dass עַד
bis zu עַד
Bitte שְׁאֵלָה*; בָּעוּ*
Blösse עַרְוָה*
Bock צְפִיר*
Boden אַרְעִי*
böse בְּאִישׁ*
Brandopfer עלוה*
Breite פְּתָי*
brennen יקד
brennend דלק pt.
Brennen יְקֵדָה*
Brief אִגְּרָה/א*
bringen אתה haf.; יבל haf.
gebracht werden אתה hof.
Bronze נְחָשׁ
Brot לְחֵם
Bruder אַח*
Brust חֲדֵה*
Buch סְפַר*
Burg בִּירָה*
Busse עֲנָשׁ*

Chaldäer כַּשְׂדָּי
chaldäisch כַּשְׂדָּי

damit דִּי
dann וְ; אֱדַיִן
daraufhin קֳבֵל

darbringen יבל saf.; נסך pa.; קרב pa.
das דִּי
dasein הוה
dass דִּי
dastehen קום
Dauer אַרְכָה
dauernd קַיָּם
Dekret *נִשְׁתְּוָן
dementsprechend קֳבֵל
dementsprechend wie קֳבֵל
denn דִּי
deshalb לָהֵן I
deshalb weil קֳבֵל
deuten חוה haf.; פשׁר
Deuter פשׁר pa. pt.
Deutung *פְּשַׁר
dienen פלח; שׁמשׁ pa.
Diener *עֲבֵד; פלח pt.
Dienst *עֲבִידָה; *פָּלְחָן
dieser דְּנָה
diese דָּא
diese (pl.) *אֵל; אֵלֶּה; אִלֵּין
Doppelflöte סוּמְפֹּנְיָה/א
dort תַּמָּה
drei תְּלָת
dreissig תְּלָתִין
dritter *תְּלִיתָי
du אנתה
durch בְּ

Ebene *בִּקְעָה
Ehre *יְקָר
Eile בְּהִילוּ; הִתְבְּהָלָה
eilen בהל hitpe.
einer, eine, eines חַד
Einhalt gebieten בטל pa.
einsehen חזה; ידע; מנה pa.
einsetzen קום haf.
wieder eingesetzt werden תקן hof.
Einsicht בִּינָה; שָׂכְלְתָנוּ
eingestellt werden בטל
eintreten מטא
Einweihung *חֲנֻכָּה
Eisen פַּרְזֶל
Elamiter *עֵלְמָי
elend *עֲנֵה
Elle *אַמָּה
empfangen קבל pa.
Empörung מְרַד
Ende *אַחֲרִי; *סוֹף; *קְצָת
ein Ende bereiten סוף haf.
endlich אחרין
Engel *מַלְאַךְ; עִיר; קַדִּישׁ
Enkel בַּר II
enthüllen גלה
entrichten נתן
Entscheid *רְעוּ
Entscheidung *גְּזֵרָה
sich entsetzen תוה
entsündigen חטא pa.
Entwurzelung שְׁרשׁוּ
er הוּא
sich erbarmen חנן
Erbarmen רַחֲמִין
erbitten בעה
die Erde אֲרַע; *אֲרַק; *יַבֶּשָׁה
erfahren ידע
erfunden werden als שׁכח hitpe.
erfüllt werden מלא hitp.
sich erfüllen סוף
sich ergiessen נגד
ergrimmen קצף
erheben נטל
sich erheben רום, hitpol.
sich erheben gegen נשׂא hitpe.
erhöhen רבה pa.; רום haf.
Erlass פִּתְגָם
erlassen קום haf.
erlaucht *יַקִּיר
Erleuchtung נַהִירוּ

erniedrigen שפל haf.
erreichen מטא
Erscheinungen *הַרְהֹר
erschrecken דחל pa.; שבשׁ hitpa.; תוה
erschreckt werden בהל hitpa.
jmd. erschrecken בהל pa.
erstehen קום
erster *קַדְמָי
Ertragsangabe בְּלוֹ
Ertragssteuer הֲלָךְ
erzürnen רגז haf.
essen אכל
zu essen geben טעם pa.
Ewigkeit עָלַם
Exil *גָּלוּ

fallen נפל
fastend טְוָת
Feld *בַּר I
Fenster *כַּוָּה
fern *רַחִיק
fertig גמר pt.
fertig sein שׁלם
Fessel אֱסוּר
Fest זְמָן
Festigkeit *נִצְבָּה
feststehend *אזד
genau feststellen יצב pa.
Feuer נוּר; אֶשָּׁא
Feueropfer אֶשָּׁא
finden שׁכח haf.
gefunden werden שׁכח hitpe.
Finger *אֶצְבַּע
Finsternis *חֲשׁוֹךְ
Flamme *שְׁבִיב
flehen חנן hitpa.
Fleisch בְּשַׂר
fliehen נוד; נדד
fliessen נגד
Flügel *גַּף

forttragen נשׂא
Frage *שְׁאֵלָה
fragen שׁאל
Frauen *נְשִׁין
Freude חֶדְוָה
Frist זְמָן
Frucht *אֵב; *אֲנֵב
früherer *קַדְמָי
füllen מלא
Fundament *אשׁ
für לְ
furchtbar דחל pt.
sich fürchten דחל
Fuss *רְגַל

Gabe *מַתְּנָה
ganz *כֹּל
Gebäude *בִּנְיָן
geben יהב; נתן
es gibt אִיתַי
gegeben werden יהב hitpe.
Gebet *בָּעוּ
Gedanke *רַעְיוֹן
Gefahr laufen בעה
Gefährte *חֲבַר
Gefährtin *חַבְרָה
gefallen שׁפר
es gefällt יטב
Gefängnis אֱסוּר pl.
Gefäss *מָאן
gegen לְ; נֶגֶד; עַל; *צַד
gegenüber קֳבֵל
Geheimnis רָז
gehen אזל; *הדךְ; עדה
gehorchen שׁמע hitpa.
Geist רוּחַ
Gelage *מִשְׁתֵּא
gelangen *הדךְ; מטא
Gelenk קְטַר
gemäss כְּ

genau אָסְפַּרְנָא
Generation דָּר
Gericht דִּין
Gerichtsbeamter *תִּפְתָּי
Geruch רֵיחַ
Gesamtheit *כֹּל
Gesandter *מַלְאַךְ
geschehen הוה
Geschenk נְבִזְבָּה
Geschick *אֳרַח
Gesicht *אֲנַף; *חֱזוּ; חֵזוּ
Getier חֵיוָה
Gewalt אֶדְרָע
gewaltig *תַּקִּיף
Gewand *לְבוּשׁ
gewillt נדב hitpa. pt.
Glanz *זִיו
gleich machen שׁוה pa.
gleich gemacht werden שׁוה
gleich sein שׁוה
gleichen דמה
Glied *הַדָּם
Glück *שְׁלֵוָה
glücklich רַעְנַן
Gold דְּהַב
Gott אֱלָהּ
Gras *דְּתֶא; *עֲשַׂב
Graukopf *שָׂב
Grimm קְצַף
gross רַב; שַׂגִּיא
gross machen רבה pa.
gross werden רבה; שׂגא
Grösse רְבוּ
Grube גֹּב; גּוֹב
Grund zu einer Anklage עִלָּא; עִלָּה
gut טָב
es geht jmd. gut צלח haf.
es jmd. gut gehen lassen צלח haf.
gut scheinen שׁפר
gut sein טאב

Gutachten טְעֵם

Haar *שְׂעַר
Haft אֱסוּר pl.
haften an דבק
Hälfte *פְּלַג
Hals *צַוַּאר
Halskette *המונך
halten für חשׁב
Hand *יַד
schädigende Handlung חֲבוּלָה
Harfe שַׂבְּכָא
Härte *נִצְבָּה
hassen שׂנא
Haus בַּיִת
Heer חַיִל
Heil שְׁלָם
heilig קַדִּישׁ
heizen אזה
Helle *נְגַהּ
herab von מִן
herabsteigen נחת
heraufholen סלק haf.
heraufgeholt werden סלק hof.
herausholen נפק haf.
herausgerissen werden נסח hitpe.
hereinbringen עלל II haf.
hereinstürmen רגשׁ haf.
hernach *אַחַר
Herold *כָּרוֹז
Herr *בְּעֵל; *מָרֵא
Herrlichkeit *הֲדַר
Herrschaft שָׁלְטָן
herrschen שׁלט
hergerufen werden קרא hitpe.
herunterschütteln נתר af.
hervorkommen נפק
sich hervortun נצח hitpa.
Herz *לֵב; *לְבַב
hier כָּה

Himmel *שְׁמַיִן
hin ... zu עַל
hin zu עַד
hinaufbringen סלק haf.
hinaufgehen סלק
hinaufkommen סלק
hineingehen עלל II
hineingehen lassen קרב haf.
hinführen קרב haf.
hinsetzen רמה
hinzugefügt werden יסף hof.
hinzutreten קרב
hochmütig werden תקף
höchster *עִלָּי
höchster Punkt רוּם
Höchster *עֶלְיוֹן
Hofschatzmeister *גְּדָבַר
Höhe רוּם
Hohlmass für Trockenes *כֹּר
Holz אָע
hören שׁמע
Horn קֶרֶן
Hose *סַרְבָּל
Hüfte *חֲרַץ
huldigen סגד
Hülle *נְדַן
hundert מְאָה
sich hüten *זְהִיר

ich אֲנָה
ihr אַנְתּוּן
imstande sein כהל
in בְּ
infolgedessen קֳבֵל
Inneres *גַּו
innert עַד
Inschrift כְּתָב
irgend ein *כֹּל

Jahr *עִדָּן; *שְׁנָה I

jeder *כֹּל
jener, jene אִנּוּן; דֵּךְ; דִּכֵּן
jene (pl.) אִלֵּךְ
jetzt כְּעַן
aus Judäa stammend *יְהוּדָי
Jude *יְהוּדָי

Kalk *גִּיר
kaufen זבן; קנה
Kebsweib *לְחֵנָה; *שֵׁגַל
kennen ידע
Kinder בַּר II pl.
Klang קָל
Kleidungsstück *סַרְבָּל
klein *זְעֵיר
Knie *אַרְכֻבָּא; *בְּרַךְ
Knochen *גְּרַם
Knoten קְטַר
Kollege *כְּנָת
kommen אתה
kommen an עדה
kommen über מטא
König מֶלֶךְ
Königin *מַלְכָּה
Königinmutter *מַלְכָּה
Königreich מַלְכוּ
Königsherrschaft מַלְכוּ
Königswürde מַלְכוּ
Konkubine *לְחֵנָה
können כהל; יכל
Kopf רֵאשׁ
Körper *נְדַן; *גְּשֵׁם
Kosten *נִפְקָה
in Kraft setzen תקף pa.
Kralle *טְפַר
Kräuter *עֲשַׂב
Krone חֱזוֹת
Kult *פָּלְחָן
sich kümmern שׂים
kundtun חוה pa., haf.

Kupfer נְחָשׁ

Lager *מִשְׁכַּב
Lamm *אִמַּר
Landsteuer הֲלָךְ
lang werden רבה
Länge אַרְכָה
Laub *עֳפִי
Leben *חַי II
am Leben erhalten חיה haf.
leben חיה
lebend חַי I
lebendig חַי I
Lebenszeit יוֹם pl.
legen שִׂים
gelegt werden שִׂים hitpe.
Lehm טִין
Leibwächter *טַבָּח
Leid antun חבל pa.
lesen קרא
Leuchter *נֶבְרְשָׁה
Levit *לֵוָי
Licht *נְהוֹר; *נְהִיר
losbrechen נזר hitpe.
lösen שׁרה
sich lösen שׁרה hitpa.
Löwe אַרְיֵה
Lüge כִּדְבָה

machen עבד
gemacht werden עבד hitpe.
gemacht werden zu עבד hitpe.
Macht *חֲסֵן; *חֱסֵן; *יַד
Macht haben שׁלט
Mächte שָׁלְטָן
Machthaber שַׁלִּיט
mächtig שַׁלִּיט
Magier חַרְטֹם
Magnaten *רַבְרְבָנִין
Mahlzeit לְחֶם
Mal זְמָן
mangelhaft חַסִּיר
Mann גְּבַר
starker Mann *גִּבָּר
Mantel *סַרְבָּל
Mass cj. *מְשַׁח II
Mauer *שׁוּר
Meder מָדַי
Meer *יַם
Memorandum *דִּכְרוֹן; *דָּכְרָן
Mensch אֱנָשׁ
Mildtätigkeit צִדְקָה
minderwertig חַסִּיר
halbe Mine *פְּרֵס
mischen ערב pa.
mit עִם
mitteilen ידע haf.
mittels בְּ
Monat *יְרַח
Morgendämmerung *שְׁפַרְפָּר
Mund פֻּם
Mündung פֻּם
Musik *זְמָר
Musikant *זַמָּר
Musikinstrument קֶרֶן
Mütze *כַּרְבְּלָה

nach *בָּאתַר; *אֲחַר
nachforschen בקר pa.
nachgeforscht werden בקר hitpa.
Nachkommenschaft *זְרַע
Nachlässigkeit שָׁלוּ
Nacht *לֵילְי
die Nacht verbringen בית
Nachteil *הַנְזָקָה
Nagel *טְפַר
sich nähren זון hitpe.
Nahrung מָזוֹן
Name *שֻׁם
nämlich וְ

Nation אֻמָּה
Nebenfrau *שֵׁגַל
nehmen נשׂא
genommen werden עדה
neu חֲדַת
nicht לָא; אַל
niederfallen נפל
niederknien ברך I
niederlegen נחת (h)af.
niedertreten דושׁ
niedrig *שְׁפַל
noch עוֹד
nötig haben חשׁח
nüchtern טְוָת
und nun כְּעֶנֶת

ob הֵן
oben עֵלָּא
oberer *עִלָּי
Obergemach *עִלִּי
Oberschenkel *יַרְכָה
obliegen נפל
Odem *נִשְׁמָה
oder וְ
Ofen *אַתּוּן
Offizier שַׁלִּיט
öffnen פתח
Öffnung *תְּרַע
Opfer מִנְחָה; *נִיחוֹחַ
Opfergaben *נִיחוֹחַ
opfern דבח
Ort אֲתַר
Ortschaft קִרְיָה

Palast הֵיכַל; *בַּיִת
Panther נְמַר
Perser פָּרַס
persisch *פַּרְסָי
gepfählt זקף pt.
Platz nehmen יתב

Polizeibeamter *תִּפְתָּי
preisen ברך II pa.; ידה haf.; רום pol.; שׁבח pa.
gepriesen ברך II pt.
Priester *כָּהֵן
Prophet *נְבִיא
als Prophet auftreten נבא hitpa.
Prophezeiung *נְבוּאָה
Protokoll *דִּכְרוֹן
Purpur *אַרְגְּוָן

Quadern גְּלָל

Rad *גַּלְגַּל
Rat *עֵטָה; מְלַךְ
Ratgeber *אֲדַרְגָּזַר; יעט pt.
Rätsel *אֲחִידָה
Räucheropfer *נִיחוֹחַ
rebellisch *מָרָד
rechnen חשׁב
Recht דִּין
Rechtsprechen דין
reden מלל pa.
zu reden anfangen ענה I
Regierungszeit יוֹם pl.; מַלְכוּ
Reiche שָׁלְטָן
reichen מטא
rein נְקֵא
Rest *שְׁאָר
retten נצל haf.; שֵׁיזִב
richten שׁפט
Richter *דִּתָבַר; *דַּיָּן
in der Richtung nach נֶגֶד
Rind *תּוֹר
Rippe *עֲלַע
Rohrpfeife *מַשְׁרוֹקִי
rufen קרא
ruhig שְׁלֵה

Sache מִלָּה; צְבוּ

Sackpfeife סוּמְפֹּנְיָה/א
sagen אמר
Saitenspiel זְמָר*
Salböl מְשַׁח I
Salz מְלַח
Salz essen מלח
Same זְרַע*
Sänger זַמָּר*
Satrap אֲחַשְׁדַּרְפַּן*
Satrapien מְדִינָה*
Schaden חֲבָל
zu Schaden kommen נזק
Schaden leiden נזק haf.
Schädigung הַנְזָקָה*
Schande עַרְוָה*
Scharfrichter טַבָּח*
Schatz גְּנַז*
Schätze נְכַס*
Schatzmeister גְּזְבַר*
Scheide נְדַן*
Schenkel תְּקֵל; שָׁק*
halber Schekel פְּרֵס*
Schicht נִדְבָּךְ
schicken שלח
Schicksalsbestimmer גזר pt.
Schlachtopfer דְּבַח*
Schlaf שְׁנָה* II
schlagen מחא, pa.
aneinander schlagen נקשׁ
schlecht שׁחת pt.
schlecht sein באשׁ
schlottern שׁרה hitpa.
Schmähung aussprechen cj. שִׁלָּה*
Schnee תְּלַג
schön שַׁפִּיר
vor Schreck erstarren שׁמם itpo.
schrecklich אֵימְתָן*
schreiben רשׁם; כתב
Schreiber סָפַר*
schreien זעק
Schrift כְּתָב
Schriftrolle מְגִלָּה
offizielles Schriftstück נִשְׁתְּוָן*
Schutz suchen טלל II haf.
schwierig יַקִּיר*
sechs שֵׁת
sechzig שִׁתִּין
sehen חזה
sehr שַׂגִּיא
sein הוה
das ist דהוא
da sein מטא
seit מִן
Seite שְׂטַר; צַד*; גַּב*
Sekretär סָפַר*
Sessel כָּרְסֵא*
setzen שׂים
sich setzen יתב
sie הִיא
sie (pl.) הִמּוֹ; אִנּוּן
sieben שְׁבַע*
Siegelring עִזְקָה*
sieh! הָא
sieh da! אֲרוּ
Silber כְּסַף
Sinn רוּחַ; בָּל
Sinn richten שׂים
Sklave עֲבֵד*
so דְּנָה; וְ; כֵּן; כְּנֵמָא; כְּנֵּמָא
so dass דִּי
so wie קֳבֵל; הֵא
sobald als כְּ
Sohn בַּר II
Sommer קַיִט
sondern לָהֵן II
Sonne שְׁמַשׁ*
Sonnenuntergang מֶעָל*
sorgfältige אַדְרַזְדָּא
sorglos שְׁלֵה
Speiseopfer מִנְחָה

Spende *הִתְנַדָּבוּ
spenden נדב hitpa.
Sprache לִשָּׁן
Sprachgemeinschaft לִשָּׁן
Spreu עוּר
Spur אֲתַר
Staatsgesetz דָּת
Staatsräte *הַדָּבַר
Stadt *בִּירָה; *מְדִינָה; קִרְיָה
Stamm *שְׁבַט
Standbild צְלֵם
stark *תַּקִּיף
stark sein תקף
stark werden תקף, pa.
Stärke *גְּבוּרָה; חֲיִל; *תְּקֹף; *תְּקָף
Statthalter *סְגַן
staunen תוה
Stein אֶבֶן
grosse Steine גְּלָל
Steinhaufen *יְגַר
Stelle אֲתַר
Stier *תּוֹר
Stimme קָל
Stolz גֵּוָה
streng חצף haf/af. pt.
Strom נְהַר
Stück *הַדָּם
stürzen מגר pa.
gestürzt werden נחת hof.
suchen בעה; בקר pa.
Sünde חֲטָי
Sündopfer חַטָּיָא
Einwohner von Susa *שׁוּשַׁנְכָי

Tag יוֹם
Talent *כַּכַּר
Tat *מַעֲבָד
Tatze *יַד
Tau *טַל
tausend אֲלַף

Teil *קְצָת
teilen פלג
Tempel הֵיכַל*; בַּיִת
Tempelsklave *נְתִין
Tenne *אִדַּר
Thron *כָּרְסֵא
tief *עַמִּיק
Tier חֵיוָה
tilgen פרק
Tod מוֹת
geformter Ton חֲסַף
Tonware חֲסַף
Töpfer פֶּחָר
Töpferwerk חֲסַף
Tor *תְּרַע
töten קטל, pa.
getötet werden קטל hitpe., hitpa.
trachten סבר
Trankopfer *נְסַךְ
Traum חֵלֶם
Traumphantasien *הַרְהֹר
trennen פרשׁ pa.
trinken שׁתה
Trinken *מִשְׁתֵּא
tun עבד
rechtes Tun צִדְקָה
Türe *תְּרַע
Türhüter *תָּרָע

über עַל
überaus יַתִּיר
übereinkommen זמן hitpe.
übergehen an שׁבק hitpe.
überlassen werden שׁבק hitpe.
übermütig handeln זוד haf.
übermütig werden תקף
übertreten שׁנה pa., haf.
überwältigen יכל
üblich חזה pt.
Übriges *שְׁאָר

jenseitige Ufer עֲבַר*
um לְ
umbringen אבד haf.
umhauen נדד
umhergehen הלך pa.
unablässig תְּדִיר*
unanfechtbar אזד*
und וְ
unerforschliche Dinge עַמִּיק*
ungefähr כְּ
Unschuld זָכוּ
unter תְּחוֹת; אֲרַע
unterstützen סעד pa.
unterzeichnet werden רשׁם
Urkunde כְּתָב
Ursache עִלָּה; עִלָּא
Bewohner von Uruk אַרְכְּוָיֵי*

Vater אַב*
sich verabreden זמן hitpe.
verändert werden שׁנה
Verbannung שׁרשׁו
in die Verbannung führen גלה haf.
das Verborgene סתר I pa. pt.
Verbot אֱסָר
Verbrechen חֲבוּלָה
verderben שׁחת
verdorben שׁחת pt.
Vergehen עֲוָיָה*
sich verhärten תקף
verherrlichen הדר pa.
jmd. verklagen קְרַץ
verlangen שׁאל
sich verlassen auf רחץ hitpe.
verletzen חבל pa.
Verletzung חֲבָל
verleumden קְרַץ
sich vermischen ערב hitpa.
vernichten אבד haf.
vernichtet werden אבד hof.
ganz vernichten סוף haf.
Verordnung קְיָם
versammeln כנשׁ
sich versammeln כנשׁ hitpa.
verschieden sein שׁנה
verschieden von מִן
verschliessen סגר
versengt werden חרך hitpa.
versiegeln חתם
Verstand מַנְדַּע; טְעֵם
verstehen ידע
vertilgen שׁמד haf.
vertrauen auf אמן haf.
vertreiben טרד
Verwaltung עֲבִידָה*
verwandeln שׁנה pa.
verwüstet sein חרב hof.
viel שַׂגִּיא; רִבּוֹ
vier אַרְבַּע
vierter רְבִיעָי*
Vision חֱזוּ; חֱזֵו*
Vogel צִפַּר*; עוֹף
Volk עַם; לִשָּׁן
vollenden כלל šaf.; שֵׁיצִיא
vollendet werden כלל hištaf.
vollständig אָסְפַּרְנָא; גמר pt.
vollständig machen שׁלם haf.
von מִן
vonstatten gehen צלח haf.
vor קֳדָם; קֳבֵל
vorankommen צלח haf.
vordem קַדְמָה*
Vorfahren אַב*
vorführen עלל II haf.
vorgeführt werden עלל II hof.
Vorhandensein אִיתַי
Vorschrift כְּתָב
Vorsteher סְגַן*
vorübergehen חלף
Vorwand עִלָּה; עִלָּא

wachsen רבה
Wage *מֹאזְנֵא
wägen תקל
während עַד
Wahrheit צְדָא; קְשֹׁט
Wand *כתל
was דִּי
was? מָה
Weg *אֳרַח
weg von מִן
wegen קֳבֵל
Wegführung *גָּלוּ
weggehen עדה
wegnehmen עדה haf.
weil דִּי
Wein חֲמַר
weise *חַכִּים
Weiser *חַכִּים
Weisheit חָכְמָה
weiss חִוָּר
weissagen נבא hitpa.
Weizen *חִנְטָה
wenn הֵן
wer מַן
wer? מַן
werfen רמה
geworfen werden רמה hitpe.
Widder *דְּכַר
widerfahren מטא
Widersacher *עַר
wie כְּ
Wildesel *עֲרָד
Wille *רְעוּ
willens נדב hitpa. pt.
Wind רוּחַ
wir אֲנַ֫חְנָא
wissen ידע
wissen lassen ידע haf.
Wohlbefinden שְׁלָם
wohnen דור; יתב; טלל II haf.; שׁכן; שׁרה
wohnen lassen יתב haf.; שׁכן pa.
Wohnung *מְדוֹר; *מְדָר; *מִשְׁכַּן
Wolke *עֲנָן
Wolle עֲמַר
wollen צבה
Wort *מֵאמַר; מִלָּה; פִּתְגָם
Wunder *תְּמַהּ
Würde *יְקָר
Wurzel *עִקַּר; *שֹׁרֶשׁ
Wut חֱמָא

Zahl *מִנְיָן
zählen מנה
Zahn *שֵׁן
Zauberer אָשַׁף
Zehe *אֶצְבַּע
zehn עֲשַׂר
zehntausende רִבּוֹ
Zeichen *אָת
zeigen חוה pa.
Zeit זְמָן; *עִדָּן
ferne Zeit עָלַם
heilige Zeit זְמָן
Zeitpunkt זְמָן
kleiner Zeitraum שָׁעָה
zerbrechen תבר
zerbrechlich תבר pt.
zermalmen דקק haf.; חשׁל
fein zermalmt sein דקק
zerschmettern רעע, pa
zerstören חבל pa.; סתר II
zerstört werden חבל hitpa.
zerstreuen בדר pa.
zerteilen פרס
zertreten דושׁ; רפס
Zeugnis *שָׂהֲדוּ
Ziege *עֵז
Zither קיתרס
Zorn רְגַז
zu לְ

zufallen נפל
zugrunde gehen אבד; חבל hitpa.
zuletzt אחרין
Zunge לִשָּׁן
zurückbringen תוב (h)af.
zurückgeben תוב (h)af.
zurückkehren תוב
zurücklassen שׁבק
zurücksenden תוב (h)af.
zusammen mit עִם
zusammenhalten דבק
zuverlässig אמן haf. pt.; יַצִּיב
zwanzig עֶשְׂרִין
zwei תְּרֵין
zum zweiten Mal תִּנְיָנוּת*
zweite(r) תִּנְיָן*
Zweig עֲנַף*
zwischen בֵּין

HEBRÄISCHE UND ARAMÄISCHE NAMENLISTE

ʿAnat עֲנָת
Aaron אַהֲרֹן
Abed-Nego עֲבֵד נְגוֹ
Abel הֶבֶל II
Abner אַבְנֵר
Abraham אַבְרָהָם ;אַבְרָם
Absalom אֲבִישָׁלוֹם ;אַבְשָׁל(ו)ֹם
Achan עָכָן
Adam אָדָם III
Adar אֲדָר
Adullam עֲדֻלָּם
Ägypten מָצוֹר III; מִצְרַיִם; נֶגֶב
Ahab אַחְאָב
Ahas אָחָז
Ahasia אֲחַזְיָהוּ ;אֲחַזְיָה
Akis אָכִישׁ
Akkad אַכַּד
Akko עַכּוֹ
Alašia אֱלִישָׁה
Ammon עַמּוֹן
Amos עָמוֹס
Ana(t) הֵנַע
Antilibanon אֲמָנָה II
Apis cj. חַף II
Aram אֲרָם
Ararat אֲרָרַט
Argob אַרְגֹּב
Arnon אַרְנוֹן
Arpad אַרְפָּד
Artaxerxes אַרְתַּחְשַׁסְתְּא
Asa אָסָא
Asarhaddon אֵסַר(־)חַדֹּן
Aschera אֲשֵׁרָה
Asdod אַשְׁדּוֹד
Askalon אַשְׁקְלוֹן

Asser אָשֵׁר
Assuan סְוֵנֵה
Assur אַשּׁוּר
Assyrien אַשּׁוּר
Astaroth עַשְׁתָּרֹת
Astarte עַשְׁתֹּרֶת
Atargatis תַּרְתָּק
Athalja עֲתַלְיָהוּ
Azaria עֲזַרְיָהוּ
Azeka עֲזֵקָה

Baal בַּעַל I
Babel בָּבֶל
Babylonien בָּבֶל
Baësa בַּעְשָׁא
Basan בָּשָׁן I
Beerot בְּאֵרוֹת
Beerseba בְּאֵר שֶׁבַע
Belsazar בֵּלְשַׁאצַּר
Benjamin בִּנְיָמִין
Bethel בֵּית(־)אֵל
Bethlehem בֵּית לֶחֶם
Birket et-Timsāḥ סוּף I
Byblos גְּבַל

Chabur חָבוֹר
Chaldäa כַּשְׂדִּים
Chawila חֲוִילָה

Dagon דָּגוֹן
Damaskus דַּרְמֶשֶׂק ;דַּמֶּשֶׂק
Dan דָּן
Daniel דָּנִיֵּאל
Darius דָּרְיָוֶשׁ
David דָּוִד

Ibis טַחוֹת; יַנְשׁוּף
Idumäa דּוּמָה III
Ijjon עִיּוֹן
Indien הֹדּוּ
Isaachar יִשָּׂשכָר
Isaak יִצְחָק
Isai יִשַׁי; אִישַׁי
Ischbaal אִישׁ־בֹּשֶׁת
Ismaël יִשְׁמָעֵאל
Israel יִשְׂרָאֵל
Izebel אִיזֶבֶל

Jabes יָבֵשׁ III
Jafet יֶפֶת
Jaffa יָפוֹ
Jahwe/ä יהוה
Jakob יַעֲקֹב
Jamnia יַבְנְאֵל
Jefta יִפְתָּח II
Jehu יֵהוּא
Jerachmeel יְרַחְמְאֵל
Jeremias יִרְמְיָהוּ
Jericho יְרִיחוֹ; יְרֵחוֹ
Jerobeam יָרָבְעָם
Jerubbaal יְרֻבַּעַל
Jerusalem יְרוּשָׁלַםִ
Jesaia יְשַׁעְיָהוּ
Jeschurun יְשֻׁרוּן
Jesreel II יִזְרְעֶאל
Jesse יִשַׁי
Jetro יִתְרוֹ
Jibleam יִבְלְעָם
Joab יוֹאָב
Joahas יְהוֹאָחָז
Joas יוֹאָשׁ; יְהוֹאָשׁ
Jogbeha יָגְבְּהָה
Johannes יְהוֹחָנָן
Jojachin יְהוֹיָכִ(י)ן
Jojakim יְהוֹיָקִים
Jona יוֹנָה II

Jonatan יְהוֹנָתָן
Joram יוֹרָם; יְהוֹרָם
Jordan יַרְדֵּן
Josafat יְהוֹשָׁפָט I
Josafat (Tal) יְהוֹשָׁפָט II
Josef יוֹסֵף
Josia יֹאשִׁיָּהוּ
Josua יְהוֹשׁוּעַ
Jotam יוֹתָם
Juda יְהוּדָה
Judith יְהוּדִית
Jāwān יָוָן

Kades קָדֵשׁ II
Kaleb כָּלֵב
Kamos כְּמוֹשׁ
Kanaan כְּנַעַן
Karkemisch כַּרְכְּמִישׁ
Karmel כַּרְמֶל III
Kedar קֵדָר
Kilikien חֵילֵךְ
Kison קִישׁוֹן
Krit כְּרִית
Kusch כּוּשׁ I
Kuta כּוּת
Kyros כּוֹרֶשׁ

Laban לָבָן II
Lakisch לָכִישׁ
Lea לֵאָה
Levi לֵוִי
Leviatan לִוְיָתָן
Libanon לְבָנוֹן
Libyen פּוּט
Lilit לִילִית
Lod לֹד

Machir מָכִיר
Machpēlā מַכְפֵּלָה
Maleachi מַלְאָכִי